먼 고려사
가까운 이야기

먼 고려사
가까운 이야기

김용선 지음

일조각

일러두기

- 이 책에 나오는 연대와 날짜는 모두 음력 기준이고, 나이도 만 나이가 아닌 세는 나이이다. 『고려사』 등의 원전 기사에는 대부분 날짜 대신 간지가 적혀 있는데, 필요한 경우 이들을 해당 날짜로 환산하여 이해를 돕고자 했다.
- 『고려사』·『고려사절요』·『조선왕조실록』 등의 사서는 국사편찬위원회 한국사데이터베이스(http://db.history.go.kr)를 주로 이용했다.
- 고려 묘지명은 『역주 고려묘지명집성』(상)·(하)(개정3판)(김용선 편, 한림대학교 출판부, 2021)과 『(속) 고려묘지명집성』(김용선 편, 한림대학교 출판부, 2016) 및 누리미디어의 한국의 지식콘텐츠(https://www.krpia.co.kr)를 이용했다.
- 『동문선』·『동국이상국집』·『역옹패설』을 비롯한 여러 문집은 한국고전번역원 한국고전종합DB(https://db.itkc.or.kr)를 주로 이용했다.
- 『송사』 등 중국 사서와 고전은 중국철학서전자화계획中國哲學書電子化計劃(https://ctext.org/zh)을 주로 이용했다.
- 이 책에서 참고한 논문과 저서는 각 장의 끝에 〈참고 문헌〉으로 밝혀 두었다.
- 개별 문학작품과 작가에 대해서는 한국학중앙연구원 『한국민족문화대백과사전』(http://encykorea.aks.ac.kr) 해당 항목을 참고했다.

책을 펴내며

역사에 흥미가 있고 관심도 많은데, 정작 역사책을 읽으면 딱딱하고 재미가 없다는 말을 가끔 듣는다. 내가 쓴 몇 권의 책들도 그러할 터인지라, 그와 같은 말을 듣노라면 역사란 무엇이고 역사책은 어떻게 써야 하는가 하는 문제를 다시 생각하게 된다. 어떠한 일이 벌어져 역사가 만들어지고 기록으로 남게 되면, 그 사실史實의 의미가 무엇인가를 캐내는 것이 역사학이라고 생각한다. 이런 점에서 역사는 기본적으로 이야기이고, 역사학은 본질적으로 해석학이다. 역사가는 남아 있는 기록의 단순한 전달자가 아니라 그 너머까지를 살피고 상황을 종합해서 전해 주는 이야기꾼이다.

과거에 일어났던 사실을 다루는 만큼, 역사책 속에는 한 시대를 살던 사람들의 구체적인 삶의 모습이 담겨 있게 마련이다. 전문 연구자들이 찾아낸 그 모습은 일반 독자들도 쉽게 이해할 수 있도록 정리되어야 한다. 역사학만이 아니라 모든 학문이 그러하다. 학문의 존재 이유와 대중화는 결국 같은 성격을 지니게 되는 것이다. 이와 같이 생각하면서 고려시대의 역사를 좀 더 편하고 가깝게 대할 수 있게 하고자 이 책을 만들게 되었다.

고려시대는 500년 가까운 긴 세월 동안 지속되었지만(918~1392), 그 역사는 지금의 우리와는 별 상관이 없는 머나먼 옛이야기처럼 느껴진다. 그러나 고려사회에는 현대를 사는 우리도 충분히 공감할 수 있는 모습이나 특성이 많이 담겨 있다. 그것들은 개방성, 포용성, 다양성, 복합성이라는 단어로 정리할 수 있다. 비록 문벌귀족들이 주도하는 신분제 사회였다는 큰 틀을 인정한다고 하더라도, '열린 태도'를 보여 주는 이 용어들은 지금의 세계화 시대에도 꼭 필요한 것들이 아닌가 한다. 그리하여 이 책은 이런 모습과 성격을 잘 보여 주는 주제를 골라 10개의 이야기로 구성했다. 이 책을 통해서 멀게만 느껴지던 고려의 역사를 가까이 대하게 된다면 글쓴이로서 그 이상의 기쁨은 없을 것이다. 역사란 과거의 한 시점에서 끝나 버린 옛날이야기가 아니라, 지금 여기에서도 계속해서 진행되면서 영향을 끼치고 있으며, 미래의 어딘가에서도 끊임없이 이어질 살아 있는 이야기이기 때문이다.

지루함을 덜어 내고자 나름대로 상상력도 동원하고 좋아하는 문학작품과 원자료들도 많이 활용하면서—10개의 이야기에 붙인 제목들은 모두 고려의 시詩와 원자료에서 그대로 따온 것이다—, 만년까지 역사의 대중화를 위해 애쓰시던 이기백 선생의 글을 다시 읽어 보았다. 그중에서 "실감 나고, 재미있으면서도, 유익한 역사책을 만드는 것이 중요하다"는 구절이 새삼스럽게 다가왔다(이기백, 『우리 역사의 여러 모습』 머리말, 일조각, 1996). 아주 당연하면서도 실행하기에는 무척 어려운 말이다. 이 책이 그와 같은 책이 되기를 바란다. 그러나 워낙 모자란 능력 탓에 바라던 만큼의 수준에 도달하려면 아직도 갈 길이 멀게만 느껴진다. 독자 여러분의 아낌없는 가르침을 기다리는 까닭도 여기에 있다.

이번에도 일조각의 여러 분들이 이 책을 만들어 주었다. 첫 인연을 맺은 지 30년도 더 지나는 동안, 나의 여러 책이 일조각을 통해 세상의 빛을 보았다. 출판계의 사정은 갈수록 어려워져 감을 실감하지만, 이 책에도 아낌없이 공을 들여 준 김시연 사장과 편집부의 강영혜 씨에게 깊은 감사를 드린다. 표지를 멋지게 꾸밀 수 있도록 작품을 제공해 준 아내 김문숙 작가에게도 고마움 그 이상의 마음을 전한다.

2022년 7월

김용선 씀.

차례

2부 그들의 삶 속으로

1부

배를 타고 어디로

I

그대를 남포에서 보내며

고려 문벌귀족사회의 성격

1.

고려시대의 문학작품 중에서 후세 사람들이 가장 좋아하는 것 하나를 꼽으라면 다음 시가 떠오르지 않을까 한다.

비 개자 긴 둑에는 풀빛 더욱 짙은데	雨歇長堤草色多
그대를 남포에서 보내며 슬픈 노래를 부른다	送君南浦動悲歌
대동강 물은 언제나 마르려나	大同江水何時盡
이별의 눈물이 해마다 푸른 물결을 더하누나	別淚年年添綠波

—정지상, 『동문선東文選』 권19 7언절구, 「송인」—

바로 정지상鄭知常이 지은 「송인送人」이다.

이 시를 소리 내어 다시 읽어 본다.

"평생 녹지 않을 것처럼 꽁꽁 얼었던 대동강 얼음이 녹았다. 봄비가 겨울의 찌꺼기를 씻어 내렸다. 얼음이 풀린 강가에는 잔물결이 찰랑이고, 강둑의 버들개지는 부드럽게 눈을 떴다. 주위로는 새싹들이 파릇하게 자리를 잡았다.

어제는 유난히도 포근하게 밤비가 내렸다. 언제 비가 그쳤는지. 요 며칠 바람에 날리던 흙먼지가 말끔하게 사라졌다. 강 건너 솔밭에는 아침 안개가 얇은 비단이불처럼 살포시 둘러져 있지만 그 너머 산봉우리에는 이미 맑은 햇살이 빛나고 있다. 이른 잠을 깬 참새 네댓 마리가 담벼락 위에서 재재대고 있다. 산뜻한 아침 공기는 들이마시기도 전에 온몸을 한 바퀴 휘돌아든다. 바야흐로 새봄의 기운으로 가득 찬 싱그러운 아침이다. 강둑의 풀빛은 밤새 내린 비에 더욱 짙어졌을 것이다.

오늘, 그러나 나는 그대와 작별해야 한다. 그 그늘 아래 우리가 웃고 떠들던 버드나무는 새 움을 겨우 틔웠고, 희고 붉은 함박꽃 봉오리는 이제야 맺히기 시작했는데. 이 봄은 우리들처럼 시작한 날보다 남은 날들이 더 많은데. 그대는 오늘 나와 헤어져야 한다. 남포 포구에서.

떠나는 그대를 나는 붙잡을 수가 없다. 선창을 벗어난 배는 상앗대질 몇 번에 금세 물살을 탔고, 돛은 바람에 팽팽해졌다. 빠르게 멀어져 가는 그대를 보며 나는 그저 옷소매를 흔들 수밖에. 뱃고물에서도 몇 명이 손을 흔들고 있다. 내 눈에는 도포를 입은 그대의 모습만이 보인다. 휘날리는 도포 자락에 그대의 얼굴이 가리어진다. 그러나 흐르는 내 눈물 속에서 그대의 모습이 먼저 흐릿해지기 시작한다.

어젯밤 봄비를 두고 그대는 다짐했지. 대동강 강물 풀리듯이 꼭 돌아오겠다고. 버드나무에 새잎 나듯이 우리의 정을 새롭게 나누자고. 평양성 성벽만큼이나 굳은 그 약속을 나도 믿고 있지만, 지금 나는 눈물을 멈출 수가 없다. 흐르는 내 눈물은 그대 탄 배가 남긴 물결 위로 속절없이 떨어지고 있다. 그대도 울고 있을까. 그 눈물은 그대의 마음과 함께 조수에 실려 남포 포구로 되돌아오겠지.

포구의 이 물결 속에는 지난해에 이별한 이들이 흘린 눈물이 녹아 있을 테고, 내년에 누군가가 흘릴 눈물도 보태지겠지. 대동강가 남포 방죽의 물결이 마르기는커녕 해마다 더 푸르게 출렁이는 까닭도 여기에 있을 거야.

아, 그대의 모습, 이제는 보이지 않네."

정지상의 시를 읽으면서 나는 이런 광경을 떠올린다. 동시에 이와 같은 상상을 통해 새봄의 기운이 한창인 북녘 포구의 정경과, 그 속에서 떠나고 보내는 이들의 심정을 이해하려고 애를 쓴다.

그러나 한편으로 나는 많은 것들이 궁금해진다. 이 시 속의 때와 장소는 새봄의 대동강 남포가 분명하다고 하더라도, 떠나는 이는 누구인가. 배를 타고 어디로 가는 것인가. 왜 하필이면 이때 떠나야 하는 것인가. 누군가 해마다 눈물을 흘린다면 그 이별은 해마다 되풀이되는 것인가. 눈앞에 그대로 그려지는 것같이 섬세하고도 감각적인 묘사는 시인의 어떠한 구체적인 체험을 바탕으로 하고 있는가. 등등의 이 시를 둘러싸고 있는 여러 문제들이 나를 궁금하게 만든다. 그리하여 이 시를 아끼는 만큼이나 이와 같은 호기심이 풀리기를 바란다.

짧기만 한 서정적인 문학작품, 전문 28자의 7언절구 형식인 이 시를 서사적으로 이해하려는 이런 태도를 두고, '역사학적'인 입장에 서 있다고 자신 있게 말할 수는 없을 것 같다. 이 호기심들을 채우기 위해서는 철저한 고증이나 실증보다는 상상력이 더 많이 동원될 가능성이 크기 때문이다. '상상'은 문학만이 가질 수 있는 특권이 아닌가. 서양의 시인이 오래전에 "모래알 하나에서 세계를 본다*To see a world in a grain of sand*"라고 당당하게 말한 것도, 문학에게 주어진 이런 특권이 있기 때문일 것이다.

그러나 역사학에서도 상상은 얼마든지 허락된다. 물론 시간과 공간을 마음대로 넘나드는 문학적 상상력과는 달리 제대로 된 논리를 갖추어야 한다는 엄중하고도 절대적인 전제가 뒤따르기는 하지만. 이와 같은 역사적 상상력 아래에서 '모래알 하나'를 헤집어 보는 심정으로 이 시를 다시 음미해 보기로 한다. 이를 통해 시인이 예전에 떠나고 보낸 길, 고려사회의 한가운데로 걸어간 역사 속 그 길을 우리도 같이 떠나게 되기를 기대한다.

2.

이 시의 작자인 정지상(?~1135)은 고려 전기의 뛰어난 시인이자 관리였는데, 당시의 복잡한 정치 속에서 비극적인 생애를 마친 인물로 잘 알려져 있다. 시를 본격적으로 검토하기에 앞서 그의 생애를 간단하게 살펴보기로 한다.

그에 대해 남아 있는 기록은 그다지 많지 않다. 『고려사高麗史』에는 그의 독립된 전기를 마련하지 않고, 묘청전의 맨 뒤에 아주 짧게 그에 관한 기록을 적어 놓았다. 또 그의 문집으로 『정사간집鄭司諫集』이 있었다고 하나 지금은 전해지지 않는다. 다행히 『고려사』·『고려사절요高麗史節要』 등의 역사서와 다른 사람의 묘지명 등에는 짧게나마 그에 관한 기사가 몇 개 적혀 있고, 『파한집破閑集』·『보한집補閑集』·『역옹패설櫟翁稗說』·『동문선』 등에도 그의 작품이나 관련된 일화가 여러 개 실려 있다. 이를 통해 그의 생애를 되짚어 보면 다음과 같다.

그의 처음 이름은 지원之元이었는데, 뒤에 지상知常으로 고쳤다. 『고려사』 등을 보면 1112년(예종 7)과 1114년(예종 9)에는 정지원으로 나오고 있으나, 1127년(인종 5) 이후에는 모두 정지상으로 부르고 있다. 이 사이에 이름을 고쳤음은 분명한데, 왜 고쳤는지 그 이유는 알 수 없다.

그가 태어난 해도 정확하게 알 수 없다. 다만 인종 때 그가 지은 「어머니에게 (임금이) 물품을 하사하심을 사례하는 표[謝賜物母氏表]」라는 글이 『동문선』에 남아 있다. 이를 보면, "어머니가 서경西京(평양)에 생존해 있고, 어머니의 가르침에 따라 어려서 서울의 태학(국자감)에 입학했으며, 10여 년 뒤인 예종 때에 과거에 합격했다"라고 적혀 있다. 『고려사』에는 그가 1112년의 과거에 1등으로 합격했다고 기록되어 있다. 이를 기준으로 삼아 거꾸로 추산해 보면 그는 11세기 후반, 조금 더 좁히자면 1080~1090년 사이에 태어났을 가능성이 커진다.

그의 출신지는 서경이라고 밝혀져 있으나 가문이나 신분도 알 수 없다. 그러나 그가 개경으로 유학 와서 태학에 입학했다는 앞의 글을 볼 때, 그의 가문은 최소한 서경의 향리鄕吏였거나 서경의 재지양반在地兩班이었을 가능성이 크다. 당시의 태학, 즉 국자감에는 일정한 관품 이상을 가진 문무 관리의 자손이거나 지방의 과거인 향공시鄕貢試에 급제한 향리 자손들이 입학했기 때문이다. 또 서경의 재지양반이라 함은 중앙이 아니라 서경의 관직을 가진 관리를 말한다. 서경에는 개경과 대등한 관청을 설치하는 분사제도分司制度가 예종 대에 확립되었다. 이에 따라 유수사留守事가 다스리는 서경에는 중앙과 같이 분사어사대, 분사태의감, 분사국자감과 같은 여러 기관이 설치되었다. 정지상이 향리 출신이 아니라면, 분사 관리의 자손일 가능성이 크다고 생각한다. 어찌되었건 정지상은 서경의 토착 세력 출신임은 분명하다.

중앙의 과거에 1등으로 합격한 정지상은 여러 벼슬을 거치면서 관리로 활동했다. 1127년 3월에는 임금에게 『서경書經』「무일편無逸篇」을 강의하는 한편, 좌정언으로서 이자겸을 제거한 척준경의 전횡을 탄핵하는 글을 올렸고, 1129년(인종 7) 5월에는 좌사간으로 윤언이 등과 함께 시정時政의 득실을 논하는 글을 올렸다. 이런 활동은 유교 이념에 충실한 간관諫官으로서의 모습을 잘 보여 준다.

또한 그는 풍수설을 비롯한 음양비술陰陽祕術에도 관심이 많았다. 그는 묘청·백수한 등과 함께 이 사상을 바탕으로 하여 드디어는 서경 천도를 주장했다. 그들은 인종의 관심을 끄는 데에 성공하여 서경에 새로운 궁궐을 짓게 되었지만, 김부식金富軾으로 대표되는 개경 세력의 완강한

반대로 천도는 실패했다. 이에 1135년(인종 13) 1월 4일에 묘청이 서경에서 반란을 일으키자, 당시 개경에 있던 정지상은 반란에 동참했다는 혐의를 받고 1월 10일에 참살되고 말았다. 난이 일어났다는 소식이 개경에 전해진 뒤, 1월 7일에 진압 책임자인 원수로 임명된 김부식의 재빠른 결정이었다. 정지상의 급작스러운 처형을 두고, 『고려사』에는 당시의 소문이 적혀 있다. 정지상의 죽음에 의혹이 있다는 여론이 널리 퍼졌던 것이다.

> 사람들이 말하기를, "김부식은 평소에 정지상과 문자文字에 있어서 명성을 나란히 했는데 그동안 불평이 쌓여 이에 이르러 (반역에) 내응했다는 핑계를 대고 그를 죽였다."라고 했다.
>
> —『고려사』 권127 열전 반역1 묘청—

김부식은 1075년(문종 29)에 태어나, 23세 때인 1097년(숙종 2)의 과거에 급제했다. 그는 정지상보다 몇 살 위였을 것이라고 추정되나, 과거 합격은 15년이나 앞섰다. 묘청의 난을 진압하여 공을 세운 뒤 그는 1145년(인종 23)경에 『삼국사기』를 지어 왕에게 바쳤고, 1151년(의종 5)에 77세로 사망했다. 상당히 장수한 셈이다. 그런데 이규보의 시화집詩話集인 『백운소설白雲小說』에는 억울하게 죽임을 당한 정지상의 혼이 김부식을 죽음으로 몰고 갔다는 민간의 설화가 실려 있다. 이 책은 조선 중기에 홍만종이 편찬한 『시화총림詩話叢林』 첫머리에 실려 있는데, 그 설화의 사실 여부를 역사적으로 증명할 길은 없다. 그러나 많은 사람들이 정지상의 재능을 오래도록 아꼈다는 사실만큼은 잘 보여 준다.

3.

정지상이 「송인」을 언제 지었는지는 알 수 없다. 그러나 봄이라는 계절이 상징하는 것처럼 청년기나 그 직전의 체험이 바탕이 되었음은 분명하다. 그리고 그 체험은 한 번에 그친 것이 아니라 이 시 마지막 행의 '해마다[연년年年]'가 말해 주듯이 여러 해에 걸쳤다는 사실도 알 수 있다. 즉, 서경 사람들은 해마다 서경의 관문인 남포에서 이별의 눈물을 흘렸던 것이다. 정지상도 이곳에서 여러 차례 사람들과 작별했을 것이고, 언젠가는 떠나는 당사자가 될 가능성도 있었을 것이다.

그렇다면 매해 떠나는 이는 누구였고, 그들은 왜 떠나야 했던 것일까. 정지상은 이 시의 제목을 「송인送人」이라고 정했는데, 둘째 행에서는 '송군送君'이라는 표현을 썼다. 이 '인'이나 '군'이 떠나는 주체가 될 터인데, 후자가 좀 더 범위를 좁혀 준다고 생각한다. 이에 고려시대에 인칭대명사로 '군'이 사용된 사례를 찾아보면, 임금을 포함하여 친구, 선배나 후배, 남편과 부인, 남녀 형제, 정인情人 등 여러 관계에서 이 표현이 쓰였음을 알 수 있다. 사용 범위가 상당히 넓은 것이다.

이 칭호를 현대의 우리말로 옮긴다면 어떤 단어가 적절할까. '너', '자네', '당신', '그대', '님' 등의 단어를 쉽사리 떠올릴 수 있을 것이다. 이 중에서 아주 친밀하면서도 존경의 의미가 들어 있고, 나이와 성별에 관계없이 두루 쓸 수 있는 용어로 나는 '그대'라는 호칭을 선택하고 싶다. 이에 따라 '송군送君'을 '그대를 보내며'라고 번역하기로 한다. [이 글을 시작하는 앞부분에서 나는 이미 '그대'라는 표현을 마음껏 썼다. 설명 없이 미리 쓴 것을 양해해 주시라.]

'그대'라는 표현이 성별과 관련이 없다고 말하기는 했지만, 우리는 이 시에 나오는 인물의 성별을 한정지어야 한다. 문학적인 상상력으로야 온갖 관계의 설정이 가능하겠지만, 역사적 관점에서 본다면 구체적인 누구와 누구가 될 수밖에 없기 때문이다. 그렇다면 떠나는 이와 보내는 이는 어떤 관계였을까. 다음 시는 이에 대해 중요한 실마리 하나를 제공해 준다.

위성에 아침 비 내려 흙먼지도 가라앉고	渭城朝雨浥更塵
숙소에는 파릇파릇 버들빛이 싱그럽네	客舍青青柳色新
그대에게 권하노니 한 잔 술 다시 드시게나	勸君更進一杯酒
양관을 나가면 서쪽에는 친구도 없으리니	西出陽關無故人

이 시는 당나라의 시인 왕유王維(699?~759?)가 지은 「위성곡渭城曲」으로 「송원이사안서送元二使安西」라는 다른 제목도 가지고 있다. 원이元二(원씨 집안의 둘째 아들)라고 알려진 친구가 멀리 서역의 안서安西지방(신장 위구르 자치구 일대)의 사신으로 떠나게 되자, 왕유가 위성(산시성陝西省 셴양咸陽)에서 석별의 정을 나누면서 지은 시이다. 이 시에 나오는 버드나무의 푸른빛이 비를 맞아 더욱 싱그럽다는 표현이나, 이별이라는 주제가 정지상의 「송인」과 매우 흡사하다는 점을 쉽게 알 수 있다. 즉, 정지상이 왕유의 시에서 영감을 얻어 「송인」을 지었을 가능성이 크다는 것이다. 그

렇다면 정지상의 시에 나오는 '군'도 왕유처럼 친한 친구였다고 보아도 좋지 않을까 한다. 이렇게 추정해 보면, 「송인」은 사랑하는 님과 이별하는 여인이라기보다는 친한 친구와 작별하는 한 젊은이의 심정을 노래한 것이라고 이해할 수 있게 된다. [이인로의 『파한집』에는 이 시를 소개하면서 제목을 「송우인送友人」라고 했다. 『파한집』에 실린 이 시는 앞에서 인용한 『동문선』과는 글자가 다른 부분이 있다. 이 시에 관해 몇 가지 판본이 전하고 있는데, 학계에서는 『동문선』에 실린 것을 정본定本으로 삼고 있다. 나도 이 견해를 따르기로 한다. 그렇다고 하더라도, '친구를 보내며'라고 바로 번역할 수 있는 「송우인」이라는 제목은 이 시의 배경을 이해하는 데 많은 도움을 준다.]

그렇다면 그 친구는 어디로, 왜 떠나는 것이었을까. 몇 가지 가능성을 꼽아 보기로 한다.

첫 번째, 왕유의 친구처럼 사행使行길에 나섰거나 유학생으로 중국으로 떠났을 가능성이다. 당시 한반도 북쪽의 중국 대륙에는 거란이 세운 요遼(916~1125)와 여진이 세운 금金(1115~1234)이 있었다. 요의 수도인 상경上京 임황부臨潢府는 지금의 내몽골 지역에 있었고, 금의 초기 수도인 상경上京 회령부會寧府는 지금의 헤이룽장성黑龍江省 하얼빈哈爾濱에 해당한다. [금은 1153년에 지금의 베이징北京인 중도中都 대흥부大興府로 수도를 옮겼다.] 따라서 고려에서 이 두 나라로 가기 위해서는 해상보다 육로를 이용하는 것이 효율적이었다.

고려는 전국의 주요 육로 교통망을 따라 역을 설치하고 전국의 역들을 22개의 역도驛道로 편성했는데, 개경에서 서경을 지나 압록강가의 의

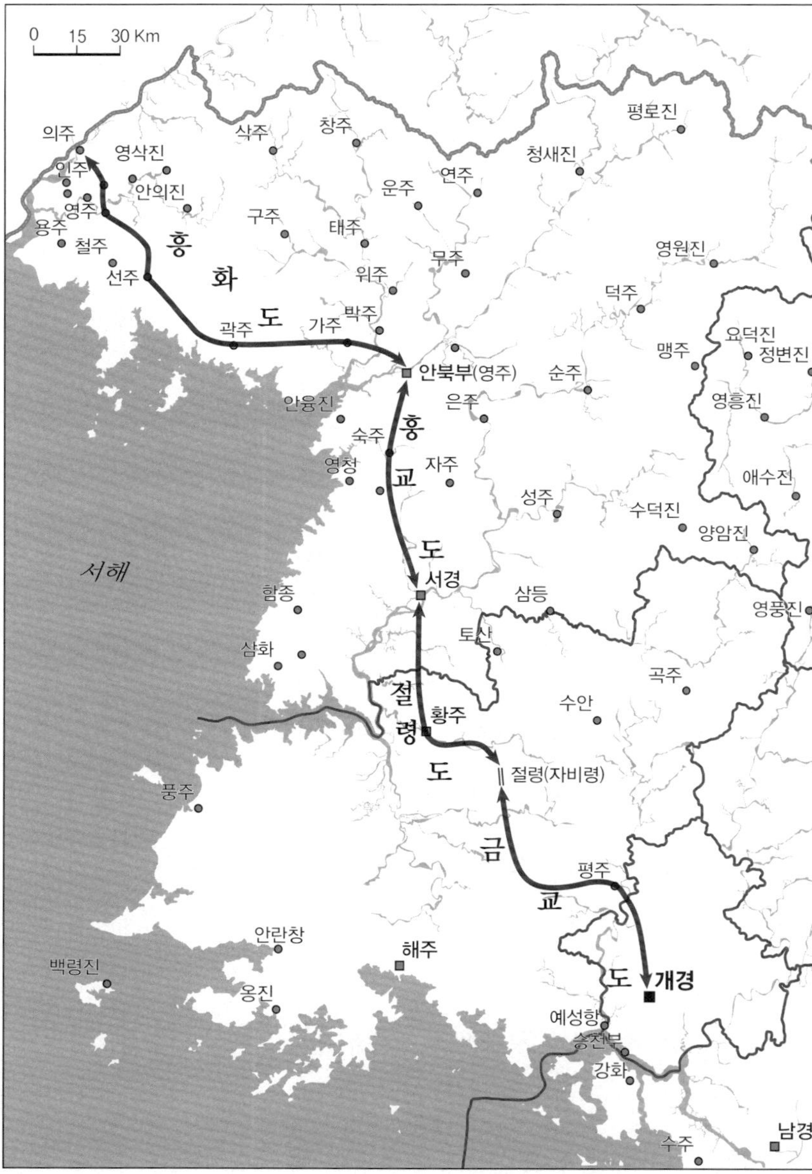

| **고려시대 개경–서경–의주를 잇는 4개의 역도**(정요근 제공)

주義州까지 이르는 역들은 구간에 따라 4개의 역도로 편성했다. 개경-서경 사이에는 금교도金郊道와 절령도岊嶺道를, 서경-의주 사이에는 흥교도興郊道와 흥화도興化道를 설치했다. 흥교도는 서경-숙주肅州(평안남도 숙천군)-영주寧州(안북부安北府, 평안남도 안주시)를 잇는 교통로의 역을 중심으로 편성한 역도이고, 흥화도는 영주寧州-가주嘉州(평안북도 박천군)-선주宣州(평안북도 선천군)-의주(평안북도 의주시)를 잇는 교통로의 역을 중심으로 편성된 역도이다. 이 길은 고려 후기와 조선시대에 원·명·청의 수도인 베이징으로 가는 사절단도 주로 이용했을 정도로 한반도 안의 전통적이고도 중요한 교통로였다. 그러므로 정지상의 친구가 북으로 갔다면 남포에서 배를 타지 않고 이 육상 교통로를 이용했을 것이다.

요나 금이 아닌 송의 사절로 갔다면, 송(북송)의 수도인 변경汴京(허난성河南省 카이펑開封)이나 남송의 수도인 임안臨安(저장성浙江省 항저우杭州)으로 가거나 모두 해로를 이용했을 것이다. 육로보다는 해로가 더 편하고 안전했기 때문이다. 역사서의 기록에 따르면 송으로 가는 고려의 사절단은 모두가 개경의 해상 문호인 예성항에서 출발했다. 따라서 개경을 떠난 이들이 서경을 거친 다음 중국으로 향할 이유는 전혀 없었다. 고려의 유학생들 역시 요나 금이 아니라 송을 선택했으므로, 이들도 공식적으로는 사절단과 마찬가지로 해상교통로를 택하여 예성항에서 출발했다. 이렇게 보면, 정지상이 사행을 가거나 외국 유학길에 오르는 친구와 남포에서 작별했다는 설정은 역사적 사실과 전혀 맞지 않는다.

두 번째, 그 친구가 배를 타고 다니는 장사꾼, 즉 해외무역상일 가능성이다. 고려는 물론이고 그 이전의 삼국과 통일신라 모두 중국과 밀접한 외교관계를 맺었던 만큼 해외무역도 오랫동안 활발하게 이루어졌다. 중국과 이들 한반도 국가 간의 해상교통로 역시 시대에 따라 다양하게 개척되었다. 고려시대 이전에는 발해만 연안 항로, 즉 한반도의 서북해안을 따라 북진하다가 발해만 연안을 따라 중국으로 항해하는 길이 가장 오래되고 안전한 길로 여겨졌다. 그러나 거란이 세력을 잡은 뒤로는 이 길 대신에 황해도 끝 부근에서 서쪽으로 방향을 틀어 중국으로 직진하는 항로를 이용했다. 북선항로北線航路라고 불리는 이 바닷길은 예성항을 출발한 뒤 백령도를 지나 북상하여 옹진반도로 올라간 다음, 대동강 입구의 황해도 풍천豐川에서 서쪽으로 직진해서 중국 산둥반도의 등주登州(산둥성山東省 펑라이蓬萊) 또는 밀주密州(판교진, 산둥성 주청諸城)로 이어진다. 그러나 1020년(현종 11) 고려가 거란과 외교관계를 맺음에 따라 송과는 외교가 단절되면서 이 바닷길의 이용은 금지되었다.

그 뒤 1071년(문종 25) 고려와 송의 외교가 재개된 뒤에 두 나라 사이의 바닷길은 남선항로南線航路로 바뀌었다. 이 길은 예성항을 출발한 뒤 지금의 인천 영종도에서 남쪽으로 내려가 충청남도 서산시 해미와 전라북도 군산 앞바다를 거쳐 전라남도 흑산도까지 간 다음, 서해를 건너 중국의 명주明州(저장성 닝보寧波)로 이어진다. 1123년(인종 1) 송의 사절단으로 고려를 다녀간 서긍 일행이 이용한 바닷길이 이 항로이다. 서긍은 여행견문록인 『고려도경高麗圖經』을 지었는데, 중국을 떠나 고려 개경에 도착하기까지의 일정과 바닷길이 자세하게 적혀 있다. 모두 8척의 선박으

고려와 송의 해상교통로
(노명호 외, 『고려 역사상의 탐색』, 집문당, 2017, 301쪽 지도를 참고함)

로 구성된 이 대규모 사절단은 그해 5월 16일에 명주를 떠났으나 5월 24일에야 본격적으로 항해를 시작해, 앞서 말한 코스를 거꾸로 거쳐서 6월 12일에 고려의 예성항에 도착했다. 20일 남짓 걸린 셈이다. 이들은 한 달 남짓 개경에 머물다가 7월 15일에 떠났으나, 42일이 지난 8월 27일에 중국에 도착했다. 도중에 10여 일가량을 바람 등의 이유로 항해하지 못했기 때문이다.

중국에서 고려로 올 때는 남풍을 이용하여 1개월가량, 돌아갈 때는 북풍을 이용하여 1개월 반 정도 걸리는 것이 평균 일정이었다고 생각된다. 그러나 서해의 큰 바다를 건너는 데에는 사나흘밖에 걸리지 않았고, 나머지는 대부분 연안을 항해하는 데 소요되었다. 고려는 연안에 군산정群山亭(전라북도 군산시 고군산군도), 안흥정安興亭(충청남도 태안군 마도), 경원정慶源亭(인천광역시 영종도) 등의 객관客館을 설치하여 중간 영접지로 삼았으며, 곳곳에 임시 기항지를 설치하여 필요한 물자를 공급하거나 오가는 사절단들을 접대했다.

이 교통로는 외교사절뿐 아니라 두 나라의 상인들도 숱하게 이용했다. 그런데 기록만 보면 고려의 출항지나 기항지는 모두 예성항이었다. 서경에서 무역선이 출발했다거나 그곳에 도착했다는 기록은 하나도 남아 있지 않다. 당시 고려의 국제무역은 예성항이 독점했기 때문이다. 따라서 정지상의 친구가 남포에서 무역선을 타고 외국으로 떠났을 가능성 역시 역사적 사실과는 매우 동떨어진 것이다.

남포가 무역항이었을 가능성과 관련하여 한 가지 덧붙일 것이 있다.

조선 초기에 만들어진 지리서인 『신증동국여지승람新增東國輿地勝覽』의 평안도 평양부 조에는 남포가 평양부의 남쪽 5리里에 있으며, 옛 이름이 '당포唐浦'라고 했다. 그런데 우리나라의 지명에 당唐이 들어가면 중국과 관련되는 경우가 많다. 경기도 화성시의 당성唐城이나 충청남도의 당진시唐津市 같은 경우가 대표적이다. 이 두 지역은 삼국시대에 중국과의 무역항으로 유명했는데, 거리상으로도 한반도에서 중국의 산둥반도와 가장 가까운 곳이기도 하다.

대동강의 남포를 예전에 당포라고 불렀다면, 혹시 고구려 때 이곳이 중국과의 무역항이었다는 사실과 관련되는 것은 아닐까. 고구려가 평양으로 수도를 옮긴 뒤 이 포구가 수도의 관문으로서 중국과의 무역을 독점했고, 이에 따라 당포라는 이름이 붙여진 것이 아닌가 추측해 볼 수 있다. 또 평양에서 낙랑시대의 유물이 대거 출토된 사실을 떠올리면, 고구려 이전부터도 이곳은 무역항으로서 중요한 역할을 했을 가능성도 매우 커진다. 묘청의 난을 진압할 때 정부군이 석포도石浦道와 당포도唐浦道 등을 통해 평양성을 공격했다는 『고려사』의 기록도 당포, 즉 남포가 평양 시내와 연결되는 중요한 길 중 하나였음을 말해 준다.

고구려가 멸망한 뒤 통일신라는 평양을 폐허로 방치했고, 고려가 건국된 뒤에야 서경으로 우대하면서 재건되었다. 그러나 개경의 해상 문호인 예성항이 국제무역을 독점하면서 어느새 이름도 바뀐 평양의 남포는 국제무역항으로서의 기능을 거의 상실한 것이 아닌가 한다. 물론 소규모의 국제교역이 이루어졌을 가능성을 완전히 배제할 수는 없다. 그렇지만 관련된 기록이 하나도 남아 있지 않다는 점을 생각해 보면 이곳에서 무역이 활발하게 이루어졌다고 보기는 어려울 것 같다. 정지상의 「송인」의 배경도 활기 넘치는 항구의 분위기는 아니지 않은가. 조선의 시가집인 『악장가사樂章歌詞』에 실려 전하는 고려속요 「서경별곡西京別曲」에도 대동강 뱃사공이 등장하지만, '남녀상열지사'로 분류되는 이 노래에서 그의 역할은 무역선 선원과는 거리가 아주 멀다. 이에 비해 예성항을 무대로 한 「예성강」이라는 고려속요에는 고려 여인을 배에 싣고 떠나는 중국 상인이 등장하여 묘한 대비를 이룬다. [아쉽게도 이 노래의 가사는 전해지지 않고, 『고려사』 권71 악지2 속악 조에 노래의 유래만 적혀 있다. 이 책의 280~282쪽 참고.]

이제, 친구가 떠난 이유의 세 번째 가능성을 생각해 보기로 한다. 외국이 아니라면 국내의 어디론가로 떠났다는 결론만 남는다. 그렇다면 그 목적지는 당시 수도인 개경이 될 수밖에 없지 않을까 한다. 그 친구는 어떤 경로를 통해 개경에 도착했을까.

우선 배를 타고 그대로 대동강 하구로 내려가서 서해와 만난 다음, 황해도 연안을 거쳐 예성항으로 가는 바닷길을 생각해 볼 수 있다. 그 길의 중간쯤 되는 황해도 장연에는 고려시대 13개의 조창漕倉 중 하나인 안란창安瀾倉이 있었다. 조창은 조운漕運을 담당하는 기관인데, 조운은 각 지방에서 현물로 거둔 조租를 배로 서울로 운반하는 것을 말한다. 그러므로 남포를 떠난 뒤 안란창에서 배를 갈아타고 조운선의 항로를 따라 개경으로 가는 방법이 있었을 것이다. 고려시대의 조운 항로는 2월부터

5월까지만 운행하는 관선官船이 주로 이용했지만, 민간의 사선私船도 조운의 중요한 몫을 담당했다. 충청남도와 전라남북도 등의 서남해 앞바다에서 발견된 고려의 많은 침몰선 중에도 민간인이 운영하던 장삿배로 추정되는 배가 있다. 이런 점을 떠올리면 서경의 남포에서 출발하는 장삿배도 있었을 가능성이 크다. 그러나 이 길은 중간에 장산곶과 백령도 사이의 험한 물길이 도사리고 있다. 이곳의 빠르고 거센 물결은 조선시대의 소설 『심청전』에서 심청이 제물로 바쳐진 인당수의 배경으로 추정될 정도이다. 따라서 고려시대에도 남포에서 바닷길을 따라 개경에 도착한다는 것은 결코 쉬운 일은 아니었을 것이다. 그렇다고 하더라도 서경 사람들이 이른 봄에 대동강 남포에서 배를 타고 이 바닷길로 개경으로 갔을 가능성은 열어 둘 필요가 있다.

바닷길 대신 서경-개경 간의 육로 교통은 어땠을까. 남포에서 떠난 배는 대동강을 가로질러 건너편 포구에 도착했을 것이다. 이름을 알 수는 없으나 그 포구는 개경행 육로가 시작되는 곳이었다. [최자가 지은 『보한집』에는 정지상의 이 시를 소개하면서, "대동강은 서도西都 사람들이 송별하면서 건너는[渡] 강"이라고 설명을 달았다.]

서경-개경 간에는 고려의 22역도 중 절령도와 금교도가 운영되었다는 사실은 앞에서 말한 바 있다. 절령도는 서경-절령岊嶺(황해도 봉산군)을, 금교도는 절령-평주平州(황해도 평산군)-개경을 잇는 역들을 중심으로 편성된 역도였다. 이 길은 역도의 이름이 말해 주듯이 중간에 절령이라는 고개를 넘어야 했다. 절령은 자비령慈悲嶺이라는 이름으로도 잘 알려져 있다. 해발 489m인 이 고개는 예로부터 평양과 개성 사이의 요충지였다. 고려 초기인 993년(성종 12)에 거란이 침략해 오자 많은 신하들은 싸우지 말고 투항을 하든가, 국토의 일부를 떼어 주고 전쟁을 끝내자는 할지론割地論을 주장했다. 할지론의 골자는 서경 이북의 영토를 거란에게 떼어 주고 황주黃州로부터 절령에 이르는 선까지를 새 국경으로 삼자는 것이다. 그러나 강경론을 주장한 서희의 의견을 따라 거란과의 전쟁을 승리로 이끈 일은 잘 알려져 있다.

뒷날에는 이곳이 실제로 국경선이 된 일도 있었다. 1269년(원종 10) 최탄이 난을 일으켜 북계의 54성과 자비령 이북의 6성을 가지고 원나라에 귀순하자, 원은 이듬해에 이 지역에 동녕부東寧府를 설치했다. 고려의 끈질긴 요구로 동녕부는 1290년(충렬왕 16) 요동으로 옮겨 갔지만, 20년 남짓 자비령은 고려와 원의 국경선 노릇을 했던 것이다.

이처럼 절령이 국경선의 기준으로 등장했다는 사실 자체가 이 고개가 가진 전략상의 중요성을 잘 말해 준다. 서경-개경 간 교통로의 전체 길이가 얼마나 되고, 며칠 일정이 되는지는 알 수 없다. 그렇지만 절령을 넘어야 하는 이 교통로가 상당히 고되고 험했음은 충분히 짐작할 수가 있다.

정지상의 친구가 남포에서 배를 탔다면, 서해를 지나는 바닷길을 이용하거나 또는 대동강을 가로질러 도착한 나루에서 육로를 통해 개경으로 갔을 것이다. 후자의 방법으로 개경으로 갔을 가능성이 더 클 것으로 생각하지만, 아무튼 남포는 이별의 나루터였다. 정지상과 그의 친구를 비롯해서 서경 사람들의 이별의 눈물이 해마다 흘러내리는 곳이었다.

여러 가능성을 떠올려 보았는데, 평양의 젊은이가 남포를 떠나 개경으로 갔다고 정리하면 그 이유는 무엇이었을까. 더구나 정지상이 말했듯이 그들이 '해마다' 떠난 이유는 어디에 있었을까. 멀리 사행使行이나 유학길에 오른 것도 아니고 장사꾼들도 아니라면, 이유는 보다 분명해지지 않을까. 개경에서 출세하려는, 다시 말해 중앙의 과거에 응시하고 중앙의 관리가 되려는 목적을 가지고 있었다는 것이다. 이런 추정에 따라 고려시대의 가장 중요한 벼슬길인 과거科擧와 음서蔭敍에 대해 살펴보기로 한다.

4.

고려시대의 관리 등용 시험인 과거에는 크게 세 종류가 있었다. 제술업製述業·명경업明經業·잡업雜業이 그것이다. 제술업은 시詩·부賦·송頌·책策과 같은 문학으로, 명경업은 『상서尙書』·『주역周易』·『모시毛詩』·『춘추春秋』와 같은 유교 경전으로 시험을 치렀다. 잡업은 명법업明法業, 지리업地理業, 의업醫業 등과 같이 기술관 등용을 위한 시험이었다. 잡업은 일반 양인良人도 응시할 수 있었지만, 제술업과 명경업은 중앙의 관리나 지방 향리의 자제들에게만 응시 자격이 주어졌다. 제술업과 명경업은 양대업兩大業이라고 하여 잡업보다 중시했는데, 제술업이 더 중요했다. 이에 이 글에서도 제술업 중심으로 살펴보기로 한다.

제술업은 본시험으로, 이에 응시하기 위해서는 예비시험을 치르는 것이 원칙이었다. 예비시험 절차는 좀 복잡했다. 지방의 수험생들은 먼저 그 지방을 다스리는 계수관界首官이 주관하는 계수관시界首官試를 [향공시鄕貢試라고도 한다.] 치러야 했다. 그다음 서울에 올라와서 국자감시에 합격해야 했다. 국자감시에는 중앙의 국자감 학생들과 사학私學 12도徒의 학생들도 응시했다. 예비시험 합격자들은 시험 종류에 따라 향공진사鄕貢進士·국자진사國子進士 등 여러 호칭으로 불렸다. 이들이 본시험인 제술업에 응시했던 것이다. 본시험은 예부에서 주관했기 때문에 흔히 예부시禮部試라고도 불렀다. 그러므로 제술업은 곧 예부시를 의미하기도 한다.

이를 다시 정리하면 고려시대의 과거 응시생들은 향공시 → 국자감시 → 예부시라는 세 단계 절차를 거치는 것이 원칙이었다. 그러나 이 절차는 필수적인 것은 아니었다. 음서 등을 통해 이미 관직을 가지고 있는 이들은 예부시에 바로 응시하기도 했고, 지방 출신 중에도 향공시를 거치지 않고 국자감시나 예부시에 바로 응시하는 경우도 있었다. 이와 같이 고려의 과거 응시 절차는 다양한데, 일단 세 단계의 절차를 거치는 것이 원칙이었다는 점을 전제해 두기로 한다.

정지상은 이 절차를 모두 거쳤다. 『고려사』의 1114년(예종 9) 4월의 기록에는 "담당 관리가 말하기를, '서경진사西京進士 정지원이 임진년의 성시省試에서 1등으로 합격했으니, 관례에 따라 왕경(개경)에 머물게 하고 관리로 등용시킬 것을 청합니다'라고 하자 이를 허락하는 제서制書를 내렸다"라는 내용이 있다. 정지원은 정지상의 옛 이름이고, 서경진사는 서경에서 치러진 향공시의 합격생을, 임진년 성시는 1112년(예종 7)에 시행된 예부시를 말한다. 한편 그가 지은 「어머니에게 (임금이) 물품을 하사하심을 사례하는 표」에는 그가 서울의 태학(국자감)에 입학한 뒤 10여 년이 지나 과거에 합격했다는 내용이 있다. 그러므로 정지상은 '서경의 지방학교 입학 → 향공시 합격(서경진사) → 개경 국자감 입학 → 국자감시 합격 → 예부시 수석 합격'이라는 절차를 밟았다고 정리할 수 있다.

고려시대에 관리가 되는 길은 과거 이외에 음서가 있었다. 음서는 조상의 음덕에 의해 후손에게 관직을 주는 제도를 말한다. 고려시대에는 5품 이상 관리의 자손이거나 공신의 자손, 또는 국가에 특별한 공훈을 세운 관리의 자손에게 관직을 주었다. 이들이 음서를 받기 위해 어떤 학문적 자격을 갖춰야 한다거나 소정의 시험을 치를 것을 요구하지도 않았다. 규정에는 18세 이상이 되어야 음서의 혜택을 받을 수 있다고 했으나, 이는 제대로 지켜지지 않았다. 실제로는 5세 때에 음서로 관직을 받은 극단적인 경우도 있었는데, 통계에 따르면 음서 출신자들은 평균 15세에 관직을 처음 받았다. 이에 비해 예부시 합격자의 평균 나이는 24세 정도로 조사된다.

하급 관직에서 시작한 음서 출신 관리들은 고려 최고의 관직인 재추宰樞직에 오를 수가 있었고 수상인 문하시중이 될 수도 있었다. 이들은 출신에 따라 일정한 품계 이상의 관직에 오르지 못하게 하는 한품제限品制의 적용을 받지 않았기 때문이다. 이와 같은 음서제는 고려의 귀족사회를 형성하고 유지해 나가는 데에 큰 영향을 끼쳤다. 한 가문에서 5품 이상의 관리를 배출하거나 공신 책봉을 받게 되면, 그 가문의 자손 한 명은 음서를 통해 계속해서 관리 신분을 이어 나갈 수 있었기 때문이다.

이와 같이 음서제는 조기에 관리가 될 수 있고, 고위 관직에도 제한 없이 승진할 수 있다는 점에서 매력을 가지고 있었다. 그렇다고 하더라도 이 제도가 과거에 비해 일방적으로 유리한 것만은 아니었다. 과거에 합격하기 쉽지는 않았지만, 일단 그 문을 통과하면 관리 생활을 하는 동안 음서 출신자에게는 허락되지 않는 관직을 가질 수 있었기 때문이다. 문한직文翰職이 바로 그것이다. 문한직 관리들은 국왕의 조칙을 작성하거나 시종侍從을 했고, 역사서를 편찬했다. 또한 과거의 시험관, 서연관 등의 직책을 맡았는데 이런 직책은 과거 출신 관리들이 독점했다. 음서 출신 관리들은 한품제의 규제는 받지 않았으나 한직제限職制가 적용되었으므로, 이 관직을 가질 수가 없었다. 또 과거 합격생들은 동기생들끼리는 물론이고 시험관과 급제자들 사이에 좌주座主·문생門生 관계를 맺어 그들의 권익을 서로 지켜 주고 키워 나갔다. 그러나 음서 출신 관리들에게는 그들의 이익을 대변해 줄 만한 어떤 조직도 없었고, 그들만의 독점적인 권한도 없었다. 그러므로 고려시대에 과거제와 음서제는 어느 한쪽이 일방적으로 유리했다거나 불리했다고 볼 수가 없다. 결국 두 제도는 서로 조화와 균형을 이루면서 운영되었다고 할 수 있는 것이다.

그런데 과거에 합격하든 음서를 받든 궁극적인 목적은 중앙의 관리가 되는 데에 있었다. 고려시대 관리들은 관직을 가지고 국가에 복무하는 대가로 정치적·사회적·경제적 특권을 누릴 수 있었다. 문무의 관직을 가진 양반들은 전시과田柴科 토지를 받았고, 병역에서 면제되었으며, 그들의 자제들에게 과거 응시나 음서의 기회를 줄 수 있었다. 만일 관직을 잃게 되면 이 모든 특권들도 사라졌다. 지배계층들은 대대로 관직을 차지하면서 그에 따르는 특권을 세습했고, 문벌귀족으로 성장해 갔다. 이에 따라 고려는 중앙집권적 문벌귀족사회라고 불린다.

고려시대 지방 향리의 자손들이 중앙의 관리가 되고 귀족사회에 편입되기 위해서는 과거에 매달릴 수밖에 없었다. 국가에 특별한 공을 세워 관직을 받는 길이 있기는 하지만, 그런 기회가 쉽게 오는 것은 아니었다. 또 이들에게 음서의 자격은 아예 주어지지 않았다. 향리 자손에게 예부시 응시 자격을 준 가장 큰 이유가 이들의 이런 사회적 욕구를 채워 주는 데 있다고 해도 지나친 말은 아닐 것이다.

지방 출신인 정지상 역시 이런 출신의 한계 때문에 과거를 목표로 삼아 개경에 유학했고, 중앙의 과거시험에 합격했다. 서경의 향공시에 합격한 그는 10대 청년기에 어머니와 친구들의 배웅을 받으면서 남포를 떠났을 것이다. 서경의 다른 젊은이들 역시 마찬가지였다. 그들이 하필이면 이른 봄에 떠나야 했던 이유는 무엇일까. 고려시대에 과거의 예비시험인 국자감시나 본시험인 예부시는 모두 특별한 경우가 아니면 3~5월 사이에 치러지는 것이 원칙이었다. 이런 사정과 관련이 있지 않을까 한다.

정지상의 「송인」에는 자신이 보았거나 직접 겪은 이와 같은 역사적 경험들이 녹아들어 있다. 그 젊은이들이 흘린 '눈물 한 방울' 속에는 중앙집권적인 문벌귀족사회인 고려라는 '세계'가 들어 있는 것이다. 이런 사회가 유지되는 한 그들의 눈물이 섞인 대동강 강물은 넘치면 넘쳤지 마를 일은 없었을 것이다.

5.

신라, 고려, 조선은 모두 신분제 사회였다. 신분제란 혈통에 기반을 두고 있는데, 혈통은 누구나 가지고 태어나는 것이기 때문에 그에 따른 신분을 마음대로 바꿀 수는 없었다. 그렇다고 하더라도 고려시대의 지배계층은 신라의 골품骨品귀족이나 조선의 양반兩班과는 다른 특성을 가지고 있었다. 골품귀족들이 수도인 경주 사람들로 구성되어 있는 데 비해 조선의 양반들은 대부분이 재지사족在地士族이었다. 자신의 세력 기반을 지방에 두고 있었던 것이다. 중앙에서 관리 생활을 하다가도 관직을 그만두고 언제든지 자신의 연고지로 돌아갈 수 있었다.

고려의 지배계층은 이들과 달랐다. 그들은 지방 향리 신분일지라도 과거를 통해 얼마든지 중앙으로 진출할 수 있었다. 중앙에서 일단 고위 관리로 승진하면 음서제와 같은 법제적 특권을 이용해 그의 자손이나 가문은 대대로 관리 신분을 이어 갔고 문벌사회 속으로 편입될 수 있었다. 이 과정을 거치면서 고려의 문벌귀족사회가 형성되고 유지되어 갔던 것이다. 이런 점에서 작위爵位를 세습하는 서양의 작위귀족과 달리 고려의 귀족들은 관직귀족이라고 할 수 있다.

다시 말하지만, 고려의 귀족들은 관리로서 국가에 복무하는 대가로 이와 같은 특권을 계속 유지할 수 있었다. 이들에게 관직의 박탈은 바로 그 사회에서의 특권과 지배층으로서의 자격을 상실한다는 것을 의미했다. 따라서 그들은 중앙에 머물러 있어야 했다. 죽은 뒤에도 마찬가지였다. 일가친척들이 고향에 남아 있고 조상과 부모들이 그곳에 뼈를 묻었다고 하더라도, 중앙의 관리가 된 향리 출신 인물들은 자신의 무덤을 고향이 아니라 개경과 그 주위에 정했다. 이 같은 현상은 고려 중기까지 하나의 원칙처럼 지켜졌다. 조선시대의 양반들과 달리 고려시대의 지배층들에게는 한 가문의 집단 묘소라고 할 수 있는 고향의 선산先山과 같은 개념은 아예 없었던 것이다. 이런 점에서도 중앙집권적이던 고려사회의 모습이 잘 드러난다.

고려시대의 독특한 형벌의 하나인 귀향형歸鄕刑 역시 이와 같은 고려사회의 성격을 잘 보여 준다. 귀향형이란 특정한 범죄를 저지른 자를 자신의 본관지本貫地로 유배 보내는 형벌을 말한다. 이 형벌에서 '귀양'이라는 말이 생겨났는데, 귀양은 죄인을 먼 시골이나 섬으로 보내어 제한된 곳에서만 살게 하는 벌이다. 귀향형과 귀양 모두 유배형이지만 그 성격은 전혀 다르다. 고려의 귀향형은 주형主刑에 대한 부가형附加刑으로 적용되기도 했고, 기한도 정해지지 않았으므로 상당히 무거운 형벌로 간주되었다. 귀향형과 동시에 제명除名이 함께 부과되었다. 제명은 본인이 역임했던 모든 관직과 작위를 삭제하여 관리 신분 자체를 박탈하는 것으로, 관리의 징계 중 가장 높은 중징계 처분에 해당한다. [후기에는 해당 범죄인에게는 귀향형 대신 군대에 배속시켜 군역軍役을 지게 하는 충군형充軍刑을 부과하거나, 제명 대신 현재의 직에서 쫓아내거나[파직罷職] 면관시키는 등 성격이 약화되어 갔다.]

귀향형의 처벌 대상은 주로 관리와 그의 가족, 왕족과 그 인척 등 중앙의 지배층이었다. 이런 점에서 이 형벌은 지배층으로서의 자격과 권리를 박탈하려는 강력한 의지의 표현이었다. 귀향형을 받고 내려간 본관지는 친족들이 있고, 조상 대대로 내려오는 가전家田 등 경제적 기반이 있는 연고지였다. 그러나 모든 특권을 박탈당하고 중앙에서 추방되었다는 점에서 이곳은 유배지나 다름없었다. 그러므로 하루라도 빨리 중앙으로 되돌아가는 것이 이들의 가장 큰 소원이었을 것이다.

고려의 문학작품 중 「정과정鄭瓜亭」은 그들의 이런 심정을 잘 대변해 준다.

임금을 그리워하며 옷을 적시지 않는 날이 없으니	憶君無日不霑衣
그 모습이 마치 봄 산에 접동새가 우는 것과 같습니다	政似春山蜀子規
뉘가 옳고 뉘가 그른가를 사람들에게 묻지 마십시오	爲是爲非人莫問
단지 지는 달과 새벽 별은 알고 있을 것입니다	只應殘月曉星知

—『고려사』 권71 악지2 속악, 「정과정」—

이 작품은 고려가요이나 뒤에 이제현이 한시로 옮긴 것으로, 『고려사』 악지樂志에 실려 있다. 조선시대에 만들어진 음악책인 『악학궤범樂學軌範』(1493)에는 우리말로 된 가사와 악보가 실려 있다. 『고려사』 악지에는 이 노래를 소개하면서 다음과 같은 설명을 달아 놓았다.

「정과정」은 내시낭중 정서鄭敍가 지은 것이다. 서는 스스로 호를 과정瓜亭이라고 했다. 잇달아 외척과 혼인을 맺어 인종의 총애를 받았으나 의종이 즉위하자 그를 고향인 동래東萊로 돌려보냈다. (왕이) 말하기를, "오늘 내려가게 된 것은 조정의 의논에 몰려서이나 머지않아 당연히 소환할 것이오."라고 했다. 서가 동래에 오래 머물러 있었으나 소환 명령이 오지 않았다. 이에 금琴을 타며 노래를 불렀는데, 가사가 매우 처절하고 슬펐다. 이제현이 시를 지어 뜻을 풀이했다.

—『고려사』 권71 악지2 속악, 「정과정」—

이 설명에 조금 더 덧붙이기로 한다. 정서(?~?)의 조상은 원래 동래(부산광역시 동래구)의 향리였으나, 할아버지인 정목鄭穆(1040~1105)이 문종 때 과거에 합격하면서 중앙으로 진출했다. 정목은 섭대부경이라는 3품의 지위에 오르고, 네 명의 아들을 낳았다. 이 아들 중에서 세 명이 과거에 합격하면서 가문의 이름을 날렸는데, 넷째 아들 정항鄭沆(1080~1136)은 예부상서 지추밀원사가 되었다. 그는 4남 3녀를 낳았는데, 아들 중 막내가 정서(초명은 사문嗣文)이다. 음서로 관직을 받은 정서는 당시 최고 문벌의 하나인 정안임씨 가문의 임원애任元敳(임원후任元厚)의 딸과 결혼했다. 이 부인은 인종의 왕비이자 의종의 어머니인 공예태후의 동생이었다. 향리 출신의 가문이 세 세대 만에 최고의 문벌과 결혼하고 왕실의 외척으로 성장한 것이다.

(동서인) 인종과 (처조카인) 의종의 총애를 받던 정서는 1151년(의종 5)에 귀향형에 처해졌다. 종실과 몰래 몰려다닌다는 대간臺諫의 탄핵에 따른 것이다. 『고려사』에는 무고임을 알고 있던 의종이 정서를 보내면서, 조정의 의논이 가라앉으면 바로 소환하겠다고 약속했다고 한다. 그러나 그 명령이 내려오지 않자 정서는 본관지이자 유배지인 동래에서 이 노래를 지어 억울함을 호소했다. [정서는 1157년(의종 11)에 거제도로 유배지를 옮

졌다가, 1170년 9월에 무인난이 일어나 의종이 폐위되고 명종이 즉위한 뒤 그해 10월에서야 사면되었다.]

이 노래는 뒤에 '충신연주지사忠臣戀主之詞', 즉 충신이 임금을 그리워하는 노래라고 높이 평가되면서 조선의 궁중에서도 널리 불렸다. 그러나 정서가 임금을 그토록 그리워한 이유를 우리는 잘 알고 있다. 자신을 유배지에서 서울로 다시 불러 달라는 것. 박탈당한 자신의 신분과 특권을 되돌려 달라는 것이다. 정서는 자신의 모습이 봄 산의 접동새와 같다고 했다. 혹시 새벽 달빛과 별들이 희미하게 사라질 때까지 봄 산에서 접동새가 우는 소리를 들어 보셨는지.

「정과정」 역시 정지상의 「송인」처럼 중앙집권적인 고려 문벌귀족사회의 모습을 잘 보여 준다. 단지 서경의 젊은이들과 달리 쫓겨난 정서는 '피눈물'을 흘렸던 것이다.

6.

벼슬에서 쫓겨나 (혹은 스스로 버리고) 본관지로 돌아간 조선의 양반들은 어땠을까. 몇 가지 사례를 들어 보기로 한다.

먼저 생각나는 인물이 윤선도尹善道(1587~1671)이다. 그의 본관은 해남으로, 과거에 합격한 뒤 1616년(광해군 8)에 성균관 유생으로서 당시 세력가인 이이첨 등을 탄핵하는 상소를 올렸다가 처음 유배되었다. 1623년(인조 1)에 인조반정이 일어나면서 귀양에서 풀려나 관직을 받았으나 곧 그만두고 고향인 전라도 해남으로 내려갔다. 그 뒤 다시 여러 벼슬을 했으나 파직과 사직, 복직을 거듭했다. 1638년에는 병자호란이 끝난 뒤 왕에게 즉시 문안을 드리지 않았다는 이유로 탄핵되어 경상도 영덕에 유배되었다가 이듬해에 풀려났다. 그 뒤 그는 10여 년 동안 해남의 보길도에 은거하면서 『산중신곡山中新曲』·『어부사시사漁父四時詞』 등을 지었다. 1650년(효종 1)에 복직했으나 다시 여러 차례 관직을 박탈당하고 유배를 가는 등 굴곡진 관리 생활을 했다. 1659년 효종이 사망하자 예론禮論문제로 논쟁을 벌이다가 함경도 삼수에 유배되었다. 81세인 1667년(현종 8) 유배에서 풀리자 다시 보길도로 내려갔고, 1671년(현종 12) 그곳에서 85세로 생애를 마쳤다.

보길도에서 은거 중이던 윤선도는 1642년 18수首로 된 연시조인 『산중신곡』을 지었다. 여기에 「오우가五友歌」 6수가 실려 있는데, 그 첫 수는 다음과 같다.

> 내 버디 몃치나 ᄒᆞ니 水슈石셕과 松숑竹듁이라
> 東동山산의 ᄃᆞᆯ 오르니 긔 더옥 반갑고야
> 두어라 이 다ᄉᆞᆺ밧긔 또 더ᄒᆞ야 머엇ᄒᆞ리
>
> —『고산유고孤山遺稿』 권6하 가사, 「오우가五友歌」—

이때 윤선도의 나이는 56세였다. 서울의 벼슬길에 나선 지 스무 해가 넘도록 세상과 부대끼며 살아오면서, 인간사 덧없음을 알 만한 나이도 훨씬 지났을 때였다. 고향에서 은거 생활을 하면서 윤선도는 새로운 친구들을 사귀게 되었다. 물[水], 돌[石], 소나무[松], 대나무[竹], 그리고 동산東山에 뜬 달이 그들이다. 윤선도는 서시序詩 격인 이 첫 수에 이은 다섯 수의 시조에서 친구들의 장점을 하나씩 소개했다. 그치지 않고 꾸준히 흐르는 물의 연속성, 변하지 않는 바위의 영원성, 눈서리를 이겨내는 소나무의 올곧음, 속이 빈 대나무의 욕심 없음, 만물을 다 비추면서도 아무 말이 없는 달의 과묵함이 그것이다.

윤선도는 이 시조 종장에서 보듯이, 자연의 친구 이 다섯이면 충분하다고 했다. 이들만으로도 인생의 즐거움과 여유로움을 충분히 누릴 수 있다는 것이다. 비록 유배 끝에 귀향한 신세지만, 그에게는 고려시대의 정서와 같이 중앙 정계에서 소외되고 특권을 박탈당한 데 따른 억울함이나 울분 따위는 마음속에 하나도 없는 듯하다.

그러나 윤선도의 「오우가」를 읽다가 그의 이력을 다시 살펴보면, 그의 우정이 과연 참다운 것이었나 하는 의문이 든다. 이 작품을 쓴 뒤 64세에 중앙 정계에 복귀한 윤선도는 81세에 완전히 귀향하기까지 10여 년이 넘도록 다시 파란만장한 관리 생활을 했기 때문이다. 그렇다면 이 동안에 윤선도는 새 친구들을 사귀었을까? 혹시 서울이나 유배지인 함경도 삼수에서 새 친구를 만났다면, 보길도의 옛 친구들을 어떻게 소개했을까?

이번에는 정철鄭澈(1536~1593)의 경우를 보기로 한다. 윤선도·이인로李仁老와 함께 조선의 3대 가인歌人으로 꼽힐 정도로 정철도 뛰어난 문학작품을 많이 남겼다. 윤선도보다 조금 연상인 그는 명종 때에 문과별시에 장원으로 합격한 뒤 여러 관직을 거쳐 1578년(선조 11) 사간원 대사간이 되었다. 이해에 뇌물 사건으로 반대파의 탄핵을 받고 전라도 담양으로 내려갔다. 정철의 본관은 연일(경상북도 포항시)이나, 담양은 할아버지의 묘소가 있는 곳으로, 즉 정철의 연고지였던 것이다. 그곳에 머무른 지 2년이 지난 1580년(선조 13)에 정철은 강원도 관찰사가 되어 관동 지역을 유람하면서 「관동별곡關東別曲」을 지었다. [그 뒤 정철은 여러 벼슬을 거치면서 윤선도처럼 파직, 사직, 유배, 은거를 거듭했고, 1593년 58세로 은거지인 강화도에서 사망했다. 그의 작품으로는 「사미인곡」·「속미인곡」 등의 가사歌辭와 107수나 되는 시조가 남아 있다.] 「관동별곡」은 이렇게 시작한다.

> 江강湖호애 病병이 깁퍼 竹듁林님의 누엇더니
> 關관東동八팔百ᄇᆡᆨ里니에 方방面면을 맛디시니
> 어와 聖셩恩은이야 가디록 罔망極극ᄒᆞ다
> 延연秋츄門문 드리ᄃᆞ라 慶경會회南남門문 ᄇᆞ라보며
> 下하直직고 믈너나니 玉옥節졀이 알ᄑᆡ 셧다

—정철, 『송강가사松江歌辭』, 「관동별곡」—

첫마디에서 그는 강호에 병이 깊다고 고백하고 있다. 이는 자연 속의 은거 생활을 '병적'으로 즐긴다는 의미일 것이다. 그리하여 여기저기를 바지런히 나다니는 것이 아니라, 담양의 명물인 대나무 숲에 누워서 조용하게 속세의 묵은 찌꺼기를 씻어 내리고 있었다. 그런데 관동 팔백리의 방면方面, 즉 강원도 관찰사직을 맡으라는 임금의 명령이 내려오자 정철은 어떻게 했던가.

“아니, 못합니다. 대단히 황공하옵니다만, 소신은 지금 자연에서 병이 들어 치료하고 있는 중입니다. 하오나 뜻이 정 그러하시다면, … ”이라고 하면서 거절하는 시늉이라도 했던가. 아니, 그렇게 하지 않았다. 그는 “어와 성은이야 가디록 망극하다”, “아, 임금님의 은혜여! 갈수록 끝이 없구나!”라고 감격에 감격을 거듭하면서, 뒤도 돌아보지 않고 서울의 경복궁 연추문으로 들입다 달려갔다. 그리고는 임금에게 하직 인사를 드린 뒤 옥절, 즉 관찰사 사령장을 앞세우고 험한 관동 땅을 거침없이 누비면서 불후의 작품인 「관동별곡」을 지었다. 그렇다면 정철을 앓아눕게 했던 강호에서의 ‘병’은 꾀병이었나?

윤선도의 ‘우정’과 정철의 ‘병’이라는 문학적 장치를 두고 지나치게 시비를 거는 것은 아닌지 모르겠다. 나 역시 단정적으로 결론을 내리고 싶은 마음은 없다. 정황상 그러했으리라고 추측해 볼 뿐이다. 현실을 완전히 버리고, 자연에[그곳은 당사자의 연고지이거나 세력의 본거지이기도 했다.] 묻혀 조용히 지낸다는 것이 말처럼 쉬운 일은 아니기 때문이다. 이런 점에서 이현보李賢輔가 지은 다음 시조는 조선시대 양반들의 솔직한 심정을 잘 드러낸다.

歸去來 歸去來(귀거래 귀거래) 말뿐이오 가리업식
田園(전원)이 將蕪(장무)ᄒᆞ니 아니가고 엇뎰고
草堂(초당)애 淸風明月(청풍명월)이 나명들명 기ᄃᆞ리ᄂᆞ니

—이현보, 『농암집聾巖集』 권3 가사歌詞, 「효빈가效嚬歌」—

이 시조는 다음과 같이 풀이할 수 있다. "돌아가리라 돌아가리라 말은 늘 앞세우지만 실제로 갈 (또는 간) 이는 없네. 고향의 논밭과 동산은 바야흐로 황폐해지려고 하는데 아니 가고서 어찌할꼬. 초가집에는 맑은 바람과 밝은 달이 날락들락하면서 기다리고 있나니".

이현보(1467~1555)는 본관이 영천으로, 과거에 합격한 뒤 연산군 때에 사간원 정언으로 서연관의 비행을 탄핵하다가 안동으로 유배되었고, 중종반정으로 복관되었다. 이후 여러 벼슬을 거쳐 74세에 지중추부사직을 받았으나, 병을 핑계로 벼슬을 그만두고 고향인 예안(경상북도 안동시 예안면)으로 돌아왔다. 이곳에서 시를 지으며 한가롭게 지내다가 89세로 사망했다. 그의 문집인 『농암집』에는 작자 미상인 고려시대의 「어부가漁父歌」를 고쳐 지은 「어부가」와 앞의 작품을 포함하여 시조 8수가 들어 있다.

초장과 중장에서 보다시피 「효빈가」는 중국 동진東晉의 시인인 도연명(365~427)의 「귀거래사」를 본받아 지은 것이다. [「귀거래사」는 '歸去來兮(귀거래혜) 田園將蕪(전원장무) 胡不歸(호불귀)'라는 유명한 문장으로 시작한다.] 도연명은 41세 때에 이 시를 지은 뒤, 10여 년의 관리 생활을 접고 전원으로 돌아갔다. 이후 63세로 사망할 때까지 20여 년 동안 온전하게 은둔생활을 했다. 그런데 이현보는 도연명의 시를 빌려 오면서 당시 조선 양반들의 현실을 슬며시, 그러나 아프게 꼬집고 있다. 많은 이들이 '귀거래'를 입버릇처럼 달고 다니면서도 정작 그것을 실행에 옮길 (또는 옮긴) 이는 없다는 것이다. 그러면서 이 시조의 제목을 「효빈가」라고 했다. '효빈效嚬'은 눈살 찌푸리는 것을 본뜬다는 뜻인데, 고사故事에서 유래한다.

중국 월越나라의 미녀인 서시가 속병이 있어서 눈을 자주 찡그렸는데, 이를 본 못생긴 여자들이 그렇게 하면 예쁘게 보이는 줄 알고 따라서 눈을 찡그리고 다녔다고 한다.

이현보는 이 시조가 도연명의 「귀거래사」를 본받은 것이므로 「효빈가」라는 제목을 붙였다고 설명했다. 그런데 '효빈', 즉 서시를 흉내 낸 사람은 한두 명이 아니었다. 조선의 양반들도 그러했다. 이런 점에서 이 제목에는 본인의 마음을 드러내면서도 당시 양반들의 진실되지 못함을 꼬집으면서 자기반성을 해야 한다는 훈계의 뜻도 들어 있다고 생각한다. 말보다는 실천이 더 중요하다는 것이다. 이 시조는 1542년(중종 37) 이현보의 나이 76세 때에 지었다. 고향으로 돌아온 그는 자신의 생애와 당시의 세태를 되돌아보면서 이 같은 뜻이 담긴 작품을 남긴 것이 아닌가 한다.

7.

이현보보다 100여 년 뒤에 태어난 윤선도가 이 「효빈가」를 읽었는지는 모르겠다. 문학사에서는 윤선도의 「어부사시사」가 이현보의 「어부가」와 문학적 뿌리를 같이하는 것으로 평가하고 있다. 바꿔 말해 윤선도는 이현보의 작품들을 보고 연구했을 가능성이 많다는 점이다. 그렇다면 윤선도가 『농암집』에서 「효빈가」를 보았다고 추측해 보는 것도 큰 잘못은 아니라고 생각한다. 그러나 윤선도는 이현보의 뜻과는 다른 생애를 살았다. 그는 몇 차례나 '귀거래 했으면서도' 기회가 오면 다시 뛰쳐나갔다. 그리고 그때마다 또다시 '귀거래 하리라고' 새삼스럽게 다짐했을 것이다. 정철도 마찬가지였다.

이들 몇 명의 사례를 들어서 조선시대 양반들이 모두 다 그러했다고 말할 생각은 없다. 사림士林 중에는 도가적인 삶을 실천하며 살았던 이들도 당연히 많았을 것이다. 그러나 조선을 '양반관료국가'라고 부르듯이, 지배층인 양반들에게도 과거 합격이나 관직 보유는 중요했다. 이를 통해서 양반들은 그 사회의 여러 가지 특권을 누렸기 때문이다. 조선에서도 모든 길은 서울을 향해 있었다. 그렇지만 양반들은 기본적으로 재지사족이었다. 그들의 세력 기반은 연고지인 지방에 있었다. 따라서 그들은 중앙이라는 현실에서 어려움이 닥칠 때마다 '도피'할 곳이 있게 마련이었다. 최악의 경우에도 그들은 고향으로 운구되어 조상들 곁에서 영원한 휴식을 취할 수 있었다.

그러나 고려의 문벌귀족들은 그렇지 못했다. 이들에게 '귀향'이라는 것은 곧 신분의 박탈을 의미했기 때문이다. 정서가 고향에서 서울로 불러 달라며 피맺힌 눈물을 흘린 것도, 정지상과 같은 젊은이들이 중앙의 관리가 되기 위해 고향을 떠나며 대동강 남포 포구에서 서러운 이별을 한 것도, 이들의 무덤이 고향이 아닌 개경과 그 주위에 정해졌던 현상도 이와 같은 역사적 맥락에서 이해할 수 있지 않을까 한다. 이런 모습들이야말로 고려사회와 조선사회의 지배층의 본질적인 차이를 말해 준다.

참고 문헌

김용선, 「고려 지배층의 매장지에 대한 고찰」, 『고려 금석문 연구: 돌에 새겨진 사회사』, 일조각, 2004.

———, 「과거와 음서」, 『고려·사회·사람들』, 일조각, 2018.

모리히라 마사히코森平雅彦, 「한중교류를 지탱한 섬들과 섬사람들」, 노명호 외, 『고려 역사상의 탐색: 국가체계에서 가족과 삶의 문제까지』, 집문당, 2017.

문경호, 『고려시대 조운제도 연구』, 혜안, 2014.

오희은, 「고려시대의 '연고지 유배형': 형벌제도 운영의 일면」, 노명호 외, 『고려 역사상의 탐색: 국가체계에서 가족과 삶의 문제까지』, 집문당, 2017.

이진한, 『고려시대 송상왕래 연구』, 경인문화사, 2011.

———, 『고려시대 무역과 바다』, 경인문화사, 2014.

정요근, 「고려전기 역제의 정비와 22역도」, 『한국사론』 45, 서울대학교 인문대학 국사학과, 2001.

최완기, 「조운과 조창」, 『한국사』 14(고려 전기의 경제구조), 국사편찬위원회, 1993.

한정훈, 『고려시대 교통운수사 연구』, 혜안, 2013.

II

서쪽에서 태어나 동쪽에서 죽다

귀화인의 수용과 활동

1.

서쪽에서 태어나 동쪽에서 죽다	生於西 卒於東
다른 마음은 없고 오직 충성뿐	無他腸 有孤忠
세월이 가면 산과 골짜기도 무너지네	歲月久 山谷裂
돌도 부스러지겠지만 명성만은 사라지지 않으리	石可朽 名不滅

이 구절은 고려시대 사람인 임광林光의 묘지명墓誌銘(1152)에서 '명銘'에 해당하는 부분을 옮겨 적은 것이다. '명'이란 무엇인가. 한자사전에서 찾아보면 '새길 명', '기록할 명'이라는 풀이가 나온다. 앞의 뜻은 '마음에 깊이 새긴다'라고 할 때의 '명심銘心하다'라는 말과 같이 쓰이는 것이고, 뒤의 뜻은 '명정銘旌'이라는 단어에서 찾아볼 수 있다. 명정은 장례 때에 고인의 관직이나 이름을 적어 상여 행렬을 이끌다가 하관할

때 관 위에 씌워서 묻는 깃발을 말한다.

이와 다르게 '비명碑銘'이나 '묘지명墓誌銘'에서의 '명'은 자체의 고유한 의미와 형식을 가지고 있다. 즉, 비나 묘지墓誌 등에 고인의 공적을 찬양하는 내용을 적은 글을 명이라고 하며, 특정한 문체文體를 가지고 있다. 대개 넉 자를 기본으로 하지만 3·5·7 등 일정한 수의 글자가 한 짝을 이루어 구句를 만든다. 「임광 묘지명」은 세 글자씩 짝을 이루고 있다. 비나 묘지의 기록에는 이 명 앞에 반드시 '서序'가 있다. '서'는 고인의 행적을 자세하게 적은 것으로 산문散文으로 되어 있는데, '명'은 이 서의 내용을 운문 형식으로 압축한 것이다.

비명이나 묘지명을 보면, 흔히 맨 첫 줄에 '아무아무 벼슬을 한 아무개의 비명 및 서문[碑銘 幷序]' 또는 '묘지명 및 서문[墓誌銘 幷序]'이라는 제목이 나온다. 그다음에는 그의 가문·관력·가족관계·사망 일시·장지葬地 등의 기록이 길게 적혀 있는데, 이것이 바로 서에 해당하는 부분이다. 서가 끝나면 흔히 '명하여 이른다[銘曰]'라는 문장으로 시작하는 명이 나온다. 그리고 맨 마지막 줄에는 글을 지은이나 쓴 이, 건립 일자 등이 간단하게 새겨져 있다. [제목 바로 뒤에 적는 경우도 많다.] 이처럼 비명이나 묘지명에서 서가 분량의 대부분을 차지하지만, 명이 본문이자 핵심이 된다. 명은 운문韻文 형식으로 되어 있어 문학적으로도 중요한 가치를 가진다. 그러나 역사가들은 고인의 자세한 이력서라고 할 수 있는 서에 더 많은 관심을 두고 중요한 연구자료로 이용하고 있다. 이와 같이 서와 명의 형식을 갖춘 비명과 묘지명을 그냥 '(아무개의) 비碑'나 '(아무개의) 묘지墓

「임광 묘지명」(1152)
묘지명의 첫 줄 제목 끝에 '병서并序'라고 적었고, 맨 마지막 줄에 명銘이 새겨져 있다.

誌'라고 해도 좋으나, 후자의 경우 '묘지墓地'와 혼동을 피하기 위해 '묘지명'이라고 부르는 것이 더 편하다고 생각한다.

2.

「임광 묘지명」의 명은 비교적 짧은 축에 속한다. 그러나 이 명에는 임광의 생애가 훌륭하게 요약되어 있고, 묘지명을 만든 이유도 분명하게 밝히고 있다. 이에 임광이라는 인물의 생애를 알아보기에 앞서, 묘지명이라는 금석문이 우리나라 역사에 언제부터 등장하게 되었고 어떤 역사적 가치가 있는 것인지 잠시 살펴보기로 한다.

묘지명은 중국 전한前漢시대인 B.C. 2세기 무렵부터 나타나기 시작한다. 당시 비를 호화롭게 만드는 것을 국가에서 금지하자 대신 묘지명을 만드는 풍조가 생겨나게 된 것이다. 그러므로 비나 묘지명이나 그 기능은 원칙적으로 같다. 「임광 묘지명」의 명에서 "명성만은 사라지지 않으리"라는 구절에서 보듯이 고인의 업적과 덕행을 후대에 길이 전하고자 하는 데 가장 큰 목적이 있다. 이를 위해 비는 무덤 앞에 세워지고, 묘지명은 대부분 지석誌石으로 만들어 관과 함께 땅속에 묻는다는 점이 다를 뿐이다.

5세기 무렵이 되자 위진남북조시대의 귀족들 사이에 묘지명 문화가 크게 발달했다. 특히 북위의 수도였던 낙양의 귀족들은 멋진 글씨와 온갖 화려한 그림과 무늬로 장식한 묘지명을 많이 만들었다. 이 시대에 묘지명 형식이 완성되었는데, 그 뒤 큰 변화 없이 수·당·송·원·명 등에 계속해서 전해졌다.

삼국시대의 고구려와 백제는 중국 남북조의 국가들과 활발한 외교 활동을 벌이면서 이들의 문화도 받아들였다. 고구려가 북위에서 불교를 받아들였다거나, 백제 무령왕릉의 축조 양식이 남조의 영향을 받았다는 사실 등이 이와 같은 현상을 잘 말해 준다. 따라서 이 국가들은 중국의 묘지명 문화도 당연히 알고 있었을 것이다. 고구려 벽화 고분 속에 남아 있는 붓글씨로 쓴 명문(묵서명墨書銘)이나 백제 무령왕릉에서 출토된 왕과 왕비의 지석誌石이 그런 사실을 대변한다. 그러나 이 유물들은 묘지명과 비슷한 점이 있다고 하더라도 본격적인 묘지명으로 보기에는 무리가 있다. 일정한 격식을 갖추어 독립된 묘지명 형태로 만들어진 것이 아니기 때문이다. 그나마 이들 극소수 사례를 제외하면 묘지명 비슷한 것이라도 더 만들어지지 않았다.

신라도 삼국시대부터 통일신라 말까지 많은 승려와 유학생들이 중국에 다녀왔으므로, 현지의 묘지명 문화를 직접 보았을 가능성이 크다. 그러나 신라의 경우 유물은 고사하고, 사서나 다른 문헌에도 묘지명이 만들어졌다는 기록은 전혀 남아 있지 않다. 언젠가 관련 유물이 나타나기를 기대하지만, 현재로서는 신라 사람들은 묘지명에 그다지 관심이 없었다고 이해할 수밖에 없다.

고려시대가 되면 사정이 달라진다. 지금 남아 있는 고려의 묘지명으로 가장 오래된 것이 1024년(현종 15)에 만들어진 「채인범 묘지명」인데, 이후 계속해서 만들어져 현재 실물이나 기록으로 남아 있는 고려 묘지명은 350개가 넘는다. 그만큼 고려사회에 묘지명 문화가 빠르게 퍼져 나가고 뿌리박은 것이다. 또 묘지명에는 앞서 말한 바와 같이 고인의 가문, 이력, 결혼, 가족관계, 사망, 매장지 등 자세한 내용이 적혀 있다. 묘지명은 대부분 고인이 사망한 직후에 만들기 때문에 그 내용들은 자세하면서도 정확하고 생생하다. 이와 같은 묘지명 기록은 『고려사』 등과 같이 후대에 만들어진 사서에서 찾아볼 수 없는 내용들이 많으므로 역사 연구에 매우 중요한 자료가 된다.

한편 묘지명이라는 존재는 본질적으로 장례와 직결된다. 장례 문화는 매우 전통적이고 보수적인 속성을 지니고 있어서 쉽게 바뀌지 않는 편이다. 그러므로 고려 초기에 묘지명 문화가 새로 시작되었고 빠르게 퍼져 나갔다면, 당시 사회에 그럴 만한 이유가 있었다고 보아야 할 것이다. 그런 변화를 불러온 사람들은 구체적으로 누구였고, 그 이유는 무엇이었을까. 하나씩 살펴보기로 하자.

3.

임광(1088~1152)은 자신의 묘지명을 남겼지만, 『고려사』에도 그의 전기가 실려 있다. 그의 처음 이름은 완完이었으나 뒤에 광光으로 고쳤는데, 묘지명에 적힌 대로 임광이라 부르기로 한다. 그는 원래 중국 송나라 사람으로 장주漳州 출신이었다. 지금의 푸젠성福建省 남부에 위치한 장주는 송대 이후 남해무역 근거지의 하나로 발전한 도시이다. 그는 1112년(예종 7) 상선商船을 타고 고려에 들어왔다. 25세 때였다. 고려에서 벼슬을 구하던 그는 2년 뒤인 1114년(예종 9)에 별사을과別賜乙科에 합격해서 감문위녹사라는 하급 관직을 얻게 되었다. 이 별사라는 시험은 고려시대 과거의 하나로, 송나라 출신 외국인을 대상으로 특별하게 치러진 것이다.

『고려사』에는 "송宋 진사進士 임완林完을 별사을과로 뽑았다"라고 했다. '송 진사'라는 표현은 과거시험 응시 원서에 적힌 임광의 대표적인 이력이자 칭호였을 것이다. 이 용어는 그가 고려에 오기 전에 이미 중국에서 과거에 합격했다는 사실을 알려 준다. 상선을 타고 개인적으로 입국했지만, 그는 본국에서 일정한 교육을 받고 과거에 합격한 지식인 출신이었던 것이다.

바라던 대로 고려의 관리가 된 그는 국자박사 등을 거쳐, 인종 초에 좌·우정언이 되어 간관諫官으로 활약했다. 묘지명에는 그가 외척으로 권력을 떨치던 이자겸을 견제하기 위해 왕이 유신儒臣들의 의견을 들을 것을 청했고, 당시 개경에 커다란 사찰이 건축되자 토지의 사유화로 인한 경제적 피해와 승려 출가로 인한 농민과 군사의 감소 문제 등을 철저하게 따졌다고 한다. 이자겸을 탄핵하다가 귀양을 간 동료 간관의 원통함을 풀어 달라는 상소를 혼자서 올리기도 했다. 또 그는 묘청의 참위설讖緯說과 서경 천도 주장을 비판하며 그의 머리를 베어야 한다는 상소를 올렸다. 『고려사』에 실린 그의 전기에는 이 상소문이 자세하게 적혀 있다. 이를 보면, 송의 휘종이 도교에 심취했던 임영소林靈素를 총애하다가 마침내는 유배 보낸 사실을 들어 묘청도 이와 같이 경계하고 제거되어야 마땅하다고 주장했다. 이런 일들은 그가 유교적 이념을 바탕으로 하여 왕권 강화를 위해 노력했다는 사실을 잘 말해 준다. 본국인 송에서 겪었던 역사적 경험과 지식도 고려 조정에서 활동하는 데 큰 도움이 되었을 것이다.

묘청의 난이 진압되자, 임광은 사전에 묘청을 반대한 공로를 인정받아 1136년(인종 14)에 중서사인(종4품)으로 임명되었다. 그 뒤 예부시랑·국자제주·예부상서·집현전학사·추밀원사·도병마사 등을 거쳐 1150년(의종 4)에 좌복야(정2품)로 은퇴했다. 그동안 그는 국자감시의 고시관이 되었고, 예부시의 부고시관인 동지공거가 되기도 했다. 2녀 1남을 낳은 그는 1152년(의종 6) 65세로 사망했는데, 고려의 왕경 개성부에 속한 정주貞州에 묻혔다.

이와 같은 그의 경력에서 보듯이, 중국 출신의 임광은 고려의 관리가 된 뒤 중요한 관직을 두루 거치고 화려한 지위에 올랐다. 지금의 외교부와 교육부의 차관과 장관에 해당하는 예부시랑과 예부상서, 국가의 중대사를 결정짓는 재추회의宰樞會議의 구성원이자 재추직의 하나인 추밀원사, 군사·대외 문제를 논의하는 도병마사, 국립대학 총장격인 국자제주, 국왕을 시종하는 근시직近侍職인 집현전학사 등을 지낸 것이다.

혹시 임광과 같은 외국인, 가령 본국의 대학에서 박사학위 정도를 갓 취득하고 야심에 가득 찬 젊은이가 있다고 치자. 그가 지금의 대한민국에 와서 공식 시험을 거쳐 공무원이 된다면 장차 어떤 지위에 오르게 될까? 외교부 공무원이 되어 출신지 본국과의 각종 외교 문제를 취급하는 여러 관직을 맡은 뒤 차관이나 장관이 될 수 있을까? 전국의 학교와 교육정책을 담당하는 최고기관인 교육부의 장·차관 자리는? 국립대학의 교수가 된 뒤 총장으로 선출될 가능성은? 고위 공무원을 뽑는 여러 국가고시를 운영하는 책임자가 될 경우는? 국가안보를 논의하는 국가안전보장회의의 핵심 구성원이 되거나, 국무위원이 되어 국무회의에 참석하게 될 가능성은? 대통령의 특별 고문이 되어 담화문이나 성명서 등을 작성할 가능성은? 더구나 이 중에서 한 가지가 아니라 여러 직책을 중복해서 맡게 될 확률은? [대답은 여러분의 결정에 따르기로 한다. 한 가지 덧붙이자면, 그는 우리와 같은 피를 나눈 재외동포가 아니라 '순수한' 외국인이라는 점을 꼭 참고하시기를.]

당시의 고려는 이 같은 일이 가능한 사회였다. 가능한 정도가 아니라 임광의 경력에서 확인할 수 있듯이 실제로 이런 일이 일어났다. 무엇보다도 임광의 경우가 특수한 사례가 아니었다는 것이다. 당시 많은 외국인들이 고려에 들어와 조정에서 활약했다. 임광과 같은 중국인뿐만 아니라 한반도 북쪽의 발해 유이민이나 여진·거란 사람, 남쪽 바다 건너 일본 사람들도 고려에 들어와 살기를 요청했다. 고려는 이 외국인들에게 문호를 대폭 개방했고, 그들을 적극 포용했다. 그들은 어떻게 고려에 왔고, 고려사회는 그들을 어떻게 대우했는가? 몇 가지 모습을 살펴보기로 한다.

4.

후삼국 중 가장 늦게 918년 건국된 고려는 외교전과 무역에서도 주도권을 잡기 위해 초기부터 중국과 활발하게 인적·물적 교류를 했다. 당시 중국에서는 당이 멸망한 뒤(907), 10여 개의 나라가 난립하는 이른바 5대五代라는 시대가 시작되고 있었다. 후백제가 이들 중에서 주로 남중국 국가들과 교류한 데 비해, 고려는 산동반도를 거쳐 북중국의 나라들과 교류했다. 936년 고려가 후삼국을 통일하고, 중국에서는 960년 송이 건국되면서 혼란기가 끝이 났다. 그런 뒤에도 두 나라의 교류는 빈번하게 이어졌다. 고려에서는 외교사절 이외에도 많은 승려와 유학생들이 중국으로 건너갔고, 중국에서도 많은 사절단과 상인들이 고려로 건너왔다. 이 과정에서 일부 중국인들은 본국으로 돌아가지 않고 고려에 남아서 관리가 되고, 고려에서 일생을 마쳤다.

한편 한반도 북쪽에 있던 발해가 멸망하자(926, 고려 태조 9), 많은 유이민들이 고려로 망명해 왔다. 그 뒤 북진정책을 쓴 고려가 한반도의 거의 북쪽 끝까지 영토를 넓히자 압록강·두만강 지역에서 유목생활을 하던 여진과 거란 사람들이 고려에 도움을 청했다. 기록을 보면, 거란은 요(916~1125)가 건국된 뒤인 11세기 후반까지 꾸준히 고려를 찾아왔고 요가 멸망한 뒤에는 소수민족으로 전락한 무리들이 고려를 침입해 왔다가 포로가 되어 고려에 투항한 사례가 있다. 여진은 금(1115~1234)이 건국되기 이전에는 물론이고, 금이 멸망한 훨씬 뒤인 고려의 마지막 왕인 공양왕 3년(1391)까지도 고려를 찾아왔다. 일본의 경우 999년·1012년·1039

년에 일본 사람 20호戶·35명·26명이 고려에 내투했다는 기록이 있고, 고려 후기와 말기에는 왜구로 침입해 왔다가 포로로 잡힌 뒤 항복한 사례가 많이 나온다.

외국인이 고려에 들어오는 모습을 표현한 용어를 『고려사』에서 찾아보면 참으로 다양하다. 많이 나오는 순서대로 적어 보면, 내조來朝(입조入朝 포함)·내투來投·귀부歸附·내항來降·내헌來獻·내분來奔·귀순歸順·내부來附·투화投化·귀화歸化 등이다. [단, 이들 사례에는 외국인뿐 아니라 후삼국시대의 호족들도 다수 포함되어 있으므로, 이 순서가 반드시 정확하지는 않다는 점을 덧붙인다.] 이들 각각의 표현은 입국하는 당사자의 신분이나 처지, 당시의 상황에 따라 전통 사상이나 관점에 입각해서, 말하자면 정치적이자 역사적인 전문 용어를 사용해서 다르게 적은 것이다. 따라서 이 용어들은 그 자체로 고유한 성격과 특별한 의미를 갖는다. 예컨대 가장 많이 사용된 내조와 입조는 사신으로 왔거나 조정에 들어와서 임금을 뵈었다는 등의 정치·외교적인 뜻이 보다 강하고, 마지막에 나오는 귀화에는 왕의 어진 정치에 감화되어 그 백성이 된다는 유교식 덕치주의를 강조하는 뜻이 담겨 있다. 또 외국인 중에는 단기 체류자와 장기 체류자가 있는데, 이를 구분하지 않고 모두에게 이 같은 용어를 쓰는 경우도 많다. 그렇다고 하더라도 『고려사』에 나오는 이 많은 용어에는 하나의 공통점이 있다. 어떤 표현을 썼건, 어떤 상태로 왔건, 그중에는 고려에 평생 머물면서 새로운 삶을 찾은 사람들이 포함되어 있다는 점이다. 우리가 관심을 갖는 대상도 바로 이런 사람들이다. 그렇다면 이들을 어떻게 부르는 것이 좋을까.

대한민국의 현행 국적법에는 '대한민국 국적을 취득한 사실이 없는 외국인'이 일정한 요건을 갖추어 '대한민국 국적을 취득'하는 것을 '귀화'라고 정의하고 있다(국적법 제4조). 『고려사』에 나오는 수많은 관련 용어 중에서 거의 꼴찌를 차지하던 단어가 현재까지 살아남아 이제는 대표 노릇을 하고 있는 셈이다. 국적법에는 귀화의 종류를 일반귀화·간이귀화·특별귀화라는 세 가지로 구분하고 있다(국적법 제5·6·7조). 이 법이 말해 주듯이 지금의 대한민국 사람들에게는 귀화라는 용어가 가장 익숙한 것이 되었다.

당연한 말이지만, 고려시대의 귀화와 현대 대한민국의 귀화의 성격이 같다고는 할 수 없다. 이에 따라 고려시대의 외국인들에게 귀화 대신 '내투'·'투화' 등의 용어를 쓰자는 연구자들도 있다. 그렇다면 21세기의 대한민국 법령에서 쓰고 있는 '귀화'라는 용어는 어떠한가? 이 표현이야말로 "임금의 어진 정치에 감화를 받아 그의 백성이 된다"라는 뜻의 전형적인 왕조시대의 용어가 아닌가? 그러나 대한민국에서는 귀화를 "다른 나라의 국적을 얻어 그 나라의 국민이 된다"라는 뜻으로 사용하고 있다. 역사적 맥락은 완전히 무시하고 있는 셈이다.

고려라는 국가도 자국을 찾아온 수많은 외국인들에게 새 '국적'을 주어 그들의 신분을 보장해 주고, 그 사회에 정착해서 살게 했다. 대한민국 법률에 나오는 '귀화'라는 용어도 비슷한 뜻을 담고 있다. 이에 따라 고려에 정착한 외국인들도 '귀화인歸化人'이라고 너그럽게 불러도 좋지 않을까 한다. 그렇다면 이들은 원래의 출신지에 따라 중국계 귀화인, 발해계 귀화인, 여진계 귀화인, 거란계 귀화인, 일본계 귀화인 등으로 나눌 수 있다.

5.

출신지와 신분이 다르고 목적이 달랐던 만큼, 외국인들이 고려에 들어오는 과정도 다양했다.

첫 번째는 공식사절단의 일행으로 고려에 왔다가 귀국하지 않고 그대로 남은 경우이다. 그 대표적인 인물로 중국계 귀화인인 쌍기雙冀(?~?)를 들 수 있다. 『고려사』에는 그의 전기가 짧게 실려 있다. 그는 중국 후주後周의 관리로, 광종 7년(956)에 국왕을 책봉하는 봉책사封冊使의 일행으로 왔다가 병이 들어 돌아가지 못하고 고려에 머무르게 되었다. 병이 낫자 광종과 만났는데, 그의 재주를 아깝게 여긴 광종은 후주의 황제에게 쌍기를 자신의 신하로 삼게 해 달라는 글을 보내 허가를 받았다. 광종은 그에게 원보元甫 한림학사翰林學士직을 주고, 1년도 안 되어 국가의 문병文柄, 즉 학문적 권한을 맡겼다. 원보는 고려 초기의 관계官階인데 4품이고, 한림학사는 국왕의 담화나 명령을 뜻하는 사명詞命을 대신해서 짓는 한림원 소속의 관리로 정4품에 해당한다. 그런데 쌍기가 고려에 올 때의 관직은 장사랑將仕郞 시대리평사試大理評事로, 이는 당시 중국에서 8·9품 정도에 속했다. 중국 출신의 하급 관리에게 광종은 파격적으로 중급 이상의 관직을 주고 중요한 임무를 맡긴 것이다. 또 대리평사라는 관직은 당과 송에서 과거 급제자들에게 초직으로 주는 경우가 많았으므로, 쌍기는 본국에서 과거 출신자였음이 거의 확실하다.

쌍기는 958년(광종 9)에 과거제도의 설치를 건의했는데, 그해 5월에 시험관인 지공거知貢擧가 되어 고려에서 처음으로 과거를 시행했다. 그는 960년(광종 11)과 961년(광종 12년)에도 잇달아 지공거가 되어, 고려에 과거제도가 뿌리내리는 데 결정적인 역할을 했다. 이런 점에서 광종이 쌍기를 중용하고 총애한 까닭은 쉽게 짐작할 수 있다. 호족 세력을 견제하고 왕권 강화를 위해 노력하던 광종은, 중국 과거의 유경험자인 쌍기를 발탁하여 과거 실시를 강행함으로써 개혁 정책의 정점을 찍으려 했던 것이다. 쌍기의 아버지인 쌍철은 후주의 시어侍御로 당시 청주淸州의 수령이었는데, 아들이 고려에서 총애를 받는다는 소문을 듣고 959년(광종 10)에 회사回使인 왕긍王兢을 따라 고려로 와서 좌승佐丞(3품)이 되었다. 아들에 이어 아버지도 고려의 귀화인이 된 것이다.

채인범(934~998) 역시 외교사절단의 일행으로 고려에 왔다. 송의 천주泉州 출신인 그는 그 주州의 지례사持禮使를 따라 970년(광종 21) 고려에 왔다. 지례사는 황제가 아닌 지방관이 보낸 외교사절이다. 쌍기보다 조금 뒤에 온 그에 관해 『고려사』에는 기록을 전혀 찾아볼 수 없지만, 묘지명이 남아 있다. 이를 보면, 고려를 찾아온 그에게 광종은 예빈성 낭중직(정5품?)을 주었다고 한다. 이때 그의 나이가 37세였다는 점과 쌍기와 비슷한 등급의 대우를 받았다는 점을 감안하면, 그 역시 중국의 현직 관리가 아니었나 짐작된다. 채인범은 성종 때에 예부시랑에 오르고 998년

(목종 1)에 예부상서로 추증되었다.

두 번째는 개인 자격으로 오는 경우이다. 중국계 귀화인 중에는 상선을 타고 고려에 들어온 사람들이 많다. 앞에서 언급한 임광, 송 온주溫州 출신으로 목종 때 고려에 들어와 현종 때 공신이 되고 예부상서에 오른 주저周佇, 송 천주 출신으로 선종 때 귀화하여 예종 때 이부상서와 예부상서를 역임한 유재劉載, 중국 태학의 상사생上舍生으로 예종·인종의 총애를 받은 호종단胡宗旦, 고려의 과거에 급제한 뒤 참지정사에 오른 송 개봉부 출신의 신수愼脩, 신수의 아들로 병부상서에 오르고 한어漢語에 밝아서 중국에 보내는 외교문서를 많이 작성한 신안지愼安之 등이 『고려사』에 실려 있는 대표적 인물들이다.

지식인 계층이 아닌 상인들도 고려에 귀화했다. 도강都綱 황흔黃炘은 두 아들과 함께 고려에 귀화했는데, 82세의 늙은 어머니를 모시기 위해 맏아들을 중국에 돌려보내 달라는 청원을 하자 왕이 이를 허락했다는 『고려사』의 기사가 있다. 중국의 상인들은 집단을 이루어 바닷길을 왕래하면서 고려와 교역했는데, 도강은 그들의 대표를 말한다. 송의 상인인 소종명蕭宗明도 단기 체류자로 고려에 왔다가 장기 체류를 허락받았고, 뒤에 귀화하여 7품에 해당하는 관직을 받았다. 이들의 사례가 말해 주듯이 상인 중에서 고려에 정착한 이들도 꽤 많았으리라 짐작할 수 있다.

공식사절단의 일행으로 오는 것보다 상선을 타고 개인 자격으로 오는 귀화인이 훨씬 더 많았을 것이다. 그렇지만 이 경우에도 본인 마음대로 중국을 떠나 고려에 귀화할 수 있는 것은 아니었다. 송 명주明州 출신의 두도제杜道濟와 축연조祝延祚의 사례가 그런 상황을 잘 보여 준다. 상선을 따라 고려에 간 그들이 본국으로 돌아오지 않자, 명주에서 그들을 찾아 달라고 거듭해서 고려에 공문을 보냈다. 이에 고려 정부가 글을 보내 그들을 머물게 해 달라고 요청하자, 황제가 두 사람의 뜻에 따라 고려에 머무르는 것을 허가한다는 지시를 명주에 내렸다. 이들의 신분이 무엇인지, 고려에 와서 어떤 일을 했는지는 전혀 알 수 없다. 상선을 타고 개인 자격으로 고려에 왔다는 사실만 확인할 수 있을 뿐이다. 그러나 본국의 출신지에서 이들을 찾아 달라는 공문을 거듭 보내고 황제의 허가를 받은 뒤에야 고려에서의 귀화가 가능했다는 기록은, 중국에서 출국할 때에 '출국허가서' 같은 것을 발급받아야 했음을 잘 보여 준다. 이 서류에는 출국에 합당한 자격과 체류 기간 등의 내용이 적혀 있었을 것이다.

고려 역시 귀화를 원하는 모든 이들을 받아들이지는 않았다. 물론 고려는 말기까지도 중국식 국제외교 관례와 같이 '오는 자는 거절하지 않는다[來者不拒]'라는 기본적인 입장을 가지고 있었다. 이와 같은 전통적인 외교 정책은 귀화인들에게도 적용되어 더 많은 외국인들을 고려로 오게 만드는 효과를 낳았다. 그러나 세부적으로는 나름대로의 운용 방안을 마련했는데, 중국계 귀화인에 대해서는 '재능과 기술·재주가 있는 자[有才藝者]' 이외에는 귀화를 허락하지 않는다는 원칙을 정했다. 이에 따라 고려가 원하는 수준에 도달하지 못하는 자들은 본국으로 되돌아가야 했다. 1081년(문종 35)에 예빈성에서 글을 올려, "상선을 타고 들어온 송의 양진楊震이 스스로 거자擧子(과거 응시생)라고 하나, 여러 차례 시험을 치러도 합격하지 못하니 보고하는 바에 따라 본국으로 돌려보내십시오"라고 하자 이를 따랐다는 『고려사』의 기록이 이런 사실을 잘 말해 준다. 귀화인이 특정한 범죄를 저지르면 귀화를 취소하고 본국으로 돌려보내는 일도 당연했을 것이다. 문종 때에 송나라 출신의 예빈성 주부 주항周沆이 뇌물죄를 저지르자, 직전職田을 회수하고 본국으로 돌려보낸 일이 대표적 사례이다.

한편 중국 기록인 『송사』 고려전에는 다음 내용이 있다.

> (고려의) 왕성에는 중국 사람 수백 명이 있다. 민閩 지역 사람들이 많은데, 장사 때문에 배를 타고 온 이들이다. (고려는) 몰래 이들의 재능을 시험하여 벼슬과 녹봉을 주어 유혹하고 혹은 강제로 평생토록 머물게 한다. (중국) 조정의 사신이 (고려에) 갔을 때 문서[牒]를 가지고 와서 호소하는 자가 있으면 곧 데리고 돌아왔다.
>
> —『송사』 권487 열전 외국3 고려전—

이 기록은 소중한 정보를 여러 개 전해 준다. 첫째, 고려의 수도인 개경에 중국계 귀화인들이 상당히 많았다는 점이다. '수백 명'이라는 표현을 누적된 숫자라고 보든, 특정한 한 시점에서의 숫자라고 이해하든, 고려 사회와 조정에서 활약한 이들이 많았다는 사실을 분명하게 알려 준다. 둘째, 이들 대부분의 출신지가 민 지역이라는 점이다. 지금의 푸젠성에 해당하는 이곳은 송대 해외무역의 본거지이기도 했다. 이런 이유로 이 지역 출신들이 고려에 많이 진출했다는 점은 당시 송과 고려의 활발했던 교류를 잘 말해 준다. 셋째, 고려에서는 이들을 임용하기에 앞서 재능을 시험했고, 후한 대우를 약속했다는 점이다. 아무나 받아들이지 않고 시험을 통과해야 했으며, 자격을 갖춘 이들에게는 만족할 정도의 충분한 대우를 해 주었던 것이다. 이 점은 적극적인 귀화 정책을 실행한 고려의 의도를 그대로 보여 준다. 즉, 유능한 인재를 확보하여 송의 선진 문물을 최대한 수용하자는 것이었다. 그리하여 지식인 출신으로 관리가 된 사람 이외에도 글씨를 잘 쓰는 사람, 무예가 있는 군인, 통역관, 의사, 음악인, 승려, 점술가 등 다양한 분야의 귀화인들이 고려에 와서 활약했다. 중국 입장에서 본다면, 인재 유출이나 선진 기술의 유출과 직결되는 문제일 것이다. 중국의 사신들이 이들 중 일부를 데리고 돌아갔다는 이 기사의 마지막 내용이 그런 사실을 말해 준다.

『송사』에는 이들을 '장사꾼'이라고 표현하고 있지만, 고려의 기록을 통해 실제로는 '송 진사'와 같은 지식인 출신들이 많았다는 사실을 우리는 잘 알고 있다. 주저의 경우 배를 타고 고려에 왔는데, 그의 재능을 알아본 학사學士 채충순蔡忠順이 몰래 왕에게 알려 귀화시켰다고 한다. 주저는 뒤에 예부상서가 되고 공신 칭호를 받았다. 이로 미루어 보면 『송사』의 기록대로 고려의 회유를 받고 귀화한 사람도 꽤 있었으리라 짐작된다. 그리하여 중국에서는, 여러 가지 사정으로 자발적으로 돌아가려는 이들 이외에도 출국 절차나 자격 등에 어떤 문제가 있을 경우 앞의 두도제와 축연주의 사례에서 보듯이 '본국 송환'을 강력하게 요구했던 것이다. "곧 (그들을) 데리고 돌아왔다[則取以歸]"라는 『송사』 고려전의 내용은 이와 같은 이들이 많았음을 암시한다. 귀화인 문제를 두고 중국과 고려

두 나라가 상당한 신경전을 벌였음을 충분히 짐작할 수 있는 대목이기도 하다.

고려에서 귀화를 담당하는 관청은 예빈성禮賓省이었는데, 고려는 중국계 귀화인들을 이 예빈성의 관리로 임명한 경우가 많았다. 귀화 경험자로서 실무에 밝다는 이점도 고려했을 것이다. 그러나 거칠게 말해서 일종의 '이이제이以夷制夷' 방식이라고 할 수 있는 고려의 대담한 이 전략은 성공한 것이라고 평가하고 싶다. 중국계 귀화인들이 오랫동안 계속해서 고려에 들어왔다는 사실 자체가 그 결과를 말해 주기 때문이다. 그리고 무엇보다도 이 전략은 고려의 커다란 자신감과 적극적인 포용 정책을 기반으로 하고 있다는 점에서 그 의의가 크다고 생각한다.

고려에 귀화하는 세 번째의 경우로 망명 또는 난을 피해 온 정치적 난민들이 있다. 특히 발해계 유민들의 경우가 이에 해당한다. 926년 발해가 거란에게 멸망하자, 발해의 유민들은 929년 무렵에 압록강 일대에서 대씨大氏를 중심으로 하여 후발해를 세웠다. 이 국가는 938년 무렵에 열씨列氏의 정안국定安國으로 바뀌었는데, 지배층이 다시 오씨烏氏로 바뀌는 등 변화를 겪다가 1114년 무렵에는 완전히 멸망했다. 이 같은 정치적 변화 속에서 많은 발해인들이 고려로 들어왔다. 발해의 지배층인 대씨들은 고구려계인데, 934년(태조 17)에 발해국의 마지막 왕의 세자인 대광현大光顯이 수만 호戶를 이끌고 고려로 망명[내분來犇]해 왔다. 태조는 이들에게 토지와 가옥을 주는 등 따뜻하게 맞이했다. 특히 대광현에게는 왕계王繼라는 성명을 주어 고려 왕실의 족보[종적宗籍]에 넣는 한편, 그 조상의 제사를 지내게 했다. 발해와 고려가 같은 겨레임을 널리 알린 것이다.

건국 초기의 이와 같은 발해인 우대 정책은 후대에도 이어졌다. 이에 따라 발해계 유이민들은 계속해서, 기록상으로는 1117년(예종 12)까지 거의 200년이라는 긴 시간에 걸쳐 고려로 귀화해 왔다. 이들은 대부분 집단으로 고려에 왔는데, 그 수를 전부 합치면 5만~12만 명이라고 추정될 정도로 많다. 그 구성원들도 왕족이나 고급 관료를 비롯해서 무장武將, 향공진사鄕貢進士, 승려 등 다양했는데, 말갈족도 포함된 일반 평민이나 군사 등이 대다수를 차지했을 것이다. 이들 중에는 고려의 북방외교나 거란과의 전쟁을 치르는 동안 군사와 국방 면에서 활약한 인물들이 많다. 대다수를 차지하던 일반 평민들은 농민으로 편입되었는데, 이들은 세월이 흐르면서 점차 고려사회에 동화되어 갔다.

네 번째로, 생활의 안정이나 경제적 이익의 추구, 권위의 획득 등을 이유로 고려로 온 사람들도 많다. 대부분의 귀화인들이 이런 이유로 왔겠지만, 좁게 보면 한반도의 북쪽에서 유목생활을 하던 여진계나 거란계 귀화인의 경우가 이에 해당한다. 남쪽에서 바다를 건너온 일본계 귀화인들도 마찬가지였을 것이다. 이들은 고려 건국 직후인 10세기 초반부터 12세기 중반까지 꾸준히 고려로 건너왔다. 고려는 이들에게 의복과 식량 등과 함께 농사를 위한 토지를 주고, 호적을 편성하여 편호編戶로 삼는 등 한곳에 집단적으로 거주하면서 정착 생활을 하게 했다. 그들을 이끌고 온 추장들에게는 고려의 향직鄕職과 무산계武散階 등을 주어 정치적 권위를 높이고, 무산계전武散階田이나 투화전投化田과 같은 토지를 주어 경제적인 포상을 했다. 이들은 고려의 양계兩界의 도령都領이 되어 변방의 국방을 담당했다. 농민이 된 대다수 일반 귀화인들은 북방의 토지를 개간하여 농업 생산을 높이고, 인구 증대에 기여했다. 이런 점에서 고려는 이민족의 귀화를 막지 않는 정도가 아니라 적극 장려하는 정책을 실시했다. 말하자면 서로에게 도움이 되는 윈윈win-win 전략을 시행한 것이다.

고려의 이 전략은 북방 민족뿐 아니라 중국계 등 모든 귀화인에게 해당되는 것이기도 했다. 동시에 그런 전략을 추진하고 성공한 데에는 고려사회의 개방성과 포용성이라는 요소가 중요한 역할을 했다는 점을 반드시 머릿속에 두어야 할 것이다.

6.

앞에서 귀화인들의 몇 가지 유형과 고려의 대우 등을 간단히 언급했는데, 고려 정부 내에서의 중국계 귀화인들의 활동을 좀 더 자세하게 살펴보기로 한다.

중국의 하급 관리인 쌍기가 귀화하자 광종은 그를 중급 관리로 대우하고 문병을 맡겼으며, 처음 실시한 과거의 시험관을 세 차례나 잇달아 맡게 했다는 점은 이미 말한 바 있다. 채인범 역시 첫 직책으로 예빈성낭중을 받고 뒤에 예부시랑에 올랐는데, 낭중은 고려에서 5품에 해당한다. 이와 같은 융숭한 대우는 중국의 현직 관리들에게 상당히 매력적으로 작용했을 것이다. 그러나 개인 자격으로 고려에 온 대다수의 중국계 귀화인들에게는 이런 혜택이 주어지지 않았던 것으로 보인다. 자신의 재능을 증명하기 위해 이들은 고려에서 일단 시험을 치러야 했고, 그들이 처음 받은 관직도 고려의 다른 초임 관리들처럼 8·9품에 해당하는 것들이 많았기 때문이다. 이런 사실은 중국계 귀화인이라고 하더라도 현직 관리가 아닌 이상 고려에서 처음부터 특별한 대우를 해 준 것은 아니었다는 점을 말해 준다.

그렇다면 그들의 관직이나 관리 생활은 고려의 일반 관리들과 별 차이가 없었다는 것일까. 그들의 재능이나 장점을 고려는 어떻게 활용했고, 그들은 조정에서 과연 어떤 일을 했을까. 이와 같은 궁금한 문제들을 풀기 위해 그들이 주로 역임한 관직을 찾아보기로 한다.

고려의 통치기구에서 제일 중요한 것은 3성省 6부部였다. 그러나 고려는 원래 당의 제도인 3성 6부제를 독자적으로 변형시켜서 중서문하성中書門下省과 상서성尙書省이라는 2성 체제로 운영했다. 중서문하성은 2품 이상의 재신宰臣과 3품 이하의 낭사郎舍로 구분되었다. 재신은 중추원 소속의 추밀樞密과 함께 재추회의宰樞會議를 구성하여 국가의 중대사를 의논했고, 낭사는 정책을 건의하고 그 잘못을 간쟁諫諍하는 기능을 가지고 있었다. 상서성은 정책의 시행을 담당하는데, 상서성에 소속된 6부(이吏·호戶·예禮·병兵·형刑·공工)가 각각 고유한 실무를 담당했다. 또 여러 성省·시寺·감監·서署·국局 등 특정한 업무를 담당하는 행정관청들도 있었다. 이런 행정관청 이외에 한림원(예문관)·춘추관·청연각·보문각과 같은 여러 문한文翰 기구도 있었다. 이들은 각각 왕명王命과 외교문서 작성, 역사 편찬, 경서經書 강론, 귀중 서화 보관 등의 다양한 업무를 맡았는데, 직책상 문장에 능하고 학식이 뛰어난 관리들이 주로 임명되었다.

지금 남아 있는 기록을 보면, 중국계 귀화인들은 다양한 관청에서 근무했고 최고의 지위에 오른 이들도 많았다. 그들이 가졌던 관직이나 근무한 관청 중에서 상대적으로 비중이 큰 것들을 소개하면 다음과 같다.

3성 중에서는 상서성보다는 중서문하성에 속한 관직이 더 많다. 귀화인 중에는 중서문하성의 재신이 된 이도 있지만, 그보다는 3품 이하인 낭사의 관직을 더 많이 가졌다. 중서문하성의 낭사들은 어사대의 관리들과 함께 대간臺諫이라 불렸는데, 이들은 관리의 잘못을 탄핵하는 역할도 맡았다. 따라서 중국계 귀화인 출신의 중서문하성 관리들은 고려 정부에서 정책을 건의하고 간쟁하거나 관리의 탄핵을 맡으면서, 귀족 세력을 대변하기보다는 왕권을 강화하는 입장에 서게 되었을 것이다.

상서 6부 중에서는 예부의 관직이 압도적인 비중을 차지하는데, 장관인 예부상서와 차관인 예부시랑에 오른 이들도 많다. 예부는 예절과 예식[의례儀禮], 국가의 제사, 외교, 학교와 과거에 관한 일을 맡았다. 예부의 관직 이외에도 과거의 시험관이나 국자감의 교수직을 역임한 이들도 많다. 고려의 의례, 과거제도, 교육기관 등은 모두 중국의 영향을 크게 받았고, 외교 업무에서도 송의 비중은 절대적이었다. 따라서 이들이 이런 부서의 관직을 많이 맡았다는 현상은 중국식 제도를 고려사회에 정착시키려는 노력과 직결된다고 할 수 있다.

3성 6부 이외의 일반 행정관청 중에서는 각문閣門(통례문通禮門), 예빈성, 비서성, 동궁관東宮官의 관직을 많이 맡았다. 각문은 조회朝會에서 각종 의례를 맡는 곳이고, 예빈성은 『고려사』 백관지에는 "외교사절에게 잔치를 베푸는 일을 맡는다"라고 되어 있으나 귀화 업무를 맡는 곳이기도 했다. 비서성은 경적經籍과 축문祝文을 맡는 기관이었다. 각문과 예빈성은 예부의 업무와 연결되고, 비서성은 문한 기구의 업무와 연결된다. 앞에서 말했지만, 고려에 여러 개의 문한 기구가 설치되어 있었고 중국계 귀화인들은 문한 기구의 관직도 많이 맡았다. 또 문한직 중에는 왕을 가까이에서 모시는 근시직近侍職의 성격이 강한 것이 많다. 이런 점에서도 이들은 왕권과 가까운 입장에 있었다고 볼 수 있다. 태자를 보좌하고 교육하는 동궁관도 마찬가지 성격을 가지고 있다.

본국에서 현직 관리로 있다가 귀화했든 개인적으로 와서 귀화했든, 모든 귀화인들은 나름대로 '꿈'을 가지고 고려에 왔을 것이다. 그 꿈은 각자 다 달랐겠지만, 관리가 되어 최고의 지위에 올랐다면 그 꿈은 일단 성취되었다고 보아도 좋지 않을까 한다. 중국계 귀화인 중에는 이 꿈을 이룬 이가 상당히 많다. 앞에서도 간단히 소개했지만, 예부상서와 공신이 된 주저, 이부상서와 예부상서가 된 유재, 재신직인 참지정사로 은퇴한 신수가 대표적 인물이다. 신수의 아들 신안지도 병부상서가 되었다. 신안지가 중국에서 출생했는지는 확실하지 않지만, 이 가문은 적어도 2세대에 걸쳐 고려 정부에서 고위급 지위에 오른 것이다.

이런 가문은 더 찾아볼 수 있다. 바로 채인범의 경우이다. 광종 때 귀화한 그는 성종 때 예부시랑에 오르고 998년(목종 1) 사망하자 예부상서에 추증되었다. 1024년(현종 15) 그의 무덤을 개장하면서 묘지명을 만들었는데, 이를 보면 그는 처음 고려 여인인 최씨와 결혼하여 [부인의 가문은 알 수 없다.] 아들 한 명을 낳았다. 이 아들은 1024년 당시에 '내사시랑 동내사문하평장사 감수국사'라는 관직을 가지고 있었다. 내사시랑(정2품)은 고려에서 수상인 문하시중(종1품) 바로 다음에 해당하는 고위직이다. 「채인범 묘지명」에는 이 아들의 이름이 적혀 있지 않지만, 목종~현종 때에 비슷한 관직을 가진 채씨 인물을 찾아보면 채충순蔡忠順(?~1036)이 나온다. 『고려사』에는 그가 1022년(현종 13)에 내사시랑평장사 겸 서경유수가 되었고, 1027년(현종 18)에는 문하시랑이 되었다고 적혀 있다. 『고려사』에는 그의 전기도 실려 있는데, 아쉽게도 그의 출신에 대해서는 "기록에 그의 세계가 남아 있지 않다[史失世系]"라고 했다. 그렇지만 채충순이 채인범의 아들일 가능성은 100%에 가깝다고 생각한다. 그렇다면 귀화 1세대인 채인범은 차관을 거쳐 장관으로 대우받고, 2세대인 채충순은 재상의 지위에 올랐다고 할 수 있다.

이민자의 나라인 미국에는 건국 초기부터 '아메리칸드림American dream'이 있었다고 한다. 그런데 현재의 미국연방헌법에는 "미합중국에서 태어난 미합중국 시민이 아니거나, 본 헌법을 제정할 당시 미합중국 시민이 아닌 자는 대통령으로 선임될 자격이 없다"라고 명시하고 있다. 이민자 본인은 대통령이 될 수 없다는 1787년에 만든 규정을 아직도 지키고 있는 것이다. 본인이야 법조문 때문이라고 하더라도, 비주류 출신인 이민자의 2세가 미국의 대통령과 부통령이 되기까지는 건국한 지 200

「**채인범 묘지명**」(1024)
지금 남아 있는 고려 묘지명 중 가장 오래된 것이다.
© 국립중앙박물관

년도 훨씬 지나 21세기가 되어서야 가능했다. 비교 대상이 다르기는 하지만, 11세기 초반의 고려에서는 이민 당사자가 장관이 되고 그의 아들은 관리 중에서 제2인자의 지위에 올랐다. 이를 두고 1,000년 전의 고려사회에서는 이미 '코리안드림' [요즘의 중국식 표현을 빌리자면 '고려몽高麗夢'] 이 실행되었다고 말한다면 지나친 과장일까. 뭐라고 말하건, 고려는 그만큼 개방적인 사회였고, 포용적인 사회였다. 21세기의 대한민국이 본받고도 남을 역사이다.

7.

고려는 호족연합정책을 써서 후삼국 통일에 성공했고, 통일 후에는 호족 이외에도 신라계 귀족, 후백제계 인물 등을 등용하여 새로운 사회의 지배 세력을 구성했다. 건국의 주도 세력인 호족들이 잠시 왕위를 노리기도 했지만, 광종의 개혁을 거쳐 왕권이 강화되면서 고려는 안정되어 갔다. 유교 이념을 바탕으로 한 중앙집권적 문벌귀족사회로 발전해 간 것이다. 이 과정에서 신생국 고려는 정체성을 확립하고 새로운 지배질서를 수립하기 위해 선진 제도와 문물을 과감하게 수용했다. 그리고 그 역할의 중요한 몫을 지식인 출신의 중국계 귀화인들에게 맡겼다.

고려 성종 대에는 3성제도 등이 확립되는 이외에도 정치·사회적으로 새로운 질서를 세우기 위한 개혁이 많이 이루어졌다. 그중 하나가 상·장례喪·葬禮와 관련한 개혁이다. 성종 때에 상喪을 당했을 때 고인과의 혈연관계에 따라 다섯 가지의 상복을 입는 오복五服제도와 왕실 조상의 제사를 모시는 오묘五廟제도가 정비되었고 부모상을 당한 관리의 휴가에 대한 규정도 만들어졌다. 이어 정종 때에는 개장改葬이나 부모의 무덤을 소제하기 위한 휴가 규정도 만들어졌다. 이렇게 10세기 후반부터 11세기 초반에 상·장례에 대한 법규와 의식이 꾸준히 정비되었다. 이런 제도 정비는 유교적 예교禮教 질서를 기반으로 하고 있다. 성종은 특히 효孝사상을 강조했는데, 이를 고려사회의 이념적 기초로 삼고 널리 보급하고 실천하기 위해 상·장례를 비롯한 각종 법규를 만든 것이다.

이와 같은 분위기 아래에서 고려사회에 묘지명이 등장하기 시작한다. 지금 남아 있는 가장 오래된 묘지명은 「채인범 묘지명」(1024, 현종 15)이고 그다음으로 오래된 것은 「유지성 묘지명」(1045, 정종 11)이다. 채인범은 송의 천주 출신으로 광종 때에 고려로 건너왔고, 유지성劉志誠(972~1039)은 송의 양주楊州 출신으로 성종~목종 연간에 고려로 건너왔다. 이 두 사람 모두 중국계 귀화인 출신이다. 이를 우연의 일치로 보아야 할까. 이 두 사람을 포함한 중국계 귀화인들은 당시 고려 조정에서 활약하면서 일련의 개혁 작업에 참여했음은 앞에서 여러 차례 언급했다. 아마도 그들이 중국식 장례 풍습이나 법규도 고려사회에 소개했을 가능성이 크다. 귀화 중국인들에 의해 중국풍을 가미한 장례의식이 고려에 도입되면서 묘지명 문화가 본격적으로 전개되기 시작한 것이 아닌가 생각한다.

앞에서 언급한 「임광 묘지명」은 1152년(의종 6)에 만들어졌는데, 임광 역시 중국계 귀화인이다. 그의 묘지명의 '명' 부분 첫 구절에는 "서쪽에서 태어나 동쪽에서 죽다"라고 그의 출신과 생애를 짧게 밝혔다. 그다음에 "다른 마음은 없고 오직 충성뿐"이라고 하여 고려에서의 그의 업적을 요약했다. '서西'와 '동東', '충忠'이라는 세 글자로 그의 삶 전체를 표현하고 있는 것이다. 서쪽 나라인 중국에서 태어나 동쪽 나라인 고려에서 죽은 그(또는 그들)에게 '충'은 어떤 의미를 가지고 있었을까.

귀화인들은 고려에 연고나 기반이 없었다. 그들은 새 나라에 와서 관리로서 새 생활을 시작했다. 그런데 그들이 역임한 관직을 보면, 전문지식을 활용하여 특정한 업무를 맡는 경우가 많았다. 그 업무는 귀족 세력보다는 국왕의 입장을 대변하거나 국왕과 가까운 것이기도 했다. 그들은 귀족관료가 아니라 전문관료라는 성격이 더 강했던 것이다. 한편 국왕의 입장에서 보더라도 귀족 세력을 견제하고 왕권을 강화시키기 위해서는 제3의 새로운 세력이 필요했을 것이다. 이런 점에서 중국계 귀화인 출신 관리들이 고려 조정 내에 서 있을 자리가 만들어진 것이 아닌가 한다. 즉, 그들이 새 나라에 충성을 바친다는 것은 다름 아닌 국왕에게 충성을 바친다는 뜻이 되는 것이다.

귀화인 관리들이 국왕과 가까워질수록 기득권을 가진 귀족들의 반발이 커지는 것도 당연한 귀결일 것이다. 그 대표적 사례가 서필徐弼의 경우이다.

> 당시 광종이 투화投化한 한인漢人들을 후하게 대우하여 신료의 집과 딸들을 가려 뽑아서 그들에게 주었다. 하루는 서필이 아뢰어 말하기를,

"신이 사는 집이 좀 넓으니, 바치고 싶습니다."라고 했다. 광종이 그 까닭을 묻으니 대답하여 말하기를, "지금 투화한 사람들은 관직을 골라 벼슬하고 집을 골라 거처하고 있으나, 세신世臣과 오래된 가문[故家]들은 도리어 살 곳을 많이 잃고 있습니다. 신은 어리석지만 진실로 자손을 위해 계획을 세웠습니다. 재상이 사는 집은 그 자신의 것이 아니니, 신이 살아있을 때 이를 가져가시기를 청합니다. 신은 녹봉의 나머지로 다시 작은 집을 지어 다시는 후회가 없게 되기를 바라고 있습니다."라고 했다. 광종이 노했으나, 마침내 느끼고 깨달아서 다시는 신료들의 집을 빼앗지 않았다.

—『고려사』 권93 열전 서필—

이 기록은 귀화 중국인 관리에 대한 광종의 각별한 우대와 그에 대한 격렬한 반발을 잘 보여 준다. 반발 세력의 대표처럼 묘사되고 있는 서필(901~965)은 당시 수상 격인 내의령內議令이었는데, 경기도 이천의 호족 출신이었다. [그의 아들이 거란과의 전쟁을 승리로 이끈 서희이다.] 이 관직과 신분을 보면, 고려사회에서 기득권을 확보하고 있던 그의 불만과 반발은 충분히 이해되고도 남는다.

그러나 한 걸음 물러나 생각하면 조금 다르게 볼 수 있지 않을까. 그가 광종을 만나 항의한 때가 정확하게 언제인지 모르겠으나, 그는 965년(광종 16) 사망했다. 광종은 왕권 강화를 목표로 한 본격적인 개혁을 956년(광종 7)의 노비안검법奴婢按檢法으로 시작했다. 이 법은 노비를 조사하여 원래 양인良人이었던 이들은 해방시켜 양인 신분을 되찾아 주는 것이다. 당시 호족들은 후삼국시대의 혼란기 동안 몰락한 농민이나 전쟁 포로들을 노비로 만들어 자신들의 경제적·군사적 세력을 키워 나갔다. 그러므로 이 법은 바로 호족 세력의 약화를 겨냥한 법이었다. 이어 958년(광종 9)에는 과거제도를 도입하여 유교 이념으로 무장하고 국왕에게 충성을 바치는 새로운 관리들을 등용하기 시작했다. 960년(광종 11)에는 백관百官의 공복公服을 제정하여 관리들의 위계질서를 분명하게 만들었다. 그리고 같은 해에 광종은 스스로를 황제라고 부르고, 수도 개경을 황도皇都라고 고치는 등 강력해진 국왕의 권력을 온 세상에 과시했다.

광종의 개혁은 한마디로 왕권을 강화하고 호족 세력을 약화시키는 것이므로, 호족의 반발은 거셀 수밖에 없었다. 그러나 광종은 이에 과감하게 맞섰다. "감옥이 넘쳐서 임시로 감옥을 만들었다"라는 표현이 나올 정도로 많은 호족들이 감옥에 갇히거나 유배를 가고 죽임을 당했다. 혼란 속에서 억울하게 모함을 받은 이들도 많았는데, 불법적으로 재산을 빼앗긴 이들도 적지 않았을 것이다. 광종이 총애한 귀화인들에게 나누어 준 가옥 등에는 이런 호족의 소유도 당연히 포함되어 있었다고 생각된다.

서필이 빼앗기기 전에 차라리 자신의 집을 스스로 헌납하겠다고 야유 섞인 반발을 한 것은, 불법적인 행위 대신 '합법적'인 절차를 밟으라는 의사를 표시한 것이 아니었을까. 뒤집어 말하면, 이런 항변은 당시 귀화인들에 대한 우대책이 제도적인 면에서 제대로 만들어지지 않았다는 사실을 반영하는 것이 아닌가 한다. 앞의 인용문 마지막에 광종이 "마침내 느끼고 깨달아서 다시는 신료들의 집을 빼앗지 않았다"는 구절이 이를 말해 준다. 이 문장은 광종이 귀화인들에게 더 이상 특별한 경제적 우대를 해 주지 않았다는 것이 아니라, 뒤늦게 규정을 정비해서 '빼앗지' 않고 합법적인 절차를 밟았다는 뜻으로 이해할 수 있다는 것이다. 귀화인의 입장에서도 비록 특혜라고 비난받을지라도 정해진 규정에 따라 대우를 받는 것이 훨씬 더 떳떳하지 않았을까.

서필이 죽은 뒤인 970년(광종 21)에 채인범이 고려에 귀화했다. 「채인범 묘지명」에는 이때 광종은 채인범에게 관직과 함께 "주택 한 채와 노비와 토지 등을 주고, 아울러 필요한 물품을 모두 다 국가에서 지급해 주라고 명령했다"라고 적혀 있다. 이런 내용이 묘지명에 당당히 기록되어 있는 것은, 귀화인 채인범이 받은 경제적 대우가 불법적인 것이 아니라 합법적인 절차에 따른 것이었다는 점을 분명하게 말해 준다. 이후 『고려사』 등 기록에는 귀화인 개개인의 자질이나 국가의 충성도 등을 문제 삼는 경우는 가끔 나오지만, 경제적 우대에 대한 항의 같은 내용은 적혀 있지 않다. 물론 기록의 누락일 수도 있지만 실제로 귀화인에 대한 경제적 포상이 과한 경우도 공식적으로나 비공식적으로 많았을 것이다. 그렇지만 기록이 없다는 점은, 어쩌면 이를 두고 공공연하게 시비를 걸지는 않았다는 사실을 반영하는 것이 아닌가 한다. 이 점에서 서필의 항의는 시대상을 반영하기는 하되, 귀화인에 대한 우대책이 제도적으로 정비되어 가는 과정에서 일어난 하나의 과도기적인 현상이라고 생각된다. 시대상이란 당연히 고려 조정에서 기득권을 가진 세력이 격렬하게 반발할 정도로 귀화인 출신 관리들의 활약이 컸다는 것을 말한다.

8.

중국계 귀화인들의 자취를 쫓다 보면 한 가지 궁금한 점이 생겨난다. 본인 당대에 기록이 끝나는 것은 어쩔 수 없다고 하더라도, 나머지도 2대에서 그치고 3대 이후에는 그 흔적을 찾아볼 수 없다는 점이다. 쌍기·쌍철, 신수·신안지 부자는 『고려사』에 2대에 걸친 이름만 남아 있다. 채인범, 유지성, 유재, 임광은 각자의 묘지명에 고려에서 낳은 여러 명의 자녀가 있다고 적혀 있으며, 채인범은 손자도 여럿 있었다고 기록되어 있다. 그러나 이 후손들에 대한 기록은 더 이상 보이지 않는다.

지금의 모든 대한민국 사람들에게는 법령에 따라 성姓과 본관本貫의 사용이 필수적인 사항이 되었다. 고려시대에는 그렇지 않아서 평민이나 노비 중에는 성이 없는 사람이 많았다. 그러나 지방 향리 이상의 지배계층들은 대부분 성을 가지고 있었고, 같은 성 중에는 다양한 본관이 있어서 가문을 구분했다. 예컨대 김씨들은 경주, 강릉(명주), 안산 등, 박씨들은 경주, 죽주(죽산), 평주(평산) 등, 최씨들은 해주, 창원(철원), 수주(수원) 등 다양한 본관을 사용했다. 이 본관은 현 거주지와 상관없이 시조의 출신지를 밝히는 것으로, 가문의 세력을 자랑하는 수단이 되기도 했다. 중국계 귀화인들의 기록에도 송의 천주·명주·온주·개봉부 같은 출신지가 구체적으로 밝혀져 있다는 점은, 그 지명이 고려사회에서 본관과 같은 성격을 가졌음을 말해 준다. 그런데 더 이상 중국의 이 출신지를 따르거나 밝히는 후손을 찾을 수가 없다는 현상을 어떻게 이해해야 할까.

여러 사정이 있었겠으나, 큰 이유 중 하나로 고려시대에는 본관을 바꿀 수 있었다는 점을 꼽고 싶다. 본관이 바뀐 대표적 사례로 『수이전殊異傳』의 저자로 유명한 박인량(?~1096)의 가문을 들어 보자. 『고려사』의 박인량전에는 그의 본관이 죽주竹州(경기도 안성시 죽산면) 혹은 평주平州(황해도 평산군)라고 2개를 적어 놓고 있다. 『고려사』를 편찬한 조선 초기의 역사가들이 그렇게 적은 이유는 무엇이었을까. 박인량의 아들인 박경인과 박경산의 묘지명에 적혀 있는 다음 기록이 그 사정을 설명해 준다.

> (박경인의) 선조는 북경도위北京都尉 박적오朴赤烏인데, 신라 때에 죽주에 들어와 찰산후察山侯가 되었고, 또한 평주에 들어가 십곡성十谷城 등 13성을 설치하고 궁예주弓裔主에게 귀부했다. 그 뒤 자손이 번창하여 우리 태조가 통합한 때부터 지금에 이르기까지 후손이 끊어지지 않고 있다.
>
> —「박경인 묘지명」(1122)—

> 박씨의 선조는 계림雞林 사람으로, 대개 신라 시조 혁거세의 후예이다. 신라 말에 그 후손인 찰산후 적고積古의 아들 직윤直胤 대모달大毛達이 평주로 이주하여 관내 팔심호八心戶의 읍장邑長이 되었다. 그로부터 직윤 이하의 후손은 평주 사람이 되었다.
>
> —「박경산 묘지명」(1158)—

이에 의하면, 박인량의 가문은 원래 박혁거세의 후손으로 경주 박씨였는데 죽주로 이주하면서 본관이 바뀌었고 다시 평주를 근거지로 삼게 되자 이곳을 새로운 본관으로 삼았다고 한다. 즉, 이 가문의 본관은 경주에서 죽주, 평주로 바뀌어 간 것이다. 그런데 그 뒤 고려사회에서 번성한 박씨 중에 평주(평산)와 죽주(죽산)를 본관으로 하는 두 가문이 있었다. 이에 따라 『고려사』의 편찬자들도 혼란을 일으켜 박인량의 출신을 하나로 통일시키지 못한 것이 아닌가 한다.

이와 같이 후삼국시대의 혼란기에 본관이 바뀐 가문은 상당히 많았다. 김씨·박씨 등 신라계 왕족이나 귀족들이 그러했다면, 후백제(또는 그 이전의 백제) 출신들도 마찬가지였을 것이다. 그 뒤에도 본관이 바뀐 가문은 더 있다. 고종 때의 장군으로 활약한 김희제의 조상은 원래 군산도群山島(전라북도 군산시) 출신이었으나, 선조가 장삿배를 따라 개성에 와서 살게 되어 이곳을 본적으로 삼았다. 고려 말기의 인물인 오사충의 선조는 원래 영일현(경상북도 포항시) 사람인데, 뒤에 영원진(평안남도 영원군)으로 옮겼다. 영원진은 1041년(정종 7)에 성을 쌓았다는 기록을 참고하면, 고려 전기에 북방을 개척하면서 남쪽 사람들을 이 지역에 이주시킬 때 오사충의 선조도 함께 와서 이곳을 새로운 본관으로 삼은 것이 아닌가 한다. 이 같은 사례들을 보면 고려시대에 본관이 바뀐다는 것은 아주 예외적이라거나 특수한 현상은 아니라고 할 수 있다.

대한민국은 2007년에 종래의 '호적법'을 폐지하고 '가족관계의 등록 등에 관한 법률'을 제정했다. 이에 따라 많은 제도가 바뀌었는데, 그 중 한 가지는 자녀의 성과 본은 아버지를 따르는 것을 원칙으로 하되, 상황에 따라 어머니의 것을 따르거나 다른 것으로 바꿀 수 있게 했다. 이 법은 2008년 1월부터 시행되었는데, 뒤집어 말하면 그 이전에는 모든 자녀는 의무적으로 아버지의 성과 본을 따라야 했던 것이다. 일부에서는 이 개정법이 전통적인 가족관계를 파괴한다고 반발했다. 그러나 그 전통은 어느 시대에 만들어진 것인가? 새로 개정된 가족법의 역사적 뿌리를 찾아보면 어떤 면에서는 부분적으로 고려시대의 전통과 만나게 된다.

태조 왕건은 고려에 귀부한 호족들에게 왕씨王氏 성을 내려 주거나 새로운 성씨를 주어 그들의 지지를 얻고자 했다. 후자의 경우, 안동의 호족인 김행金幸이 고려에 항복하자 태조가 권씨權氏 성을 내려 준 사례가 대표적이다. 안동권씨는 김행을 자신들의 시조로 모시면서 고려시대는 물론이고 지금까지도 새 성을 받은 사실을 자랑스럽게 밝히고 있다.

건국 초기에 왕실에서 성을 내려 주었다는 기록을 제외하면 고려시대에 본인 스스로 부계父系의 성을 바꾸었다는 기록은 없지만, 본관을 바꾼 가문은 많았다. 따라서 중국계 귀화인 관리의 자손들의 경우에도, 성은 몰라도 본관이 바뀌었을 가능성은 충분하다고 생각한다.

9.

그렇다면 귀화인들이 본관을 바꾸어야 했던 이유는 어디에서 찾을 수 있을까.

우선 생각할 수 있는 상황은 당시의 국제 정세이다. 잘 알다시피 요와 금이 차례로 건국한 뒤에도 고려는 선진국으로 생각하던 송과의 전통적인 관계를 유지했다. 그러나 요와 금의 세력이 강해지고 송이 약해지자 고려도 자위책을 강구했다. 한때나마 송과의 외교를 끊고 송의 연호年號 대신 요와 금의 연호를 사용했다거나, 군주君主의 관계를 맺을 것을 강요하는 금의 요구를 받아들인 일들이 그런 면을 잘 보여 준다. 그리하여 고려는 요와 금에도 사절단을 보내거나 그 나라의 사신을 맞이했다.

앞에서 송 출신의 귀화 관리들이 예부나 예빈성에서 근무하면서 고려 조정의 외교 업무를 담당했다는 사실은 살펴보았다. 따라서 이들은 요와 금에 보내는 외교문서 작성은 물론이고, 고려에 온 외교사절의 접대를 직접 맡기도 했을 것이다. 뿐만 아니라 사절단의 일행으로 이들 나라에 가기도 했다. 1013년(현종 4) 중추원사인 채충순을 거란에 사신으로 파견했다거나, 1109년(예종 4) 신안지가 송에 사신으로 다녀왔다는 『고려사』의 기록이 그런 사실을 잘 말해 준다.

사절단을 보내면서 그 일행의 정확한 숫자와 인적 사항을 상대방에 통보하는 것은 당연한 일이었을 것이다. 비유하자면 현대 사회에서 외교 사절을 임명하기 전에 상대국에게 동의라는 뜻의 '아그레망agrément'을 요청하고 승인을 받는 것과 비슷한 절차가 당시에도 있었으리라는 점이다. 상대국은 '페르소나 논 그라타(외교상 기피 인물)persona non grata'에 대해서는 승인을 거부할 수도 있다. 동양의 전통적인 외교관계에서도 이와 비슷한 절차가 있었을 것이다. 따라서 서로가 책잡히지 않도록 문제가 될 소지는 미리 다 없앴을 것이라고 생각한다.

상대국에게 알려 주는 사절단의 인적 사항에는 어떤 내용이 들어 있었을까. 성명과 본관, 나이와 관직은 필수 항목이었을 것이다. 송에 사신으로 간 신안지는 아버지의 출신지인 '개봉부'를 본관 항목에 자랑스럽게 적었을 수도 있겠지만, 요에 사신으로 간 채충순의 경우는 어떠했을까. 채인범의 아들이라고 추정되는 채충순의 경우, 본관 항목에 요와 송이 적대관계라는 사실은 아랑곳하지 않고 '송 천주'라고 떳떳하게 적었을까. 이와 관련하여, 『고려사』에 실린 채충순의 전기에 "기록에 그의 세계世系가 남아 있지 않다"라는 구절은 묘한 느낌을 준다. 어쩌면 고려 관리인 채충순의 인사기록부에는 본관을 '송 천주' 대신 애매하게 적거나 다른 곳으로 바꿔 적었을 가능성이 크다고 생각된다. 하급 관리에서 재상으로 승진하는 동안 외국에 사신으로도 다녀온 그의 출신지를 어떤 방법으로든지 '세탁'했다고 보는 것이 합리적인 해석이 아닌가 한다.

또 외국에 사절로 갔거나 고려에 온 사절을 접대할 때에 서로를 소개하면서 본관 같은 인적 사항을 물어보면 어떻게 대답했을까. [조선시대의 양반들에게는 처음 만난 사람과 통성명할 때를 대비해서 다른 집안의 족보와 항렬을 줄줄 꿸 정도의 '보학譜學'에 대한 지식은 필수 교양이었다.] 이런 이유 등으로 본관의 처리 문제는 다른 귀화인 출신의 경우도 마찬가지였을 것이라고 생각한다.

고려 국가의 통치체제가 완성되면서 중국계 귀화인들의 활동 범위도 좁아지게 되었다. 고려사회에서 그들을 통한 제도 도입이나 개혁 같은 '인프라'의 구축은 더 이상 필요하지 않게 된 것이다. 대신 고려는 자국의 유학생 등을 통해서 송의 문물을 직접 받아들일 역량을 갖추게 되었다. 더구나 요, 금, 송이 망한 뒤, 몽골과의 전쟁이 오래 계속되면서 고려 조정에서 중국계 귀화인 관리들은 더 이상 활약하지 않았고 그들에 대한 관심도 그만큼 멀어져 갔다.

이와 함께 세월이 지나면서 고려사회에 완전히 동화된 그 후손들 대부분은 귀화인의 후예라는 사실 자체를 잊게 된 것이 아닌가 한다. [고려 후기에 몽골을 비롯한 외국인들이 고려에 많이 들어왔지만, 이들의 성격이나 역할은 고려 전기의 중국계 귀화인과는 매우 달랐다. 그들의 후손 중에는 외국인 출신임을 밝히는 가문도 다수 있지만, 이들에 대한 이야기는 생략하기로 한다.]

10.

후삼국을 통일한 고려는 새로운 사회를 건설하고자 했다. 고려는 중국의 선진 제도와 문물을 적극 받아들여 중앙집권적인 문벌귀족사회를 만들었다. 또 고구려의 계승자임을 내세워 이름을 고려라고 정한 나라답게 북진정책을 써서 한반도의 대부분을 차지하는 영토 확장에 성공했다.

이 과정에서 고려는 대담한 개방정책과 포용력을 보여 주었다. 중국의 지식인이나 상인들을 고려 조정에 등용하여 그들의 학문적 지식과 역사적 경험을 충분히 발휘할 수 있게 했다. 고구려의 후예가 세운 발해가 멸망하자 그 유이민들을 따뜻하게 받아들이고, 한반도 북쪽에 살던 유목민인 거란과 여진 사람들이 도움을 청해 오자 그들에게 의복과 식량과 토지 등을 나누어 주어 정착할 수 있도록 했다.

이들 중에서 고려에 정착해 살면서 관리나 농민이 된 사람들을 귀화인이라고 부른다. 그들은 중국의 제도와 문화가 고려사회에 뿌리내리는 데 큰 기여를 했고, 넓어진 영토의 생산성을 높이고 그 지역의 인구를 늘리는 데 결정적인 역할을 했다. 이와 같은 역사적 임무를 마친 그들은 고려사회에 동화되어 특별한 외국인이 아닌 평범한 고려 사람으로 살아갔다.

한국의 역사에서 불완전한 통일을 이룬 신라와 달리 고려는 진정한 민족의 통일과 통합을 이룬 국가라는 평가를 받는다. 그 힘은 어디에서 나왔는가. 많은 요인이 있겠으나, 귀화인이라는 시각에서 본다면 적극적인 개방정책과 포용력을 꼽을 수 있지 않을까 한다. 고려는 그들의 전문성을 최대한 살릴 수 있게 하고, 최고의 지위에도 오를 수 있게 하고, 그 사회에 쉽게 동화될 수 있도록 도와주었다.

21세기의 대한민국. 세계화 시대에 살고 있고, 앞으로도 살아가야 하는 우리들이 되새겨 보아야 할 소중한 역사적 경험이 아닌가 한다.

참고 문헌

김용선 편, 『역주 고려묘지명집성』(상)·(하)(개정3판), 한림대학교 출판부, 2021.
———, 『(속) 고려묘지명집성』, 한림대학교 출판부, 2016.

박경안, 「고려전기 외래인의 문화적 특성과 정착과정: 왕조의 인식과 대응을 중심으로」, 『한국중세사연구』 42, 한국중세사학회, 2015.
박순우, 「고려전기 정부의 한인 인식과 내투 한인들의 행적」, 『역사와 현실』 84, 한국역사연구회, 2012.
———, 「고려시대 발해인의 정체성과 고려인의 시각」, 『한국중세사연구』 43, 한국중세사학회, 2015.
박옥걸, 『고려시대의 귀화인 연구』, 국학자료원, 1996.
박한남·최규성·나종우, 「대외관계」, 『한국사』 15(고려 전기의 사회와 대외관계), 국사편찬위원회, 1995.
이기백 편, 『고려광종연구』, 일조각, 1981.
이미지, 「고려 전기 이국인 입경의 유형과 실상: 내헌·내조·내투·내부를 중심으로」, 『한국중세사연구』 43, 한국중세사학회, 2015.
이진한, 「고려시대 외국인의 거류와 투화」, 『한국중세사연구』 42, 한국중세사학회, 2015.
한정수, 「고려전기 이방인·귀화인의 입국과 해동천하」, 채웅석 편저, 『고려의 국제적 개방성과 자기인식의 토대』, 혜안, 2019.

법제처, '현행법령', 법제처 국가법령센터 홈페이지.
주한미국대사관, '미국의 헌법(1787)', 주한미국대사관 홈페이지.

III

최대경 댁으로 보냄

물자의 생산과 유통

1.

이규보는 푸른 자기로 만든 술잔을 두고 다음 시를 지었다.

나무를 베어 내니 남쪽 산은 까까머리가 되고	落木童南山
불을 지피니 연기가 해를 가렸는데	放火烟蔽日
구운 그릇에서 푸른 자기 술잔이 나오니	陶出綠甆杯
열 개에서 하나를 가려 뽑은 것이네 (중략)	揀選十取一 (中略)
진흙을 이겨 빚은 솜씨를 이에 알겠으니	迺知埏埴功
하늘의 기술을 빌린 듯하고	似借天工術
보이지 않는 듯 가늘게 찍어 놓은 꽃무늬는	微微點花紋
여러 고운 빛깔로 교묘하게 그린 듯하네 (하략)	妙逼丹青筆 (下略)

—『동국이상국집東國李相國集』 전집 권8 고율시, 「김군이 평소 마시는 녹자 술잔에 시를 지어 달라고 하기에 백공 시의 운을 써서 같이 짓다」—

멋진 녹자 술잔을 가진 친구의 부탁을 받고 지은 시이다. 우리가 흔히 쓰는 청자靑瓷라는 말 대신에 녹자綠甆라고 했으나, 이 시 속에서 이규보는 흙을 빚고 가마에 구워 술잔을 만든 솜씨가 하늘의 기술을 빌린 것 같고, 술잔에 그린 그림도 교묘함이 다했다고 극찬했다. 꽃무늬를 가늘게 찍었다는 표현은 음각이나 양각, 또는 백상감白象嵌이라기보다는 청자에 백토白土로 무늬를 그리는 백화白畫[퇴화堆花]기법을 말하는 것으로 보인다. 대가답게 시 속에서 청자의 생산 과정과 작품으로서의 아름다움을 요령 있게 잘 설명하고 있다.

이규보가 살던 12~13세기는 고려청자의 최고 전성기였다. 이 시기에는 관청이나 왕실에서 쓰는 그릇과 아울러 민간에서 사용하는 온갖 종류의 자기가 만들어졌다. 이규보는 다른 시에서는 "술이 없는 것이 걱정이지, 술만 있다면야 질그릇 잔[와잔瓦盞]에 마신들 어떠랴"라고 하여 참 술꾼의 심정을 솔직하게 밝히기도 했다. 그는 본인이 아끼는 청자 베개를 자랑하는 시를 지은 적도 있는데, 그 시의 앞부분은 다음과 같다.

> 푸른 사기를 다듬어 만든 베개, 물보다 맑고　　綠瓷琢枕澄於水
> 손을 뻗어 어루만지면 옥 같은 살결이 보드랍구나　　入手如捫玉肌膩
>
> —『동국이상국집』 전집 권16 고율시, 「푸른 사기 베개」—

이 시에서도 이규보는 청자 대신 녹자綠瓷라는 용어를 쓰고 있는데, 초록빛이 은은하게 도는 고려청자의 빛깔은 당시의 중국인들도 천하 제일의 비색翡色이라고 인정했다. 이렇듯 명품 청자는 예술적으로도 뛰어나지만, 실생활에서 널리 쓰였다는 점에서 고려시대 생활사에서 중요한 부분을 차지한다.

이규보가 시에서 적었듯이, 청자를 만들기 위해서는 원료가 되는 질 좋은 흙이 있어야 하고, 가마 안에서 (1,300℃ 정도의) 화력을 낼 수 있는 땔감을 주변에서 충분히 구할 수 있어야 한다. 또 흙을 빚어 각종 그릇의 형태를 만들고, 유약을 제조하여 그 위에 바르거나 그림을 그리는 수준 높은 예술가의 솜씨를 가진 기술자들도 필요하다. 그에 더하여 국가의 주문 이외에 민간의 수요에도 충분하게 공급할 수 있도록 대량 생산이 가능한 생산 체계를 감독할 수 있어야 하며, 물품을 소비자에게 안전하게 전달할 수 있는 운송 수단도 확보되어야 한다. 이렇듯 청자의 생산과 수요, 유통이라는 요소는 작품의 예술적인 평가 못지않게 중요한 역사적 의의를 가진다. 이 글에서는 이런 점들을 살펴보고자 한다.

2.

고려시대의 자기는 소所에서 만들었다. 이 소는 어떤 곳인가. 고려의 지방제도는 군현제郡縣制를 기본으로 하고 있다. 개국 이래 몇 차례의 변화를 거쳐 1018년(현종 9)에 일단 완성된 이 제도는 전국을 5도道와 양계兩界로 나누고, 그 안에 경京(3)·도호부都護府(4)·목牧(8)·군郡(56)·현縣(20)·진鎭(28) 등을 두었다. [군현의 수는 모두 482개인데, 괄호 안의 숫자는 지방관이 파견된 주군현主郡縣이고 나머지 366개는 속군현屬郡縣이었다. 주군현이 속군현보다 행정단위의 서열이 높았다.] 이로써 호족연합정권으로 성립한 고려 국가의 중앙 행정력이 전국의 지방에 직접 미쳤고, 국가권력이 향촌사회의 지배층보다 우위에 서게 되었다. 중앙집권적인 국가 형태가 완성된 것이다.

이와 같은 군현조직과는 별도로 고려는 향鄕·소所·부곡部曲·장莊·처處와 같은 특수한 지방행정 단위를 두었다. 이들은 군현제 조직과는 성격이 다르므로 통틀어서 '부곡제 영역'이라고 부르기도 한다. 이들의 유래와 기능, 성격 등에 대해서는 조선 초기에 만든 인문지리책인 『신증동국여지승람』에 잘 요약되어 있다.

> 이제 살펴보건대, 신라가 주군州郡을 둘 때에 그 전정田丁이나 호구戶口가 현縣으로 삼지 못할 것은 혹은 향鄕을 두고 혹은 부곡部曲을 두어 소재한 읍邑에 소속하게 했다. 고려 때에는 또 소所라고 하는 것이 있었는데, 금소金所·은소銀所·동소銅所·철소鐵所·사소絲所·주소紬所·지소紙所·와소瓦所·탄소炭所·염소鹽所·묵소墨所·곽소藿所·자기소瓷器所·어량소魚梁所·강소薑所로 구분하여 각각 그 물건을 바쳤다. 또 처處라고 하는 것이 있고 또 장莊이라고 하는 것이 있어서, 각각 궁전과 사원 및 내장댁內莊宅에 나뉘어 소속되어 그 세稅를 바쳤다. 위의 여러 소에는 모두 토성土姓을 가진 이吏와 민民이 있었다.
>
> —『신증동국여지승람』 권7 경기도 여주목 고적, 등신장登神莊—

이 기록에 따르면, 향과 부곡은 신라 때에 이미 있었으나 소는 고려시대에 처음 생겼다. 향과 부곡 등이 세를 바쳤다고 하므로 주로 농경에 종사한 반면에 소는 다양한 명칭이 말해 주듯이 국가에서 필요로 하는 광물, 해산물, 농산물, 수공업품 등 특정한 물품을 생산하여 공물貢物로 바쳤다. 이 중에 자기를 만드는 자기소도 포함되어 있는 것이다.

부곡제 영역의 주민들은 천민 집단으로 이해되어 왔으나, '신량역천身良役賤'이라는 용어가 말해 주듯이 신분상으로는 양인良人이면서 국가가 강제로 부과한 특정한 역役에 종사했다는 주장이 우세하게 받아들여지고 있다. 또 '소리所吏'는 토성을 가지고 있다고 했는데, 그들은 원래 그 지역의 토착 세력인 호족이었으나 고려의 중앙집권화 정책에 따라 향리로 신분이 바뀌었다. 이들은 소민所民을 감독하여 부과된 공물을 생산하게 하고, 그것을 모아서 공납貢納하는 의무를 가지고 있었다. 이들은 주현에 파견된 지방관의 지휘를 받았다. 한편으로 속군·속현·부곡 등 지방관이 파견되지 않은 곳에서는 향리鄕吏의 우두머리인 호장戶長이 수령 역할을 하는 경우가 많았으므로, 소리들도 그들과 비슷한 권한과 지위를 누렸다고 볼 수 있다.

고려의 지방조직이 현종 때인 11세기 초반에 완성되었으므로, 자기소도 이미 그 이전부터 여러 곳에 설치되어 있었을 것이다. 그중에는 중앙정부가 필요로 하는 질 좋은 자기를 구워 내는 자기소도 있었을 것이고, 지방정부나 사원, 민간이 필요로 하는 다소 질이 낮은 자기를 만들던 자기소도 있었을 것이다. 또 자기를 굽기 위해서는 무엇보다도 많은 땔감이 필요했으므로 나무를 다 베어 내면 새로운 곳에 가마를 만들면서 자기소의 위치도 따라서 옮겨 갔을 가능성도 크다. 그러므로 지금 남아 있는 문헌상의 기록만으로 자기소의 위치를 파악한다는 것은 한계가 있을 수 있다. 최근에도 고려시대의 가마터가 새롭게 많이 발굴되고 있는

데, 평안도·황해도·경기도·충청도·전라도·경상도 등 전국 각지를 망라하고 있다.

국가에서는 특정한 자기소마다 일정한 양의 청자를 제작하여 공납하도록 하면서, 그릇의 종류, 형태, 무늬까지 지정했다. 청자에 새겨진 글씨 중에 '정릉正陵'·'태묘太廟'·'능실陵室'과 같은 왕실 관련 용어나, '상약국尙藥局'·'양온良醞'과 같은 관청 이름 등이 있다는 점이 이 사실을 말해 준다. 또 '기사己巳'·'경오庚午'·'신유 6월 일辛酉六月日'과 같이 간지나 날짜까지 적은 명문은 국가에서 특정한 시기에 맞추어 일정한 분량의 자기를 생산하게 했다는 뜻이 된다. 즉, 청자 생산에서 국가가 중요한 역할을 한 것이다.

한편으로 자기소에서는 사전에 주문을 받아 민간에 판매하는 자기를 만들기도 했다. '만덕万德'·'청룡靑龍'과 같은 사원 이름이나 '범梵' 자字를 쓴 청자와, 앞에서 본 이규보 시의 주인공인 김철의 녹자 술잔이나 이규보의 녹자 베개가 그런 사실을 말해 준다. [가난한 이규보가 자신이 쓸 명품 청자를 자기소에 직접 주문했을 가능성은 거의 없었을 것이다. 선물로 받았을 것이라는 정도로 이해하기로 하자.] 이렇게 보면 관요官窯가 아닌 사요私窯라는 존재가 등장하게 된다. 자기의 제작자 중에는 '의장義藏'과 같이 승려의 명칭으로 보이는 사람도 있으므로, 사찰이 운영하는 사요도 실제로 청자 생산에서 중요한 몫을 차지했을 것이다.

그렇다고 하더라도 사요는 양질의 노동력 확보라든가 다른 여러 가지 문제 때문에 관요에 비해 상대적으로 질이 낮은 자기를 만들 수밖에 없었을 것이다. 비록 뛰어난 기술이나 생산 여건을 갖추고 있었다고 하더라도 고려의 수공업 체제에서 사요는 완전히 독립적으로 운영될 수는 없었다. 결국 사요도 자기소 체제 아래 있었던 것이다. 따라서 고려시대에 자기소 체제 아래의 청자 생산은 왕실과 관청을 중심으로 하는 축과 민간 수요를 충족시켜 주는 축의 두 체계로 운영되었다고 말하는 것이 합리적이지 않을까 한다.

고려시대의 자기 생산지 중에서 가장 유명한 곳으로 전라남도 강진군 대구면의 대구소大口所와 칠량면의 칠량소七良所, 전라북도 부안군 보안면의 유천리 가마터를 꼽을 수 있다. 앞의 두 곳은 문헌에 소라고 명시되어 있으나, 뒤의 것은 그런 기록이 없다. 따라서 유천리의 가마터를 자기소나 관요가 아닌 사요로 보는 견해도 있다. 이 글에서 이 문제를 세밀하게 따질 필요는 없다고 생각한다. 다만 부안의 청자 생산은 강진보다 뒤늦은 11세기 후반에 시작된 것으로 추정되고 있는데, 이후 두 지역 모두 고려청자의 대표적 생산지가 되었다. 이 두 지역은 때로는 경쟁 관계에 있기도 했겠지만, 자기의 생산 자체가 국가의 통제를 받았으므로 서로 기술 교류나 생산 정보를 나누었을 가능성도 크다고 생각한다.

리움미술관이 소장하고 있는 직사각형 모양의 청자벼루는 이런 모습을 상징적으로 잘 보여 준다. 높이 2.9cm, 길이 13.4cm, 너비 10.2cm인 이 벼루는 바닥을 제외한 나머지 면에는 여러 가지 무늬가 다양한 기법으로 새겨져 있고, 바닥에는 다음 24자가 세 줄로 새겨져 있다.

辛丑五月十日造 / 爲大口前戶正徐敢夫 / 淸沙硯壹雙黃河寺

신축년 5월 10일에 대구의 전 호정인 서감부를 위해 맑은 청자 벼루 한 짝을 만들었다. 황하사

신축년은 1181년(명종 11)이나 1241년(고종 28)으로 비정되고, 대구는 강진의 대구소를 의미한다. 서감부는 대구소의 전 호정인데, 이 벼루는 그를 위해 만든 것이다. 이 벼루의 출토지는 밝혀지지 않았으나, 제작 수법을 다른 유물과 비교할 때 부안 지역에서 만든 것으로 추정하고 있다. 황하사의 위치도 알 수 없으나, 그 이름을 벼루에 일부러 써넣었다는 점에서 이 절은 부안 지역의 청자 생산과 관련이 깊은 사찰이라고 여겨진다. 이렇게 정리해 보면, 이 벼루의 문장은 "1181년(또는 1241년) 5월 10일에 부안의 황하사에서 강진 대구소의 전 호정인 서감부에게 청자 벼루 한 짝을 만들어 주었다"라는 뜻이 된다.

사찰에서도 가마를 만들고 청자를 제작했으므로, 황화사가 이 벼루를 만든 사요라고 파악하는 견해도 있고 그렇지 않을 것이라고 보는 견해도 있다. 이 점 역시 앞으로 더 밝혀져야 할 문제라고 생각한다. 어떻게 보든 이 벼루는 황하사에서 서감부에게 감사하는 표시로 만들었다는 점은 확실하다. 그에게 만들어 준 이유는 정확하게 알 수 없으나, 이 벼루는 강진과 부안의 청자 생산의 연관성을 잘 보여 주는 자료임은 분명하다. 벼루의 명문이 보여 주듯이 이 두 지역은 청자 제작이나 기술에 대한 정보를 나누고, 생산량 조정 같은 문제를 함께 논의했을 가능성이 크다

「**청자상감 신축명 국화모란문 벼루**」(보물 제1382호)**와 바닥 글씨**
© 리움미술관

고 여겨진다.

그런데 서감부는 강진의 대구 출신임을 확인할 수 있다. 앞에서 인용한 『신증동국여지승람』의 기록에는 소의 이[소리所吏]들이 모두 토성을 가지고 있다고 했다. 그런데 이 책의 강진현 조에는 대구의 유일한 성씨로 서씨徐氏가 나온다. 이에 따라 그는 대구의 토착 세력으로서 소의 우두머리인 호정을 역임한 인물이라는 점이 분명해진다. 호정인 서감부가 자기 제작과 직접 관련된 기술자인지는 확실하지 않다. 그렇지만 자기소의 책임자였다는 점에서 그는 분명히 자기의 제작과 생산 관리, 유통 등에 관해 전문적인 지식을 가지고 있었을 것이다.

고려시대에 자기소의 기술자나 인구가 얼마나 되는지, 할당된 생산량이 어느 정도였는지는 알 수 없다. 조선시대의 경우, 후기의 대표적인 자기 생산지인 경기도 광주의 분원分院을 운영하려면 100명 정도의 수공업자가 필요했는데 이 인원은 10여 종의 생산공정별 분업을 하기 위해 필수적이었다고 한다. 고려시대 자기소의 규모도 대략 이와 비슷하지 않았을까 짐작된다. 이들 중에서 자기장瓷器匠과 같은 고급 기술자들은 자기의 모양을 만들고 유약을 제조하거나 가마의 온도 조절 등을 담당했고, 일반 소민들은 원료인 흙과 땔감을 장만하는 역할을 했을 것이다.

고려시대의 수공업 기술자, 즉 공장工匠들은 크게 두 종류로 나뉜다. 중앙관청에 전속專屬된 관속공장官屬工匠과 그렇지 않은 비관속공장非官屬工匠이 그것이다. 관속공장들은 정부의 필요에 따라 해당 관청에 소속되어 생산 활동을 했다. 예컨대 건축 및 토목공사를 담당하는 선공시繕

工寺에는 석공石工·목공木工·토공土工이, 무기를 제조하는 군기감軍器監에는 피갑장皮甲匠·장도장長刀匠·각궁장角弓匠·전장箭匠이, 왕실의 의복을 담당하는 상의국尙衣局에는 수장繡匠·화장靴匠·대장帶匠이 소속되어 있었다. 이들은 1년에 300일 이상의 역役을 바치는 조건으로 일정한 양의 녹봉祿俸을 받거나 별정전시과別定田柴科에 속한 무산계전武散階田이라는 토지를 받았다.

이들과 달리 관청에 소속되지 않은 공장들은 모두 비관속공장으로 분류할 수 있다. 그렇지만 이들에 대해서도 국가는 기술자들의 특별한 호적인 공장안工匠案을 만들어서 관리했다. 공장안에 따라 공장들은 대대로 신분을 세습했다. 생산 기술자인 이들은 당연히 관직을 가질 수는 없었지만, 9품인 교위校尉급의 하위 무산계를 받기도 했다. 비관속공장들에게도 별장동정別將同正이나 산원동정散員同正 같은 하위의 무반직이 주어졌던 것이다. 실직實職이 아니라 명예직인 산직散職이 주어지기는 했지만, 이런 관직을 받았다는 자체가 비관속공장들도 국가로부터 신분을 보장받으면서 일정한 역役을 부담해야 했다는 점을 말해 준다. 이들은 제품 생산 이외에도 때로는 관청 건물을 짓거나 성을 쌓는 일과 같은 국가의 공사에 동원되기도 했다. 따라서 그들이 제공해야 할 부담이 결코 가볍지는 않았을 것이다. 1108년(예종 3년)에는 "동소·철소·자기소·지소·묵소 등에서 정해진 양 이외에 별공別貢으로 바치는 물품이 너무 많아서 장인匠人들이 힘들어하므로 그 양을 다시 정하라"는 조치가 내린 적도 있다.

그러나 이들은 그와 같은 역만 부담하면, 나머지는 자유롭게 물품 생산을 할 수 있었다. 이들은 때로는 급료를 받거나 다른 사람의 일을 해 주면서 그들의 생계를 꾸려 나갔다. 비관속공장들인 자기소의 주민들 역시 자신들이 가진 기술에 따라 자기 생산에 참여하면서 이와 같은 삶을 살았을 것이다.

3.

생산된 자기는 최대이자 최종 소비지인 개경까지 어떻게 보내졌을까. 이를 알기 위해서는 당연히 고려시대의 교통로와 운송 방법을 살펴볼 필요가 있다.

고려시대의 교통로는 육상교통망과 내륙의 하천을 포함하는 연근해의 해로海路를 이용하는 수운水運이 마련되어 있었다. 이런 교통로는 건국 이후 몇 차례의 변화를 거쳐 현종 대에 군현제를 중심으로 하는 지방제도의 완성과 함께 성립되었다. 그러므로 고려의 교통로 정비도 중앙집권적인 국가통치제제와 관련되어 있다고 할 수 있다. 효율적인 지방 통제와 함께 중앙정부의 재정 수요를 충당할 수 있도록 안전하고 효과적인 조세 운송에 근본적인 목적을 두고 있는 것이다.

육상교통망은 22개의 역도驛道로 구성되었다. 이 역도들은 수도 개경을 종착점으로 하여 X자 모양으로 설정되었다. 동시에 지방 행정의 중심지인 계수관界首官 지역과 해당 관내의 각 역들을 연결하는 체제로 구성되어 있었다. 내륙의 하천 때문에 도로망이 끊어지는 경우에는 수상

교통 시설인 진津·포浦·도渡 등의 나루도 적극 활용했다. 임진강과 한강이 만나는 조강祖江의 조강도祖江渡, 금강의 웅진도熊津渡, 낙동강 상류의 상주 낙동진洛東津, 섬진강을 가로지르는 하동 횡포橫浦 같은 곳이 그 대표적 사례이다. 또 내륙 하천 수운을 해안에 위치한 주요 수운 시설과 연계하여 전국을 하나의 교통 네트워크로 연결하는 동시에 물자 운송 통로로서의 기능을 극대화시켰다.

이와 같은 교통로가 정비되면서 고려시대에 조운漕運과 조창漕倉을 중심으로 하는 새로운 제도인 조창제漕倉制가 성립했다. 조운은 양계를 제외한 전국에서 거둔 조세와 공물을 선박으로 수도 개경으로 운반하는 것을 말한다. 조창은 조세로 받아들인 곡식을 저장하는 창고를 말하지만, 조세미 등의 수납과 보관, 조운을 담당하는 행정구획을 의미하기도 한다.

조창은 서해와 남해의 바닷가와 한강 연안에 처음 12개가 설치되었으나 뒤에 서해도 장연에 안란창이 설치되어 13개가 되었다. 이들의 지역적 분포를 보면 경상도 2개, 전라도 6개, 충청도 3개, 강원도 1개, 서해도 1개였다. 바다와 강을 중심으로 하면 서해와 남해에 11개, 한강에 2개가 있었다.

조창에는 감독관인 판관判官과 조세를 거두고 운송하는 등의 실무 책임자인 색전色典이라는 향리가 있었다. 그 아래에 뱃사공인 초공梢工과 수수水手·잡인雜人 등 조운에 종사하는 사람들이 있었다. 매년 가을에 거두어들인 조창의 곡식은 그 이듬해 2월부터 수송을 시작해서 4월이나 5

월까지 개경의 경창京倉으로 수송을 완료해야 했다. 조창에는 일정한 수의 조선漕船도 있었는데, 해로를 이용할 경우에는 최고 1,000석石을 실을 수 있는 초마선哨馬船이, 수로를 이용할 경우에는 최고 200석을 실을 수 있는 평저선平底船이 동원되었다. 수경가輸京價라는 이름으로 일정한 운임도 받았음은 물론이다.

이와 같이 고려시대의 조운은 정부의 운송 기구인 조창과 관선官船이 주도했지만, 민간이 운영하는 사선私船의 도움을 받기도 했다. 특히 개인이나 사찰 등이 사적으로 소유하는 사유지에서 나오는 조租를 운송할 때나 지방의 특산물을 교환하거나 판매하는 근거리 장사꾼들은 관선보다는 사선을 이용했을 가능성이 크다. 무인정권기의 최자崔滋는 「삼도부三都賦」를 지으면서 새 도읍인 강화의 풍경을 묘사했는데, 다음과 같은 구절이 나온다.

장삿배와 공물 배가	商船貢舶
만 리에 돛을 이었네 (중략)	萬里連帆 (中略)
한차례 바람이 불자	一風頃刻
순식간에 사방에서 서로 모여드니	六合交會
산과 바다의 진미와	山宜海錯
실어 오지 않은 물건이 없네 (하략)	靡物不載 (下略)

—『동문선』 권2 부賦, 「삼도부」—

이 시에는 강화에 모이는 배를 '장삿배[상선商船]'와 '공물 배[공박貢

舶]'로 나누고 있다. 대구對句를 짓기 위해 문학적 기교를 부린 것이라고 할 수도 있겠으나, 「삼도부」의 다른 구절에는 '강과 바다의 장사꾼[강상해고江商海賈]'이라는 단어도 나온다. 즉, 피난 생활이지만 최자는 이런 용어를 동원해서 당시 사선을 이용한 물자 조달이나 상업 활동이 활발했음을 강조하고 있다.

강진이나 부안 같은 바닷가 근처의 자기소에서 생산한 자기들도 바닷길을 이용하는 것이 가장 효과적인 운송 방식이었다. 무겁고 깨지기 쉬운 청자의 특성 때문이라는 이유도 있지만, 많은 양을 한꺼번에 수송하기에는 바다의 조운로를 이용하는 것이 가장 빠르고 안전한 방법이었기 때문이다. 더구나 이곳에서 생산한 자기는 국가에 공납으로 바치는 것도 있지만, 민간의 주문으로 만든 것도 많았다. 또 상인 중에는 청자를 미리 수집하여 비축했다가 적절한 시기에 판매하는 사람도 있었을 것이다. 이와 같은 이유로 조운선 이외에도 민간의 사선을 활용할 기회도 많았으리라고 생각한다.

최근에 서해와 남해 앞바다의 여러 곳에서 고려시대에 화물을 싣고 가던 침몰선이 여러 척 발견되었다. 양질의 고급 청자를 실은 배도 있고, 일상생활에서 흔히 쓰는 대접이나 접시 등을 주로 싣거나 질이 떨어지는 청자를 많이 실은 배도 있다. 또 침몰선 중에는 해로의 조운을 담당하던 초마선으로 보기 어려운 작은 규모나 다른 형태의 배도 발굴되었다. 이런 사실들은 서남해안에서 생산된 청자와 자기들이 조운선과 민간의 사선을 적절하게 이용하면서 개경으로 운송되었다는 사실을 보여 준다. 이

배들이 발견된 위치는 대부분이 고려시대의 조운로이거나 그곳에서 멀지 않은 곳이다. 이런 점에서 고려시대 청자의 생산과 유통에서 배를 이용한 해상 운송과 조운로는 절대적인 역할을 했다고 할 수 있다.

4.

침몰한 배에서는 각종 청자와 함께 고려시대의 목간木簡도 많이 발굴되었다. 목간은 글자를 적은 나뭇조각을 말한다. 목간들은 여러 형태로 되어 있고, 글자를 쓴 형식도 조금씩 다르지만 '물표物標'로 화물의 운송 내역을 보여 준다. 이 목간들에는 물품의 발송지, 발송인, 목적지, 수취인, 화물 종류와 함께 그 화물을 실은 선적인의 이름 등이 적혀 있어서, 고려시대의 물품 생산과 운송, 물자 교류와 유통에 대한 소중한 정보를 전해 주고 있다. 오늘날의 택배 시스템도 이와 같은 정보를 바탕으로 하고 있을 것이다. 또 도자기를 포장할 때 사용하는 나무에 수결手決(서명)한 것도 있는데, 이들도 목간에 포함시키기도 한다. 간단한 내용이 단편적으로 적혀 있기는 하지만, 목간은 일종의 '행정 문서' 기능을 가지고 있으므로 고려시대의 문서 양식 일부분을 보여 준다. 이에 침몰선에서 발견된 목간에 대해 몇 가지 살펴보기로 한다.

화물이 도자기인 경우, 70×70×50cm의 목제 상자에 가지런하게 넣고 10개 또는 20개씩 끈으로 묶는 포장 방식(신안 중도선, 1975년 발견)이 가장 흔한데, 40여 점 이상씩 가지런한 채 발견되거나(군산 야미도선, 2005~2006년 인양), 세 꾸러미[줄] 상태로 묻힌 채 발견되기도 했다(태안 마

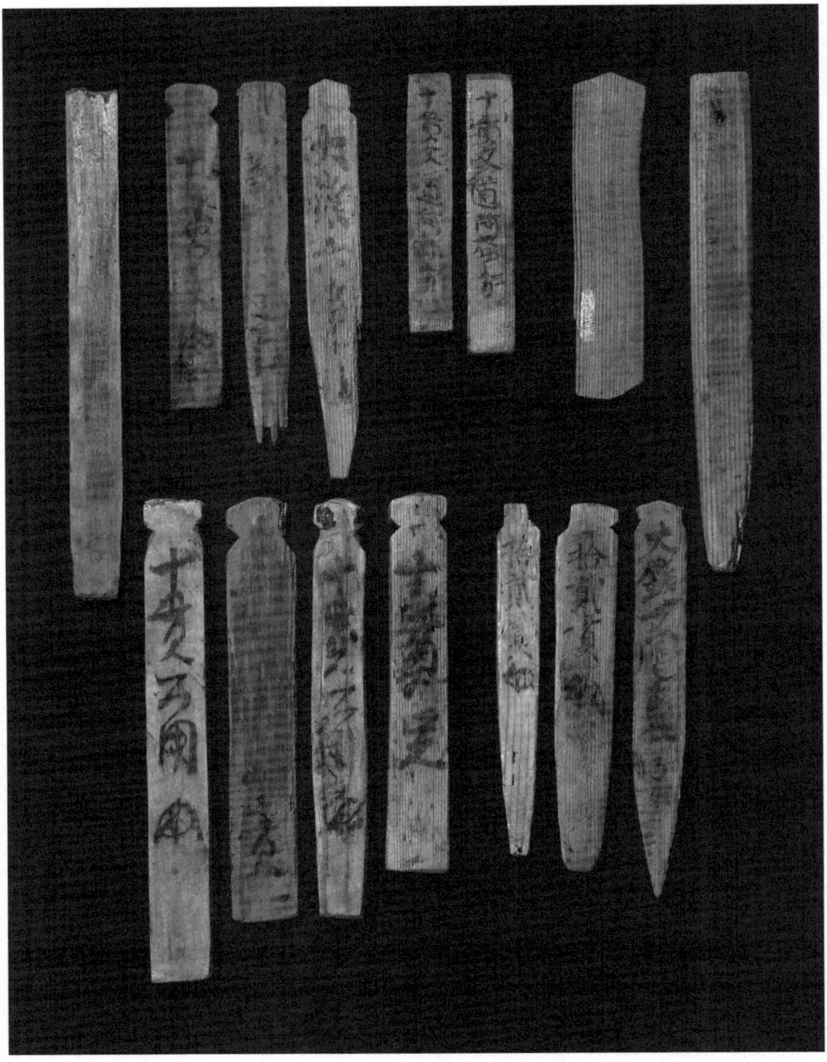

여러 종류의 목간
신안 앞바다의 침몰선에서 발굴된 중국 원대(1323)의 목간들인데,
고려도 이와 거의 비슷한 모양의 목간을 만들었다.
당시 목간이 고려뿐 아니라 국제적으로 널리 사용되었음을 말해 준다.

도선, 2008년 인양). 또 과형瓜形 주자注子 같이 모양이 특수한 경우에는 완충재(짚)와 받침 목재 쐐기를 이용하여 끈으로 묶어 항아리[缸]에 넣기도 했다(태안 대섬선, 2007~2008년 인양).

목간의 형태는 대부분 상단부에 홈을 파서 화물에 묶도록 만들었다. 이 형태의 목간은 도자기 꾸러미에 꼬리표처럼 묶어서 사용한다. 그러나 도자기에 끼워 넣고 함께 포장하거나, 꾸러미 사이에 꽂거나 놓아두는 형태의 목간도 있다.

목간에 적힌 내용도 다양한데, 가장 간단한 것은 화물을 받는 수취인만 적는 방식이다. 다음과 같은 목간이 그 예이다.

崔大卿 宅上

—「태안 대섬 태안선 목간(14)」—

"최대경 댁으로 보냄"이라는 뜻의 원문 5글자만이 쓰여 있다. 대경은 이름이라기보다는 관직이라고 생각되는데, 정확한 직책이나 품계를 알 수 없으나 3품 정도에 해당하는 고위직이다.

목간은 이와 같이 간단한 형식을 기본으로 하여 조금씩 정보를 늘려가는 방식도 사용했다. 즉, 수취인과 물품을 적는 방식, 수취인+물품+발송지를 적는 방식, 수취인+물품+발송지+선적인을 적는 방식이 있다. 가장 자세한 것은 보내는 날짜까지 적는 다음과 같은 방식이다.

「**태안 대섬 태안선 목간**(14)」(앞면)
© 국립해양문화재연구소

「**태안 마도 1호선 목간**(0813-H16)」(앞면)
© 국립해양문화재연구소

丁卯十二月二十八日 / 竹山縣 / 在京檢校大將軍尹起華宅上 /
田出粟參石各入貳十斗 / □□ □□ 화압

—「태안 마도 1호선 목간(0813-H16)」—

이 목간은 "정묘년 12월 28일에 죽산현에서 서울에 있는 검교대장군 윤기화 댁으로 밭에서 난 조 3석을 각 20말씩 (포장하여) 보냄"이라고 적은 다음, 서명과 같은 화압畫押을 했다. 정묘년은 1207년(희종 3)으로 추정되고, 12월 28일은 생산지에서 창고나 포구로 운송한 날짜일 가능성이 높다. 죽산현은 지금의 전라북도 김제시 죽산면에 해당하는데, 물품의 발송지일 것이다. 수취인은 서울의 검교대장군 윤기화로, 개인에게 보내는 것이 분명하다. 화물은 조[속粟] 3석으로 20말씩 포장하여 보낸 것으로 이해할 수 있다.

원문의 속粟은 조 또는 좁쌀로 번역되는데, 엄밀한 의미에서 좁쌀은 조의 열매를 찧은 쌀을 말한다. 화물로 보낸 것은 아마도 찧지 않은 조였을 것이다. 조는 고려시대에 쌀[米], 보리[麥]와 함께 녹봉으로 지급된 중요한 곡물의 하나였다. 또 국가에 공을 세운 사람에게 포상할 때나 기근 등의 어려운 일이 생겼을 때, 국가에서는 쌀과 함께 조를 지급하는 경우도 많았다. 이에 따라 고려시대에 쌀과 조는 같은 뜻을 가지고 곡물의 대명사처럼 쓰이기도 했다. 수취인인 윤기화는 개인적으로 조를 받고 있으므로, 그에게 보낸 조는 녹봉이나 조세는 아니었을 것이다. 조세로 거둔 곡물은 개경의 경창에 비축했다가 관리들에게 국가에서 직접 지급했기 때문이다. 그러므로 윤기화에게 보낸 조는 지대地代나 소작료이거나 친지의 선물일 수도 있으나, 개인 간의 거래로 보이는 이 거래의 성격은 앞으로의 검토에 맡기기로 한다.

앞서 본 2개의 목간에는 수취인에게 '댁상宅上'이라는 용어를 붙이고 있는데, '호부戶附'라고 쓰는 경우도 있다. 발송인보다 상위의 관리에게는 댁상이라 쓰고, 동등하거나 하위 관리에게는 호부라고 쓴 것으로 보인다.

또 앞의 목간에는 발송지가 나오지만 발송인은 적혀 있지 않다. 다른 목간에는 '次知載舡戶長 宋'이나 '次知載船丞同正 吳'와 같이 발송인이 적힌 사례도 나온다. '차지次知'는 주관자, 담당자라는 뜻을 가지고 있는데, '재강載舡'·'재선載船' 등의 용어와 함께 나오는 것으로 보아 배에 물품을 싣는 일과 관련이 있을 것이다. 또 관직이 '호장戶長'·'승동정丞同正'인 것으로 보아 이들은 향리였다고 생각된다.

침몰선에 실린 물품은, 태안선의 경우 청자 등의 도자기류가 많았지만, 마도선의 경우 곡물과 젓갈, 해산물 등 다양한 식품이 주를 이루고 있다. 곡물로는 콩, 벼와 쌀, 보리와 메밀, 조 등이 있고, 발효식품으로는 물고기 알·고등어·게·생전복·홍합 등으로 담근 다양한 젓갈이 있다. 또 상어·말린 홍합·생전복과 같은 해산물과 꿀·참기름·누룩 등의 가공식품도 있다. 최자가 「삼도부」에서 "산과 바다의 진미와 실어 오지 않은 물건이 없네"라고 한 말이 결코 과장은 아니었던 것이다. 침몰선에서는 선원들이 쓰던 솥·청동접시·청동숟가락·숫돌 등의 주방용기와 바닷가의 차돌에 '장將'·'차車'·'포包'·'졸卒' 등의 글자가 새겨진 장기알도 발견되었다.

고려가 40년 가까이 대몽항쟁을 할 수 있었던 경제적 배경도 안전한 해상로를 거쳐 조운으로 수송되어 오는 조세 수입을 확보한 데에 있다. 1270년에 몽골과의 전쟁이 끝난 뒤, 대몽항쟁을 이어 간 삼별초가 강화를 떠나 진도에 자리 잡은 가장 큰 이유도 서남해안의 조운로를 확보하기에 유리했기 때문이었다. 삼별초는 여몽연합군에게 밀려 곧 진도를 빼앗겼지만, 바로 제주도로 들어가 1273년에 함락되기까지 4년간 항쟁을 계속했다. 그 경제적 배경 역시 조운과 떼어 놓고 이해하기 어렵다. 그 정도로 해상교통로를 이용한 곡물과 물자 유통은 고려사회에서 중요한 의미를 지닌다.

고려시대의 생활사에 대한 관심은 이제야 조금씩 높아지고 있다. 문헌 기록의 한계를 뛰어넘는 새로운 자료를 적극 이용한다면, 고려 사람들이 살아가던 모습도 좀 더 가깝게 다가오지 않을까 한다.

참고 문헌

곽유석, 「수중 발굴 유물과 생활문화」, 『한국해양사 3: 고려시대』, 한국해양재단, 2013.

국립해양문화재연구소, 『고려 뱃길로 세금을 걷다』 특별전 도록, 국립해양문화재연구소, 2009.

김난옥, 『고려시대 천사·천역양인 연구』, 신서원, 2000.

김재홍, 「태안 침몰선 고려 목간의 문서양식과 운송체계」, 채웅석 편저, 『고려의 중앙과 지방의 네트워크』, 혜안, 2019.

박용운, 『고려시대 사람들의 식음 생활』, 경인문화사, 2019.

박종기, 『고려시대 부곡제 연구』, 서울대학교 출판부, 1990.

박종진, 『고려시기 재정운영과 조세제도』, 서울대학교 출판부, 2000.

서명희, 「수공업」, 『한국사』 14(고려 전기의 경제구조), 국사편찬위원회, 1993.

서성호, 『고려 전기 수공업 연구』, 서울대학교 박사학위논문, 1997.

이기백, 「고려 주현군고」, 『고려병제사연구』, 일조각, 1968.

이정신, 『고려시대의 특수행정구역 소 연구』, 혜안, 2013.

이희관, 「고려청자사상의 강진요와 부안요—호암미술관 소장 청자삼감국모란문 「신축」명 벼루 명문의 검토—」, 『고려 청자, 강진으로의 귀향—명문·부호 특별전—』, 강진청자자료박물관, 2000.

이희관·최건, 「고려초기 청자생산체제의 변동과 그 배경」, 『미술사학연구』 232, 한국미술사학회, 2001.

임경희, 「태안 대섬 고려 목간의 분류와 내용」, 『고려청자 보물선: 태안 대섬 수중발굴 조사보고서(본문)』, 국립해양문화재연구소, 2009.

장남원, 『고려중기 청자 연구』, 혜안, 2006.

———, 「조운과 도자생산, 그리고 유통: 해저인양 고려도자를 중심으로」, 『미술사연구』 22, 미술사연구회, 2008.

정양모, 「고려도자명문의 성격」, 『고려도자명문』, 국립중앙박물관소장품도록 8, 국립중앙박물관, 1992.

한정훈, 「12·13세기 전라도지역 사선의 해운활동: 수중 발굴성과를 중심으로」, 『한국중세사연구』 31, 한국중세사학회, 2011.

———, 『고려시대 교통운수사 연구』, 혜안, 2013.
홍승기, 「고려시대의 공장」, 『고려사회사연구』, 일조각, 2001.
홍영의, 「고려 금속제 불구류 명문에 보이는 경·외 장인의 제작활동」, 채웅석 편저, 『고려의 다양한 삶의 양식과 통합조절』, 혜안, 2019.

IV

님이여 송나라가 멀다고 말하지 마오

송과의 외교와 문물 교류

1.

1123년(인종 1) 6월 12일(계사) 아침.

전날부터 내리던 비가 그치면서 송의 휘종이 보낸 사절단의 배들이 밀물을 타고 고려의 예성항에 들어왔다. 5월 16일 중국의 명주明州(저장성 닝바오寧波)를 떠난 지 25일 만이다. 그러나 5월 28일 중국 정해현의 매잠 앞바다를 출항한 뒤 6월 2일 가거도의 협계산 근해에 도착하고 이튿날에는 흑산도를 지나 서해안을 따라 북상했다는 점을 감안하면, 서해의 큰 바다를 지나는 데에는 3~4일 정도가 걸린 셈이다. 사절단은 6월 6일에 지금의 전라북도 위도 부근의 바다를 지나고 고군산군도, 충청남도 태안 마도, 인천 덕적도, 팔미도, 영종도, 강화도 등의 바다를 거쳐 최종 목적지에 도착했다. 고려는 중간중간에 마련된 기항지에서 물과 곡식

등 물자를 보급해 주거나 군산도의 군산정群山亭·마도의 안흥정安興亭·자연도(영종도)의 경원정慶源亭 등의 객관客館에서 접대를 하면서 사절단이 휴식을 취하도록 배려했다. 흑산도를 비롯한 여러 섬에서는 바닷가에 큰 횃불을 피워서 야간 항해도 가능하게 해 주었다. 봉화烽火와 등대의 기능을 겸하는 횃불이었다.

사절단의 한 명으로 참여한 서긍徐兢은 『고려도경高麗圖經』을 통해 중국을 떠나 고려 예성항에 도착하기까지의 일정과 주요 경로 등에 대해 자세하게 밝혔다. 그는 사절단이 타고 온 배와 선단船團의 규모에 대해서도 자랑스럽게 적었다.

그들은 신주神舟 2척과 객주客舟 6척을 타고 왔다. 배 한 척마다 사공과 선원이 60명 정도가 되었다고 하므로, 뱃사람만 해도 500명 남짓하는 대규모 인원이 움직인 것이다. 신주는 길이가 10여 장丈(30여 미터)이 되는 객주보다 더 큰데, "높이가 산악과 같아서 물결 위에 뜨면 비단 돛과 익새[鷁]를 새긴 뱃머리가 바다의 이무기[교리蛟螭]를 굴복시킬 정도였다"고 한다. 이 배는 『고려도경』에 적힌 대로, '황제의 위엄을 이적夷狄에게 떨치기 위해' 이번 행차를 위해 특별히 새로 건조한 배였다. 이 장관을 보려고 고려 사람들이 몰려와서 탄성을 질렀다고 서긍은 기록했다. 그러나 고려 사람들이 이런 배를 처음 보는 것이 아니었다. 휘종의 아버지이자 전전 황제인 신종 때, 즉 고려의 문종 때에도 두 척의 신주를 만들어 고려에 보낸 적이 있었기 때문이다. 50여 년 전이었다.

건국 이후 송과 친밀한 관계를 유지해 온 고려는 요와 강화조약을 맺으면서 994년에 송과의 외교관계를 끊었다. 그 뒤에도 고려는 송에 때때로 사절을 파견했지만, 공식적인 외교관계는 1071년(문종 25)부터 재개되었다. 두 나라의 외교가 본격적으로 시작되자 1078년(문종 32)에 신종은 신주 2척을 새로 만들어 사절단을 태워 보낸 것이다. [현대의 중국은 우주를 향해서도 '굴기崛起'를 꿈꾸면서 우주선을 쏘아 올렸는데, 그 계획을 「선저우공정神舟工程」이라고 불렀다. 이에 따라 중국 최초의 우주선인 선저우 1호가 1999년에 발사되었고, 2003년에는 중국 최초의 유인 유주선인 선저우 5호가 발사되었다. 중국 역사의 DNA 속에 '신주神舟'라는 용어가 얼마나 중요한 의미를 차지하고 있는지 잘 보여 주는 사례가 아닐 수 없다.]

요와 여러 차례 전쟁을 치른 송은 '전연澶淵의 맹약盟約'을 맺어 일단 평화를 유지하게 되었다(1004). 이 맹약의 주요 내용은, 송이 연운燕雲 16주(지금의 베이징·다퉁 지역을 중심으로 하는 허베이성·산시성 일대)를 요의 영토로 인정하고, 송은 요에게 해마다 비단 20만 필과 은 10만 냥을 세폐歲幣로 지급하며, 두 나라는 형제관계를 맺고, 국경 지역에 무역장을 개설한다는 것이다. 표면상으로는 대등한 조약이고 송은 전쟁을 피했다는 실리를 얻었지만 실제로는 요가 우위를 차지한 맹약이었다. 따라서 신종은 요에 대항하기 위해 내부적으로는 신법新法을 실시하여 재정 개혁을 추진하는 한편, 외부적으로는 고려와의 제휴가 필요하다고 판단했다. 고려 역시 요와 강화조약을 맺은 뒤 의례적인 사절단을 교환하는 등 표면상으로는 큰 문제가 없게 되자, 문종은 친송정책을 적극적으로 추진하려고 했다. 송의 선진 문물을 받아들여 문화와 경제를 발전시키고자 한 것이다. 이에 요를 견제하고자 하는 송의 황제가 주도적 입장을 취하는 가운데 1068년경부터 상인들이 오고 가면서 서로의 입장을 확인했다. 그리고 1071년 3월에 고려가 송에 사절단을 파견하면서 두 나라 사이에 외교가 다시 열렸다.

그러나 중국 산동반도의 등주와 고려의 예성항을 잇는 예전의 북선北線항로를 이용하면 요에게 노출될 위험이 크기 때문에 절강지방의 명주와 한반도의 서해 연안과 예성항을 잇는 남선南線항로를 새로이 개발했다. 서로의 필요에 따라 국교가 재개된 만큼 사절단을 보내면서 두 나라는 많은 예물도 교환했다. 책봉冊封관계를 정식으로 맺지는 않았으나 조공朝貢과 사여賜與와 같은 전형적인 무역 형태가 다시 시작된 것이다. 또 국제무역상들이 활약하면서 사적인 무역도 활발하게 이루어졌다.

1123년에 온 서긍 일행의 사절단은 원래 국신사國信使로 보내려 했으나 고려의 예종이 사망하자, 송은 선왕의 제사를 위한 제전사祭奠使와 새로 즉위한 인종을 위문하는 조위사弔慰使를 겸하게 했다. 당시 고려는 신생국인 금이나 요·송과 책봉관계를 맺지 않았기 때문에 이들 중 어느 나라에도 국왕의 사망을 알리는 고애사告哀使를 파견하지 않았다. 그런데 예종의 사망 소식을 비공식적으로 전해 들은 송이 스스로 사절단을 보내면서 조문弔問외교를 한 셈이다.

사절단이 가지고 온 조서는 휘종이 직접 글을 짓고 쓴 것인데, 조서 중에 인종을 '고려국왕 왕해王楷'라고 적는 등 예우를 갖추었다. 송은 이런 표현을 통해 자신들이 책봉하지 않은 인종을 정식 국왕으로 인정한 것이다. 사절단의 대표는 인종에게 조서를 전하면서, 새 국왕은 송에게 책봉을 요청하는 것이 좋겠다는 황제의 부탁도 함께 전했다. 두 나라가 정식으로 책봉관계를 맺고, 함께 요와 금을 견제하자는 뜻이었다. 신주를 새로 건조하고 대규모 사절단을 보낸 이유가 실은 여기에 있었음을 밝힌 것이기도 하다. 이 제안에 대해 고려는 지금은 국상國喪 기간 중이니 다음에 논의하겠다고 하면서 즉각적인 답을 피했다. 국제 정세를 좀 더 살펴본 뒤에 판단을 내리겠다는 고려 정부의 신중한 결정이었다.

송의 사절단은 한 달을 개경에서 머물다가 7월 13일에 숙소인 개경의 순천관을 떠났고, 15일에 배에 올랐다. 올 때의 경로를 거의 그대로 되짚어 돌아갔으나, 도중에 여러 곳에서 역풍이 불거나 갑자기 거세지는 파도 때문에 항해하지 못하다가 8월 27일에 중국 명주의 정해현에 도착했다. 42일이 걸린 것이다. 새로 개발한 이 남선항로는 이후 고려와 송을 오가는 사절단이나 무역선들이 이용하는 중요한 뱃길이 되었다. 고려로 오는 길에는 남풍을, 중국으로 갈 때는 북풍을 타기 때문에 바람이나 날씨가 문제가 되기는 했지만, 이 사절단의 일정이 보여 주듯이 한 달 정도면 서해를 건너 상대국으로 갈 수 있었다.

사절단의 일행에 제할관提割官으로 참가한 서긍은 중국으로 돌아간 뒤 1124년 『고려도경』을 만들어 황제에게 바쳤다. 이 책에는 사절단이 중국을 떠나 고려 개경에 도착하기까지의 일정과 바닷길, 그들이 만난 고려 조정의 인물들과 광범위하게 수집한 도시, 궁궐, 관청, 사찰과 도교 사원, 무기, 각종 도자기와 그릇, 의복, 풍속 등에 관한 여러 정보들이 자세하게 적혀 있다. 이 정보들은 언젠가 고려와 함께 거란을 공략하게 되면 유용하게 쓰일 것이었다. 이 책은 제목이 말해 주듯이 그림도 함께 실려 있었으나, 그림은 사라지고 지금은 글만 전한다.

『고려도경』에는 날씨 때문에 항해가 지연되었다는 내용과 함께 항해 도중에 맞닥뜨리는 여러 가지의 어려움과 위험을 자세하게 설명하고 있다. 심지어는 뱃멀미를 심하게 할 때 몸을 보호하는 요령도 적었다. 바다와 섬을 지나면서 관음보살을 비롯해 용왕과 다양한 신에게 기도를 드리는 장소와 방법에 대해서도 10여 개의 정보를 제공하면서 무사한 항해가 되기를 바랐다. 그만큼 송과 고려를 하나로 묶기 위해 서해를 넘나드는 뱃길이 안전하지는 않았던 것이다.

2.

1133년(인종 11) 2월에 사은사謝恩使로 송으로 가려던 한유충 일행은 홍주洪州(충청남도 홍성군) 앞바다에서 폭풍을 만나 배가 전복될 뻔하면서 공물貢物 상자가 젖는 바람에 더 가지 못하고 되돌아왔다. 한반도의 서해안을 채 벗어나지도 못했던 것이다. 그에 앞서 1080년(문종 34) 3월에 유홍 일행은 그 전해에 송이 내려 준 약재에 감사를 표하기 위해 중국으로 갔다. 이들이 바다를 건너던 중 회오리바람[구풍颶風]을 갑자기 만나 거의 배가 전복될 위기를 겪었다. 송에 도착해서 조공으로 바칠 방물方物을 헤아려 보니 유실되어 없어진 것이 거의 반이나 되었다. 유홍은 글을 올려 스스로를 탄핵하려 했으나, 황제가 칙서를 내려 위로했다. 이들은 7월에 고려로 돌아왔는데, 물품을 받지는 못했지만 문서에 적힌 방물을 품목대로 받은 것으로 치고 회사품回賜品을 내렸으니 유홍의 죄를 묻지 말라고 부탁하는 신종 황제의 칙서 8통을 가지고 왔다. 『고려사』에는 문종이 이 칙서에 따라 유홍 등의 죄를 용서했다고 적혀 있다.

실제로 풍랑 때문에 모든 공물을 잃고 돌아온 사절단을 처벌한 사례도 있다. 1019년(현종 10)에 최원신과 이수화는 송에 하정사賀正使로 다녀왔는데, 고려 정부는 이듬해 5월에 이들이 중국에서 수치를 당했다고 하여 유배를 보냈다. 『고려사』 원문에는 이들이 중국에서 겪은 일을 '오욕汚辱'이라고 표현하면서도, 구체적인 내용은 밝히지 않았다. 그런데 『송사』 고려전에는 이 사절이 겪은 일에 대해 보다 자세하게 적혀 있다.

> (천희天禧) 3년(1019, 고려 현종 10) 9월에 등주登州에서, "고려의 진봉사進奉使인 예빈경 최원신崔元信이 진왕수秦王水 입구에서 풍랑을 만나 배가 전복되어 표류하면서 공물貢物을 잃어버렸습니다."라고 아뢰니, (진종은) 조서를 내려 내신內臣을 파견하여 그를 위로했다.
>
> 11월에 최원신 등이 (대궐로) 들어와 (황제를) 뵙고, 털과 비단으로 짠 옷과 침구·검게 옻칠한 갑옷·금으로 장식한 마도馬刀와 비수匕首·털과 비단으로 장식한 말안장·모시와 베·약물藥物 등을 바쳤다. 또 중포中布 2,000단端을 바치며 불경佛經 1장藏을 줄 것을 청하자, 조서를 내려 불경을 하사하고 중포는 돌려주도록 했다. 최원신의 (배가) 침몰하여 일용품이 떨어진 까닭에 의복과 무늬가 있는 비단 등을 별도로 하사했다.
>
> 명주明州에서 여러 차례 말하기를, "고려의 해선海船이 풍랑에 표류하다

가 국경에 이르는 선박이 있습니다."라고 하자, 조서를 내려 위문하고 바다를 건너갈 식량을 주어 귀국시키도록 하면서 이에 대한 준례準例를 만들게 했다.

—『송사』 권487 열전 외국3 고려—

고려 초기의 주요 통행로였던 북선항로를 이용한 최원신 일행의 조난 사실에 대해서 『고려사』에는 언급되어 있지 않다. 그러나 중국의 이 기록을 보면 그들이 조난되었으면서도 임무를 수행하기 위해 애를 썼다는 사실을 알 수 있다. 배가 뒤집히는 바람에 가지고 간 공물을 잃어버렸음에도 불구하고 황제에게 여러 물품을 바칠 수 있었던 것은 아마도 현지에서 급하게 조달했기 때문이 아닌가 생각된다. 이들이 조난을 당한 뒤, 고려의 표류자들을 구휼하는 중국 정부의 매뉴얼도 만들어지게 되었음을 알 수 있다.

그런데 고려 정부는 사신으로서 명예를 더럽혔다고 하여 이들을 처벌하여 유배를 보냈다. 체재비조차 없던 이들이 혹시 현지에서 다른 어떤 죄를 지었는지는 알 수 없고, 이들에게 적용된 고려의 법조문이 어떤 것인지도 알 수 없다. 다만 유홍의 경우와 이 기록을 합쳐서 보면, 최원신 등이 주어진 임무를 다하지 못한 채 중국에 과도한 부담을 안기고 또 결과적으로 고려 정부에도 외교적 부담을 지게 한 책임을 물은 것이 아닌가 한다. 아마도 사신들의 임무 수행에서 '천재지변'은 처음부터 참작할 사항이 아니었던 것 같다.

이렇게 생각해 보면, 귀국길에 폭풍을 만나 두 차례나 파선 위기에 처한 윤언이가 그때마다 황제의 조서를 품에 안고 필사적인 기도를 올린 덕에 무사히 돌아올 수 있었다는 「윤언이 묘지명」의 일화도 수긍이 되는 것이 아닌가 한다. 즉, 1128년(인종 6)에 남송이 사신을 보내 금에 잡혀간 휘종과 흠종을 구출하기 위해 길을 빌려 달라고 요청하자, 고려는 완곡하게 거절하는 답서를 보냈다. 이때 윤언이가 사절단의 대표로 파견되어 고려의 입장을 설명하고 황제의 회답을 받아 왔다. 송과 금 사이에 낀 고려의 운명을 결정하는 중요한 내용이 적혀 있을 황제의 조서를 품에 안은 채 윤언이는 그야말로 목숨을 걸고 임무를 수행한 것이다.

하기야 바다 한가운데뿐 아니라 어디에서라도 절체절명의 위기가 닥쳐왔을 때 사람들은 무엇을 할 수 있을까. 서긍도 『고려도경』에서 "배가 크건 작건 조심해서 운행하되, 위험을 만나면 지성으로 경건하게 간구하면서 다만 나라의 위령威靈을 믿고 충신忠信에 의지하면 하늘도 반드시 감응한다"라고 적은 바가 있다.

앞에 소개한 사례보다 더 험한 일을 겪은 사신들도 많았을 것이다. 항해 도중에 배가 부서졌다는 기사도 여러 차례 나오고, 사절단 일행 수십 명이 익사했다는 중국 측 기록도 남아 있다. 그러나 고려는 전통적으로 송과 친선관계를 맺어 왔고, 송 또한 요와 금의 위협을 겪으면서 고려의 전략적 가치를 중요하게 여길 수밖에 없었다. 또 송과 국교를 맺은 뒤 송의 많은 지식인과 상인들이 귀화해 와서 고려의 조정에서 활약했다. 고려에서도 송의 과거에 급제한 사람이 여러 명 있고 승려들도 유학하여 불교를 배워 왔다. 송의 상인들도 무역을 활발하게 벌이면서, 때로는 공식·

비공식적으로 양국 간의 외교 문제를 해결하는 데에 큰 도움을 주었다.

그러므로 가끔씩 일어나는 바닷길의 위험에도 불구하고, 외교와 함께 선진 문물을 받아들이려고 노력하던 고려의 지식인들에게 송은 결코 먼 나라가 될 수가 없었다. 다음 시가 그런 점을 잘 보여 준다.

하늘과 땅에 어찌 경계가 있으리오	天地何疆界
산과 내가 저절로 모습을 달리할 뿐	山河自異同
님이여 송나라가 멀다고 말하지 마오	君毋謂宋遠
뱃머리를 돌리면 온 돛에 바람이 가득하리니	回首一帆風

—『보한집』 상, 「문종 대강 7년」—

이 시는 최사제崔思齊가 지은 것이다. 그는 1081년(문종 35, 대강 7) 4월에 방물을 바치고, 그 전에 의약품을 고려에 전해 준 것에 감사하기 위해 송으로 간 일이 있다. 최자는 『보한집』에 이때 지은 이 시를 소개하면서, 천 리를 멀다고 하지 않고 송의 조정으로 가는 사신의 뜻이 잘 담겨 있다고 평했다. 송에 다녀오는 일이 중요했지, 위험은 부차적인 문제였던 것이다.

3.

전근대 사회에서 중국과 외국과의 관계는 조공朝貢과 책봉冊封을 기본으로 하고 있다. 조공은 중국 주변에 있는 나라들이 정기적으로 사절을 파견하여 황제에게 예물을 바치는 것이고, 책봉은 조공을 바친 나라의 국왕이나 통치자에게 작호를 내려 주는 것이다. 책봉을 통해 그 국가는 국제적인 질서에 편입되는 동시에, 지배자는 정치적 정통성을 가진 존재로 인정받게 된다.

조공·책봉관계를 맺게 되면 두 나라는 상호 간에 침략 의도를 완화시킬 수 있고, 내부적으로는 정치적 안정을 꾀할 수 있었다. 또 조공품을 바치면 황제는 그에 대한 답례로 회사품을 내려 주었다. 서로 예물을 주고받으면서 문물의 교류가 일어나는 것이다. 이렇듯 조공과 책봉은 정치·외교적으로는 작은 나라가 큰 나라를 섬긴다는 사대事大의 성격을 가지지만, 문화와 경제적으로도 매우 중요한 의미를 가진다.

우리나라는 고구려, 백제, 신라 모두 중국과 조공관계를 맺었는데, 고려 역시 그러했다. 후삼국시대인 918년 고려가 건국할 당시에 중국은 5대라는 분열기에 있었는데, 후삼국은 정치적 지원과 경제적·문화적 교류를 위해 5대의 여러 나라들과 서로 외교관계를 맺었다. 그 뒤 960년 송이 중국을 통일하자, 962년(광종 13, 송 태조 3) 고려가 송에 사절을 보내면서 양국 간에 국교가 시작되었다. 이때 고려는 북쪽에 있던 거란과 여진을 견제하려던 의도도 있었지만, 송과 친선외교를 통하여 선진 문화를 받아들이는 데 주력했다. 이에 비해 송은 고려를 통해 거란과 여진의 압력을 배후에서 견제하려는 정치적·군사적 의도가 더 강했다. 뒤에 거란과 여진이 세운 요(916~1125)와 금(1115~1234)이 등장하면서 복잡한 국제관계가 생겨나자, 고려와 송의 입장 차이는 더 커져 갔다. 고려는 국제분쟁에 휘말리지 않으려는 신중한 자세를 취했고, 점차 국력이 약해져

간 송은 고려의 정치적·군사적 개입이 더 필요하게 되었기 때문이다.

이 과정에서 고려는 거란과 몇 차례 전쟁을 치른 뒤에 요와 책봉관계를 맺으면서 송과의 외교를 단절했다(994, 성종 13). 앞에서 본대로 1071년(문종 25)에 송과의 국교를 재개했으나, 금의 침략으로 북송이 1126년에 멸망하자 외교도 다시 끊어졌다. 그 이듬해에 남송이 건국되면서 다시 외교가 이어졌는데, 이 관계는 1173년(명종 3)에 송의 사절단이 고려에 온 것을 마지막으로 해서 끝이 났다.

이와 같이 고려와 송의 외교는 국제 정세의 변동과 함께 복잡하게 전개되었다. 결과적으로 볼 때 두 나라가 조공·책봉관계를 맺은 것은 북송 초기일 뿐이고, 나머지 대부분의 시기는 그렇지 않았다. 고려는 국제 정세에 따라 그때그때마다 이중외교를 추구했기 때문이다. 그렇지만 송과는 공식적으로나 비공식적으로나 우호관계를 되도록 유지하면서 활발한 문물교류를 목적으로 하는 실리 외교정책을 기본으로 삼았다.

고려와 달리 조선은 처음부터 끝까지 중국과 책봉관계를 유지했으나, 명을 버리고 새로 군신君臣관계를 맺자는 청의 요구에 대해 명분론을 고집하면서 반발하다가 병자호란을 겪었다. 그러나 조선보다 훨씬 더 복잡한 국제관계에 둘러싸였던 고려에서는 적어도 이와 같은 전쟁은 일어나지 않았다. 이런 점에서 유연성과 개방성을 잘 보여 주는 고려의 외교정책은 성공한 것으로 평가해도 좋지 않을까 한다.

「적벽부赤壁賦」로 유명한 송나라의 시인이자 정치가인 소식蘇軾의 주장도 역설적으로 그런 점을 잘 말해 준다. 1093년(선종 10, 원우 8)에 고려의 사신들이 송에서 중국의 사서史書와 『책부원구冊府元龜』 등의 책을 구입하려고 하자, 당시 예부상서이던 소식은 이를 반대했다. 그러나 중서성의 신하들이 허락할 것을 주장하자, 철종은 서적 중에 이미 구매한 것은 허락한다고 절충하여 이 사태를 매듭지었다.

이때 소식은 다섯 가지의 해로움을 말하는 상소를 올려 서적 구매의 부당함을 강력하게 주장했다. 그는 서적 구매뿐 아니라 다른 문제들도 언급하고 있다. 고려 사신을 접대하는 비용 때문에 민폐가 크고 실익도 없으며 가지고 오는 것은 장난감처럼 쓸모없는 물건이나, 중국은 백성이 피땀 흘려 만든 사여품을 주는데 그것을 거란과 나누어 가질 우려가 있다는 등 경제적인 득실과 안보 문제를 거론한 것이다. 그중에서 네 번째 항목을 보면 다음과 같다.

> 고려가 명목상으로는 의義를 사모하여 내조來朝한다고 하지만, 실제로는 이익을 바라고 오는 것입니다. 그들의 본심을 헤아려 보면 결국은 반드시 북쪽 오랑캐[북로北虜, 거란]에게 이용당하고 있습니다. 왜냐하면 오랑캐는 고려의 죽음과 생명을 통제할 수 있지만 우리는 그렇지 못하기 때문입니다. 지금 (고려의) 사신들은 가는 곳마다 산천과 지형을 그리면서 몰래 허실을 엿보려고 하는데, 어찌 다시 선의善意가 있겠습니까? 이것이 네 번째 해로움입니다.
>
> —『소동파전집』 주의집奏議集 권13,
> 「고려가 책을 사려고 하는 데 이로움과 해로움을 논하는 상서 3수」—

소식은 이 상소 이외에도 비판적인 수준을 넘어서 고려와의 교류를 아예 금지하고 배척하자는 여러 편의 글을 올렸다. 그는 당시 개혁을 추진하고 고려와의 교류에 적극 찬성하는 신법당新法黨에 맞선 구법당舊法黨의 대표적 인물이고, 이 입장에서 이 상서를 올렸다고 할 수 있다. 송과 교류하면서 고려도 상당한 경제적 비용을 지출하고 있었으므로, 송이 일방적으로 불리했다는 그의 주장은 세밀하게 따져 보아야 할 문제이다. 그러나 물품과 문화의 교류라는 전체적인 상황을 놓고 보면, 고려가 실제로는 이익을 바라고 송과 교류한다고 지적한 점은 핵심을 찌르고 있다고 생각한다. 이 논의에서 정말 주목해야 할 사실은, 불리함을 알면서도 교류를 해야 할 정도로 고려의 전략적 가치는 송에게 중요했고, 고려는 이런 송의 사정을 냉철하고도 정확하게 파악하고 있었다는 점이다. 분단 상황과 강대국의 이해관계가 서로 맞물려 돌아가는 현시점에서 우리가 눈여겨보아야 할 역사의 한 대목이 아닌가 한다.

4.

고려가 중국으로 가지고 간 물품은 어떤 것이었을까. 이들은 공물貢物·예물禮物·방물方物·토물土物·폐물幣物 등 다양한 명칭으로 적혀 있는데, 기본적으로는 황제와 황실에 대한 예물과 세폐歲幣의 성격을 지닌 공물로 나뉜다. 『고려사』나 중국 사서를 보면 사절단과 함께 보낸 물품들의 목록을 자세하게 밝혀 놓은 기록이 많다. 그러나 홍계 편복紅罽 便服(붉은 털로 짠 일상복)·금도은장 계기장金鍍銀裝 罽器仗(금으로 도금하고 은으로 장식한 털 달린 의장儀仗) 등과 같이 어렵고 복잡한 전문용어로 되어 있는 이 이름들을 일일이 언급하기에는 너무 번잡하므로, 몇 가지 범주로 묶어서 보기로 한다.

첫 번째는 수공업 제품들이다. 옷과 허리띠와 모자, 이불과 요, 그릇, 향유香油, 나전螺鈿 제품, 부채, 붓, 장도長刀, 갑옷과 말안장, 활과 화살, 금·은·가죽으로 장식한 의례용품[기장器仗] 등을 대표적으로 꼽을 수 있다. 이런 물품들을 소식은 '장난감' 정도에 불과하다고 깎아내렸지만, 송에 없거나 귀하면서도 수준 높은 고려의 공예품들이었다. 이 제품들은 대부분 고려의 전문 기술자인 장인匠人들이 만들었을 것이다. 고려의 장인들은 피갑장皮甲匠, 장도장長刀匠, 각궁장角弓匠, 전장箭匠, 칠장漆匠, 지장紙匠, 은장銀匠, 금박장金箔匠, 금장錦匠, 수장繡匠, 복두장幞頭匠, 소목장小木匠, 안비장鞍轡匠 등 여러 명칭으로 불리면서 각종 제품들을 전문적으로 만들었다. 이들은 군기감軍器監, 장야서掌冶署, 상의국尙衣局, 잡직서雜織署, 상승국尙乘局, 내궁전고內弓箭庫 등 여러 관청에 나뉘어 소속되어 있었다. 국가에서는 이들에게 부위副尉, 지유指諭, 교위校尉 등의 9품 정도에 해당하는 관직을 주었다. 또 이들은 1년에 300일 이상 복무한다는 조건으로 1년에 최고 20석石에서 최하 6석에 이르는 쌀[米]이나 벼[稻]를 녹봉으로 받았다. 장인들에게 지급한 평균 10석 정도의 이 녹봉은 9품의 다른 관리들의 것과 비교할 때 결코 적은 양이 아니었다.

두 번째는 특산물과 광산품으로, 인삼, 잣, 비단과 모시와 베 등의 옷감, 먹, 종이, 돗자리, 황칠, 금, 은, 유황 등을 대표로 꼽을 수 있다.

'고려국조高麗國造'가 새겨진 청동거울(뒷면)
청동거울 뒷면 아래쪽 중앙의 테두리 안에 '고려국조'라는 글귀가 새겨져 있다.
고려에서 만든 것임을 밝힌 이 거울은 중국으로 수출되었을 가능성이 크다.
© 국립중앙박물관

특히 금과 은, 비단과 인삼은 송에서 다른 물품과 바로 교환할 수 있었으므로 수요가 많은 인기 품목이었으며, 송에서 은화가 등장하면서 은의 가치도 높아졌다. 이 물품들의 대부분은 전국에 있는 여러 소所가 생산했다. 고려에는 금소金所, 은소銀所, 동소銅所, 철소鐵所, 사소絲所, 주소紬所, 지소紙所, 묵소墨所, 자기소瓷器所, 와소瓦所, 염소鹽所 등 여러 소가 있었다. 이들은 국가에서 부과한 해당 특산물을 생산했는데, 이 중에서 특별하게 만든 제품들을 외국에 보냈을 것이다. 고려의 소의 주민들은 지정된 상공常貢 이외에도 따로 별공別貢을 바쳐야 했다. 그들의 신분은 양인良人이었으나, 국내의 수요뿐 아니라 외국에 보낼 공물까지 생산하려면 그 부담이 결코 적지 않았을 것이다.

세 번째는 각종 서적과 그림 등 예술품이다. 고려는 송에서 많은 서적을 구입해서 비서성, 보문각, 국자감 서적포 등 여러 기관에 보관했다. 그 결과 고려에 귀중한 책들이 많이 있다는 소식이 알려지면서 송에서 고려의 책을 구입하려는 일도 있었다. 1091년(선종 8) 2월에 사절로 송에 다녀온 사신이 보고하기를, 송의 철종이 필요한 책의 목록을 주면서 권卷이 부족하면 베껴서라도 보내 달라고 부탁했다는 것이다. 요청한 책은 128종, 4,990권에 이르는데, 사서오경의 각종 주석본, 역사서, 문학서, 음운서, 병서, 지리서, 의학서, 씨족지氏族志를 비롯하여 고려의 지리지, 풍속지 등 폭넓은 분야를 망라하고 있다. 이때 송이 요청한 책을 고려가 얼마나 보내 주었는지는 알 수 없다. 그러나 고려에서 편찬된 『상서』·『맹자』와 같은 유교 경전이나 의학서인 『황제침경黃帝鍼經』, 원효가 지은 『기신론소起信論疏』를 비롯한 여러 불교 서적이 송에서 널리 유포되었다는 점을 감안하면, 당시에 고려의 많은 서적이 중국으로 건너갔을 가능성이 크다. 또 송의 상인들은 고려의 글씨와 그림을 사들이기도 했는데, 그중 일부는 고려에 역수입되기도 했다. 다음과 같은 사례는 그 모습을 보여 준다.

> 예전에 예종 때에 화국畫局의 이영李寧은 산수화를 잘 그렸는데, 그곳(천수사의 경치)을 그려서 송나라 상인에게 주었다. 오랜 뒤에 임금이 송나라 상인에게 명화를 구하자 그 그림을 바쳤다. 임금이 여러 화사畫史들을 불러서 보이니, 이영이 나아가 말하기를, "이 그림은 제가 그린 「천수사남문도天壽寺南門圖」입니다."라고 했다. 배접을 뜯어서 보니, 제목과 글을 지은 것이 매우 자세했다. 그런 뒤에야 그가 이름난 화가임을 알았다.
>
> —이인로, 『파한집』 중, 「경성동천수사」—

천수사는 개경 동쪽에 있던 절이다. 앞으로는 강물이 흐르고 뒤로는 험한 봉우리가 있어서 경치가 아름다우며, 교통의 요지여서 항상 사람들로 붐비는 곳이었다. 이곳의 경치를 그리고 그림 뒤에 화제畫題를 쓴 이영의 작품이 송의 상인에게 팔렸다가, 중국의 명화로 잘못 알려진 채 고려에 역수입되었다는 것이다.

고려가 가지고 있는 책을 사들이겠다고 송이 요청했다든지, 고려 화가의 그림을 송에서 되사왔다는 기록은 문화 수입국이던 고려가 이제는 수출할 정도의 수준에 올라섰다는 것을 말해 준다.

5.

일반적으로는 조공·책봉관계를 맺으면 서로 공물貢物과 사여품賜與品을 주고받지만, 송과 고려는 이런 외교 형식과 관계없이 물품을 주고받았고, 사절단이나 상인들에 의한 교역도 활발하게 이루어졌다. 그러면 송에서 고려로 전해진 물품은 어떤 것이었을까. 몇 가지 종류로 나누면 다음과 같다.

첫째, 의복류로, 임금의 옷, 비단 공복公服, 모자, 허리띠 등이 있다. [『고려사』에는 이들의 이름을 구체적으로 밝혀 놓은 경우가 많다. 그러나 자화나협 공복紫花羅夾 公服(자주빛 꽃무늬 비단 겹공복)·수용봉 안복繡龍鳳 鞍幞(용과 봉새를 수놓은 머리에 쓰는 복두) 등과 같이 전문적이고 복잡한 이 이름들을 자세하게 소개하는 일 역시 생략하기로 한다.] 황제가 내려 준 여러 벌의 옷과 서로 다른 장식품들은 국왕의 권위를 높이는 데 큰 효과가 있었을 것이다.

둘째, 무기류이다. 중국이 보내온 물품 중에 활과 화살, 여러 종류의 말안장 등도 있다. 이들은 전투에 실제로 쓸 수 있는 것이 아니라 권위를 돋보이게 하는 과시용이었을 것이다. 그러나 송에서 고려로 귀화해 온 사람 중에 무예가 뛰어난 사람도 있었다는 점을 보면, 고려는 나름대로 송의 군사제도와 전략 및 전술, 무기 등에 대한 정보와 자료를 수집했을 것임이 분명하다.

셋째, 공예품과 사치품이다. 금·은·옥으로 만든 그릇, 각종 비단, 향香, 차茶, 술, 초[燭] 등과 같은 물건이 대표적이다. 중국이 준 물품 중에서 아마 이런 종류가 제일 많을 것으로 짐작되는데, 왕실과 상류층을 대상으로 보냈을 것이다. 또 상인들은 진귀한 꽃과 나무, 앵무새와 공작을 비롯한 관상용 새, 상아, 물소 뿔 등을 수입했다. 고려에서 구하기 어렵거나 화려하고 값비싼 이 물품들은 고려 귀족의 사치와 소비에 쓰였다. 그러나 중국의 뛰어난 기술로 만든 각종 공예품들은 고려의 수공업 제작이나 발전에 큰 도움을 주었을 것이다.

넷째, 각종 서적이다. 송은 공식적으로 서적을 보내기도 했지만, 송으로 간 고려의 사신들은 공식적이거나 비공식적인 방법을 통해 가능한 한 여러 서적을 구입하려고 애를 썼다. 이를 두고 소식 같은 관료가 고려 사신의 서적 구입을 금지시키라는 상소를 올릴 정도였다는 점은 앞에서 말한 바 있다. 중국이 보내거나 사신들이 구입해 온 책은 각종 문집, 사전, 경서經書, 제자서諸子書, 사서史書, 역서易書, 음양서陰陽書, 형법서, 의학서 등 많은 분야에 걸쳐 있다. 이 중에는 『문원영화집文苑英華集』, 『책부원구』, 『자치통감資治通鑑』, 『태평어람太平御覽』과 같은 송대에 편찬된 신간들도 포함되어 있다. 불교 서적도 많은데, 승려 의천은 3,000여 권에 이르는 방대한 불교 서적을 가지고 왔고 송의 상인은 『신주화엄경판新註華嚴經板』을 바치기도 했다. 그에 앞서 현종 때에 사신으로 갔다가 조난을 당해 모든 공물을 잃어버린 최원신은 송의 진종의 배려로 금자장경金字藏經과 함께 송 태조 개보開寶 연간인 971~983년에 만든 『개보칙판開寶勅板』을 가지고 왔다. 480질 5,048권으로 된 이 불경은 현종~문종 연간에 완성한 『고판고려대장경古板高麗大藏經』의 주축이 되었다.

다섯째, 악기와 그림 같은 예술품이다. 상아로 만든 피리[아적牙笛·

아필률牙篳篥], 금을 아로새긴 상아 박판拍板, 편종編鐘·편경編磬 등의 등가登歌악기, 오고五鼓·입고立鼓와 같은 헌가軒架악기도 품목에 들어 있다. 이런 악기와 함께 1116년(예종 11)에 송에서 대성악大晟樂이 전해져서 고려의 아악雅樂이 성립했는데, 고려는 이 음악을 태묘太廟에서 제례를 지낼 때 연주했다. 송에서 여악女樂 2명을 보낸 일도 있다. 고려에서 음악을 담당한 관청으로 태악서太樂書, 관현방管絃房, 아악서雅樂署 등이 있는데, 이에 속한 악사樂師·악공樂工·여기女妓 등은 여러 행사에 동원되어 음악을 연주했다. 「대묘당도大廟堂圖」·「사직당도社稷堂圖」·「문성왕묘도文聖王廟圖」·「제기도祭器圖」와 같은 국가의 의례儀禮와 관련된 그림도 들어왔는데, 이밖에 예술품이나 완상용 작품도 많이 들어왔을 것이다. 고려의 화국畫局에 속한 이영의 「예성강도禮成江圖」를 본 송의 휘종은 감탄했고, 앞에서 소개한 「천수사남문도」는 중국의 그림으로 오해받을 정도였다. 이 사례들은 고려 회화의 높은 수준을 말해 주지만, 동시에 송의 그림도 고려에 많이 들어왔다는 사실을 말해 준다.

여섯째, 의학서와 약재藥材도 중요한 품목이었다. 1079년(문종 33)에 중풍[풍비증風痺症]을 앓고 있던 문종의 요청으로 송은 의관醫官과 침향沈香 등 약재 100종과 함께 우황牛黃 50냥, 용뇌龍腦 80냥, 주사朱砂 300냥, 사향麝香 50제臍와 약을 복용할 때 쓰라고 살구씨[행인杏仁]를 끓여서 빚은 법주法酒 10병을 보냈다. 1118년(예종 13)에도 고려의 요청을 받은 송은 약재와 진맥, 창종瘡瘇 등을 다루는 전문 의관 7명을 보내는 등 여러 차례 의관을 보내 주었다. 고려에서도 의관을 송에 보내 연수시켰고, 『신의보구방神醫補救方』과 같은 의학서를 구입하기도 했다. 특히 『고려도경』에는 "고려는 다른 물품은 모두 물건으로 교역했는데, 오직 약을 사는 것은 간혹 전보錢寶로 교역했다"고 적혀 있다. 약재가 귀한 탓도 있었겠지만, 그 정도로 고려의 관심이 컸기 때문일 것이다.

6.

송이 보내 주거나 고려의 사절단들이 가지고 온 각종 물품과 서적 및 파견된 의관 등은 고려의 학문과 문화, 의료 기술과 각종 수공업 기술을 발전시키고 고려의 경제에 큰 도움을 주었다는 사실은 다시 강조할 필요가 없다. 물품의 교역 이외에도 사절단, 유학생, 승려, 귀화인 등도 개인적인 교류를 통해 중국의 선진 문화를 열심히 받아들였다. 특히 1080년(문종 34)에 박인량朴寅亮·김근金覲 등이 약재를 보내 준 데 대한 감사 사절로 갔을 때, 송의 지식인들은 이들이 송에서 지은 글에 감탄하여 이들의 시와 문장을 엮어서 『소화집小華集』이라는 이름으로 간행했다. 이 책은 지금은 전하지 않으므로 자세한 내용은 알 수 없다. 그러나 책의 제목이 말해 주듯이 송의 지식인들이 고려를 '작은 중화'라고 인정한 데에 그 의의가 적지 않다.

박인량은 『고금록古今錄』과 『수이전殊異傳』을 지었다고 하나 역시 전해지지 않고, 작품 몇 편만이 남아 있다. 그중 중국에서 지어서 『소화집』에도 실렸을 가능성이 큰 시 하나를 소개한다.

눈알을 동문에 걸었어도 울분은 풀리지 않았는지 掛眼東門憤未消
푸른 강물은 천년을 두고 파도를 일으키는데 碧江千古起波濤
지금 사람들은 선현의 뜻은 헤아리지 아니하고 今人不識前賢志
단지 물결이 몇 자나 높았는지 묻기만 하네 但問潮頭幾尺高

—『보한집』 상, 「박참정인량」—

최자는 『보한집』에서 이 시를 소개하면서 시를 지은 배경도 함께 적었다. 박인량 일행이 절강浙江에 도착했을 때 바람과 물결이 크게 일어났는데, 마침 오자서伍子胥의 사당이 강가에 있는 것을 보고 이 시를 지어 조의를 표했더니 바람이 가라앉아서 강을 건널 수 있었다고 한다. 박인량은 1080년 3월에 유홍 등과 함께 중국에 갔는데, 이때 폭풍을 만나 배가 전복될 지경에 이르면서 공물을 태반이나 잃은 사건은 앞에서 언급한 바 있다.

절강은 지금은 첸탕강錢塘江이라고 부르는데, 저장성 북부를 지나고 항저우시를 휘돌아 동중국해로 들어간다. 바닷물의 수위가 높아지면 지형 때문에 강으로 역류한 조수가 해일처럼 치솟아 오르는 일이 많다고 한다. 저장성浙江省의 이름이 저장, 즉 절강에서 유래했고, 항저우의 옛 이름이 절강이기도 하다. 오자서의 사당은 절강과 바다가 만나는 이 지역의 어디쯤에 있었을 것이다.

오자서(?~B.C. 484)는 춘추전국시대 초楚나라 사람이다. 아버지와 형이 초의 왕에게 죽임을 당하자 오吳에 망명한 뒤 국왕 합려의 도움을 받아 초를 쳐서 원수를 갚고, 오를 강대국으로 만드는 데 공을 세웠다. 합려의 아들 부차가 오의 왕이 된 뒤, 오자서는 월越의 화친 요구를 거절하고 제齊에 대한 공격을 중지할 것을 건의했으나 부차의 분노를 사서 자결할 것을 명령받았다. 오자서는 죽으면서 자신의 눈알을 뽑아 동문에 걸어 두고 뒷날 월의 공격을 받아 오가 멸망하는 모습을 볼 수 있게 해 달라고 했다. 이 말을 듣고 격분한 부차는 오자서의 시신을 강물에 버리게 했는데, 마침내 월이 공격해 오자 스스로 목숨을 끊고 오는 멸망했다.

험한 풍랑을 겪고 겨우 중국에 도착한 박인량이 하필이면 B.C. 5세기 무렵의 사람인 오자서를 두고 시를 지은 까닭은 어디에 있었을까. 자신은 죽을 고비를 넘기면서 중국에 왔는데, 정작 중국의 지식인들은 날로 강해지는 거란의 위협을 앞에 두고도 신법당이니 구법당이니 편을 갈라서 국력을 소모시키고 있었다. 그리고 고려와 송이 힘을 합쳐 국가의 위기를 헤쳐 나갈 구체적인 방법은 논의하지 않고, '물결이 얼마나 높았느냐' 같은 소소한 문제를 두고 변죽만 울리고 있었다. 이와 같은 현상을 두고, 박인량은 자신이 겪은 체험과 중국의 역사와 정치적 상황을 교묘하게 대비시킨 채 여러 뜻이 겹친 이 시를 지어서 그들에게 격조 높게 충고한 것은 아니었을까.

박인량이 중국에 간 것은 1080년이고, 소식은 1101년에 사망했다. 생전에 소식이 그토록 견제하고자 했던 요는 1125년에 신생국 금에게 멸망했다. 승세를 탄 금은 1126년 11월에 송의 수도 개봉을 함락시킨 다음, 그 이듬해 3월에 송의 황제인 휘종과 흠종을 포로로 잡아가면서 송(북송)도 멸망했다. 남송의 고종은 1128년에 금을 치기 위한 길을 요청하는 사신을 고려에 보냈으나, 고려는 이를 완곡하게 거절했다. 그 사이에 여진이 세운 금은 고려에 군주의 관계를 맺을 것을 강요했다. 이를 두고 당연히 고려 조정에서는 격론이 벌어졌지만, 당시의 집권자인 이자겸은 금과 책봉관계를 맺는 실리외교를 추구했다(1126, 인종 4). 그 결과 금은 고려를 침략하지 않았다.

박인량 일행의 작품을 『소화집』으로 엮어 준 송의 지식인들이 누구였고, 어느 당파에 속했는지는 알 수 없다. 그렇지만 적어도 경제적인 부담과 안보 문제를 들먹이면서 고려와의 교류를 금지하자고 주장한 소식과 같은 보수강경파는 아니었을 것이다. 대국을 찾아간 변두리 국가 고려의 일개 사신, 그러나 그 국가의 엘리트 관리이자 지식인이었던 박인량이 보여 준 이와 같은 역사의식과 현실감각이야말로 당시의 복잡한 국제관계가 일으키는 험한 파도를 제대로 헤치고 나아갔던 고려의 저력을 보여 주는 것은 아닐까.

참고 문헌

최자, 『보한집』.

徐兢, 『宣和奉使高麗圖經』.

蘇軾, 『蘇東坡全集』(上·下), 華夏青史文人全集叢書, 北京: 中國書店, 1986.

김상기, 「여송 무역 소고」, 『동방문화교류사논고』, 을유문화사, 1948.

———, 「송대에 있어서의 고려본의 유통에 대하여」, 『동방사논총』(개정판), 서울대학교 출판부, 1984.

———, 「고려 전기의 해상활동과 문물의 교류」, 같은 책, 1984.

동북아역사재단 한국외교사편찬위원회, 『한국의 대외관계와 외교사: 고려편』, 동북아역사재단, 2018.

모리히라 마사히코森平雅彦, 「한중교류를 지탱한 섬들과 섬사람들」, 노명호 외, 『고려 역사상의 탐색: 국가체계에서 가족과 삶의 문제까지』, 집문당, 2017.

박용운, 「고려·송 교빙의 목적과 사절에 대한 고찰」, 『고려사회의 여러 역사상』, 신서원, 2002.

박한남·최규성·나종우, 「대외관계」, 『한국사』 15(고려 전기의 사회와 대외관계), 국사편찬위원회, 1995.

신채식, 「고려와 송의 외교관계: 조공과 책봉관계를 중심으로」, 방향숙 외, 『한중 외교관계와 조공책봉』, 고구려연구재단, 2005.

이범학, 「소식의 고려배척론과 그 배경」, 『한국학논총』 15, 국민대학교 한국학연구소, 1992.

이진한, 『고려시대 송상왕래 연구』, 경인문화사, 2011.

———, 「대송교역과 문물교류」, 『한국해양사 3: 고려시대』, 한국해양재단, 2013.

———, 『고려시대 무역과 바다』, 경인문화사, 2014.

이혜구, 「고려 대성악의 변천」, 『한국음악서설』, 서울대학교 출판부, 1967.

전해종, 「대송외교의 성격」, 『한국사』 4(고려 귀족사회의 성립), 국사편찬위원회, 1977.

———, 「고려와 송과의 교류」, 『국사관논총』 8, 국사편찬위원회, 1989.

V

황천길은 멀고 먼데

죽음, 장례 문화와 저세상

1.

1336년(충숙왕 복위 5) 7월 18일 신유일에 당성군부인 홍씨唐城郡夫人洪氏가 사망했다. 49세였다. 이때 남편 박원朴遠은 충숙왕을 따라 원의 수도에 가 있었다. 그해 1월에 개경을 떠났으니, 반년이 지난 셈이다. 급하게 대도大都(지금의 베이징)로 부고를 알렸지만, 박원이 돌아오기까지 얼마나 걸릴지는 알 수 없다. 더구나 이번의 국왕 행차는 자발적인 것이 아니라, 그 전해인 윤12월에 원의 조정에 들어오라는 황제의 명령을 받고 떠난 것이었다. 아마도 원에 억류되어 있는 전왕인 충혜왕과 관련된 어떤 문제 때문이 아닌가 하지만, 확실한 정보는 알려지지 않았다. 무슨 일이건, 돌아가도 좋다는 황제의 허락이 내리기 전까지는 꼼짝할 수 없을 터였다.

충선왕은 아들인 충숙왕에게 왕위를 물려주고(1313), 상왕上王이 되어 원에서 머물다가 10여 년 뒤에 사망했다(1325, 충숙왕 12). 충숙왕은 즉위한 뒤 나름대로의 개혁정치를 통해 당시의 여러 가지 비리나 폐단을 없애려고 노력했다. 그러나 상왕과 그의 측근들의 정치적 압력에 더해 국왕 자신의 측근 세력의 분열이 계속되자, 결국 그는 맏아들인 충혜왕에게 왕위를 물려주었다(1330). 정치적 혼란 속에서 충혜왕은 실정을 거듭한다는 이유로 2년 만에 왕위에서 쫓겨나 원으로 가고(1332), 충숙왕이 다시 복위한 지 5년이 지난 때였다.

1월에 개경을 떠났으나 원에 들어갈 마음이 없었던 충숙왕은 3월까지 해주에 머물렀고, 그 뒤에도 서경에서 오래 있다가 겨우 출발했다. 이 느린 발걸음만이 이래저래 복잡했을 충숙왕의 속마음을 전해 주고 있다. 결국 충숙왕은 그해 12월에야 고려로 돌아왔다. 정당문학(종2품)직을 가진 고위 관료인 박원은 아내의 부음을 듣고도 이 기간 내내 국왕을 수행해야 했다.

묘한 우연이라고 해야 할까. 꼭 20년 전인 1316년(충숙왕 3) 3월에도 박원은 충숙왕을 모시고 원에 가 있었다. 그런데 그달 23일에 어머니 대령군부인 최씨大寧郡夫人 崔氏가 돌아가셨다는 부고를 원에서 받았다. 어머니가 3월 2일에 돌아가셨으니, 21일 만에 부음訃音이 도착한 것이다. 함께 있던 충숙왕은 이를 애도하여, 어머니 최씨를 변한국대부인卞韓國大夫人으로 추증하고, 쌀 50석碩을 부의로 내려 주면서 속히 귀국하여 아버지를 위로하고 장례를 잘 치르라고 조치했다. 동시에 중서시랑동중서문하평장사로 은퇴해 있던 아버지 행산거사杏山居士 박전지朴全之를 중대광重大匡 연흥군延興君으로 봉했다. 그리고 박원에게 100일이 지나면 다시 원으로 돌아와서 충과 효를 다하라는 당부도 잊지 않았다. 이런 슬픈 경험이 있던 차에, 원에 있던 박원에게 이번에는 처의 부고가 전해진 것이다.

홍씨 부인(1288~1336)은 당성(남양南陽)홍씨 가문 출신으로, 할아버지는 홍자번洪子藩, 아버지는 홍경洪敬이다. 홍자번은 충렬왕 때 첨의중찬(종1품)에 오르고 공신 칭호를 받았으며, 홍경은 첨의찬성사(정2품)에 올랐다. 충선왕은 왕실과 혼인할 수 있는 15개의 가문을 지정했는데, 이른바 '재상지종宰相之宗'이라고 불리는 이들 가문 중에 남양홍씨도 포함되어 있다. 부인은 이와 같은 고려 후기 최고의 문벌 가문에서 태어났다.

박원(1274~1341)은 죽주竹州(죽산竹山)박씨 가문 출신으로, 신라 시조 박혁거세의 후손인 이 가문 역시 고려시대 문벌의 하나였다. 그는 과거에 합격한 뒤 여러 관직을 거쳐 정당문학에 오르고 공신이 되었으며, 연흥군延興君에 봉해졌다. 아버지 박전지도 첨의정승(종1품)에 오르고 공신호를 받았으며, 연흥군에 봉해졌다.

박원은 27세 때, 부인은 13세 때 결혼하여 36년을 함께 살았다. 자녀는 5남 2녀를 낳았는데, 아들들은 모두 관리가 되었고 딸들도 다 결혼했다. 그러나 판도정랑(정5품)에 오른 맏아들 박인룡朴仁龍이 일찍 죽어서, 부인의 장례는 작은아들인 박문보朴文珤가 치렀다. 장례를 치르면서 부인의 묘지명을 만들었는데, 다음과 같은 내용이 적혀 있다.

돌아가신 연흥군 행산杏山 노선생老先生(박전지)에게 손자가 있으니, 이름이 문보이다. 그 문객인 서원西原 정포鄭誧를 통하여 어머니의 행적을 적어 가지고 와서 울면서 말했다. "선생께서는 일찍부터 우리 아버지와 우리 외숙과 모두 오랫동안 친분이 있습니다. 우리 어머님 무덤에 묘지명이 없을 수 없는데, 선생이 아니면 누구에게 청하겠습니까." 내가 말했다. "아, 그러하다면 보잘것없는 글을 어찌 족히 아끼겠소."

—「박원 처 홍씨 묘지명」—

어머니가 돌아가시자, 박문보는 아버지의 친구이자 당시 유명한 문장가인 최해崔瀣에게 묘지명을 써 달라고 부탁한 것이다. 이 요청을 흔쾌히 받아들인 최해는 부인의 묘지명을 지으면서, 명銘을 다음과 같은 구절로 마무리했다.

사람들이 말하기를 부인은 복록을 끝없이 누리리라 했는데
어찌하여 어진 그 몸에 나이는 따라 주지 않는가
남편은 (중국에) 나가 있는데 돌아와도 기다리는 이 없어지고
황천길은 멀고 먼데 (부인은) 천년의 한恨만 남겼으니
아, 슬프도다
謂言夫人 享祿未艾
胡哲其身 年則不逮
夫子出遊 歸也無待
泉路幽幽 留恨千載
嗚呼哀哉

—「박원 처 홍씨 묘지명」—

남편이 곁을 떠난 사이에 49세의 나이로 사망한 명문가 출신 부인의 삶을 이와 같이 요약한 것이다. 부인은 멀고 먼 황천길을 떠났다고 했는데, 황천은 어디에 있고 어떻게 가야 하는지 모르겠다. 그러나 사람이 죽은 뒤에 그 혼이 가서 산다는 세계인 황천黃泉이라는 표현에는 샘[泉], 즉 물의 근원을 뜻하는 글자가 들어 있다. 그러므로 그곳으로 가기 위해서는 어디에선가 물을 건너야 하고 배를 타야 할 것이다. 실상 많은 신화와 종교에는 죽은 뒤 가는 저세상이 물과 관련되어 있다. 한국의 무속 신화를 대표하는 「바리데기」에는 바리데기가 아버지를 구하기 위해 약수를 찾으러 갈 때 저승의 강을 넘는 이야기가 있고, [물론 산도 많이 나온다.] 그리스 신화에서 오르페우스는 죽은 아내를 다시 데려오고자 지하세계인 하데스로 가기 위해 강을 건너야 했다. 고대 이집트 사람들은 태양신 라가 '태양의 배'를 타고 매일 밤 사후세계로 가서 악을 무찌르고 아침에 태양과 함께 돌아온다고 믿었다. 기독교에서도 요르단강은 예수가 세례를 받은 곳이자 내세에 받게 될 보상을 상징한다고 한다. 이와 같은 사례처럼 고려의 홍씨 부인도 배를 타고 멀리 떠난 것으로 이해하기로 한다.

부인의 묘지명에는 장지葬地를 삼랑산三郎山(개경의 서남쪽 20여 리에 있다.) 언덕으로 정하고, 장례를 11월 4일(갑진)에 치렀다고 했다. 7월 18일에 사망했으니, 석 달 반 정도가 지난 뒤였다. 거의 삼일장으로 치러지는 현재의 대한민국 장례 풍습에 익숙한 사람들에게는, 혹시 남편 박원이 돌아오기를 기다리다가 어쩔 수 없이 장례가 늦어진 것이 아닌가 하는 생각이 들지도 모르겠다. 그러나 고려시대에는 사망한 뒤 장례를 치르기까지 일정한 기한이 정해져 있는 것은 아니었다. 며칠이 걸릴 수도 있고, 몇 달, 심지어는 몇 해가 지나는 경우도 많았다.

그렇다면 고려시대의 장례 풍습은 어떠했는지 궁금해진다. 이에 이 시대의 상喪·장례葬禮에 관한 몇 가지 모습을 살펴보고, 내친김에 고려 사람들의 삶과 죽음에 대한 문제를 살펴보기로 한다.

2.

고려의 지배층인 귀족들의 경우, 전통적인 장례 방법은 몇 가지 단계를 거친다. [지방 향리와 평민 · 노비 계층의 장례에 대해서는 언급하지 않기로 한다. 그들의 장례 풍습이나 방식은 중앙의 귀족들과는 달랐기 때문이다.]

이들은 집에서 임종을 맞기도 하고, 병이 들면 절로 옮겨 가 치료하다 그곳에서 사망하기도 했다. 집에서 사망했더라도 빈소를 절에 차리는 경우도 많았다. 사망한 다음에는 화장火葬을 했다. 이런 과정은 그들이 불교식 장례 절차를 선호했다는 것을 보여 준다. 14세기인 고려 후기가 되면서 절보다는 집에서 임종하는 경우가 늘어나고, 말기에는 성리학이 보급되면서 화장보다는 유교식 장례 절차에 따라 매장埋葬을 하는 사례가 많아진다. 이와 같은 변화가 생기기는 하지만, 고려시대의 전형적인 장례 방식은 불교식 절차에 따랐다는 점을 전제해 두기로 한다.

유해는 빈소가 차려진 절 근처에서 화장을 했다. 사망에서 화장까지의 기간은 일정하지 않았다. 기록에 따르면 최저 3일에서 최고 29일로 나타나는데, 날씨나 경제적 여건 등 여러 가지 상황 때문이었으리라고 생각된다. 화장이 끝나면 뼈를 모으는 습골拾骨을 했다. 대체로 10일 이내에 유골을 거두었는데, 화장터의 열기가 식을 때까지 기다려야 하는 등 어느 정도의 시간이 필요했을 것이다. 그 유골은 골호骨壺와 같은 유골함에 담아서 얼마간 절에 모셔 두었다[안치安置]. 그다음 무덤에 정식으로 장례를 치렀는데 이를 안장安葬이라고 했다. 때로는 무덤을 새로 만들어 이장移葬하기도 했다. 따라서 고려시대의 전형적인 장례 절차는 사망 → 빈소 설치 → 화장 → 안치 → 안장(→이장)으로 정리할 수 있다.

안치에서 안장까지의 기간도 일정하지 않았다. 사망한 뒤 9일 뒤에 장례를 치른 경우도 있고, 5년이 지난 뒤에 장례를 치른 사례도 있다. 이 동안에 장례 날짜와 무덤 자리를 정하거나, 묘지명을 만들고 무덤에 함께 넣을 부장품副葬品을 준비하는 등 본격적인 장례를 위한 여러 가지 준비를 했을 것이다. 고려시대의 장례 절차나 규모, 기간 등을 규제하는 법령이나 기록은 남아 있지 않다. 그러나 각자의 장례 기간이 다른 것은 사회적 신분에 따른 차이보다는 경제적 문제가 더 큰 영향을 끼치지 않았나 생각한다. 각 단계를 거칠 때마다 제사를 비롯한 여러 가지 의식儀式이 행해졌으므로, 이런 장례 방식은 돈이 많이 들 수밖에 없었기 때문이다.

묘지명 등의 기록에는 장례 날짜를 정하면서, '좋은 때[양시良時]'를 골랐다거나, '길일을 점쳤다[卜吉日]'라는 식의 표현이 많이 나온다. 고인의 편안한 휴식과 그의 보살핌으로 자손의 번영을 바라기 위해 길일을 고르는 것은 당연한 일이었을 것이다. 그렇다면 어떤 날이 좋은 날인지를 정하는 기준은 어디에 있었는가. 판단의 기본이 된 것은 역법曆法과 역일曆日이었다. 역법은 해와 달과 지구의 주기적인 현상에 따라 계절과 날짜를 정하는 법을 말한다. 요즘은 달력이라는 말을 많이 쓰지만, 예전에는 책력冊曆이라는 말을 썼다. 이 책력 속에 일상생활과 관련된 역법의 중요한 내용이 기록되어 있다. 역일은 책력에 정해진 날짜를 말하며, 각 날짜마다 여러 가지 길한 일과 흉한 일에 관한 내용을 적었다. 음력으로 1년 12달과 360일은 각각의 간지干支를 가지고 있는데, 간지에 따라 그 날(또는 그 달)의 길흉이 달라지는 것이다. 중국에서 시작된 역법은 시대와 국가에 따라 조금씩 달라졌는데, 고려는 당과 송의 역법을 참고해서 11세기 무렵에 독자적인 고려력高麗曆을 만들어 사용했다.

"오늘은 장醬 담그기 좋은 날"이라거나, "오늘 일진日辰이 좋지 않더니만, 일이 잘 안 풀리네"와 같은 말을 들은 적이 있을 것이다. 일진은 그 날의 간지를 말하기도 하고, 그 날의 운세를 말하기도 한다. 이와 같이 역일에는 일진에 따라 무엇을 하기 좋은 날이나 그렇지 않은 날이 정해져 있다. 당시의 점술가나 음양가陰陽家 같은 택일전문가들은 이 일진에 개인의 사주四柱를 더하는 등 복잡한 셈법을 통해 결혼·이사·여행·장례 등 일상생활을 위한 특별한 길일을 골랐을 것이다.

최근에 고려력을 복원하려는 노력이 이루어졌는데, 이에 따르면 1월과 7월은 장례에 적합하지 않다고 했고 또 1년 중 특정한 날을 장례의 길일이나 흉일凶日로 정해 놓았다. 고려시대 사람들은 이에 맞추어 장례 날짜를 피하거나 골랐을 것이다. 간지일의 길흉을 정한 형이상학적 이론의 근거는 모르겠다. 그렇지만 1월과 7월에 장례를 치르면 좋지 않다는 설정은 상식을 가진 사람이라면 누구나 받아들일 수 있지 않을까 한다. 이 때는 한반도에서 날씨가 가장 춥고 가장 더운 때이다. 또 1월은 한 해가 시작되는 상서로운 달이기도 하다. 그러므로 이 시기에 장례를 치르는 일은 가능하면 피하고 싶어 했을 것이다. 고려시대에 실제로 장례를 치른 달을 조사해 보면, 가장 적은 달은 1월이고 그다음은 6월이다.

이와 같이 역법이나 역일은 자연환경이나 그 시대의 생활 습관과 밀접한 관련을 맺으면서 만들어졌음은 분명하다. 그러나 사회가 바뀌고 장례 방식도 바뀌게 되면, 그에 따라 길일도 달라져야 할 것이다. 무엇보다도 대부분 삼일장으로 치러지는 현재의 대한민국 장례 관습에서의 길일을 생각해 보시라. 특정한 어느 달과 어느 날은 장례 지내기에 좋지 않다고 (또는 좋다고) 믿는 대한민국 사람이 과연 있을까. 있다고 하더라도 그 날짜를 피하거나 길일이 되기를 기다렸다가 장례를 치르는 사람은 또 몇 명이나 될까.

무덤 자리 역시 아무 데나 정하지 않았다. 묘지명 등에는 길일과 마찬가지로 '좋은 땅[吉土]'을 골라서 장례를 치렀다라는 뜻과 비슷한 여러 가지 표현이 나온다. 이른바 명당明堂을 고르는 일도 길일을 정하는 것과 마찬가지 이유에서 중요하게 여겼다.

그렇다면 어떤 곳을 명당이라고 하고, 명당은 어디에 있는가. 한반도에는 명당과 관련된 전설도 많고, 명당으로 알려진 곳도 많다. 그 대표적인 장소의 하나로 충청남도 예산시 덕산면에 있는 남연군南延君 이구

李球의 묘를 꼽을 수 있다. 남연군은 조선 후기의 대원군 이하응의 아버지이다. 몰락한 왕족으로 풍수지리설을 믿던 이하응은 전국의 명당을 알아보던 중 이곳이 바로 명당이라는 정보를 얻었다. 이에 그는 이곳에 있던 가야사라는 절을 부수고, 경기도 연천에 있던 아버지의 묘를 옮겨 왔다. 그 뒤의 이야기는 잘 알려져 있다. '2대에 천자가 날 땅'이라는 풍수가의 예언이 대한제국의 황제가 된 고종과 순종으로 성취되었는지는 모르겠다. 그러나 이 무덤은 조선과의 통상을 요구하다가 거부당한 독일 상인 오페르트Oppert 일행에게 파헤쳐지고 심하게 훼손되었다(1868, 고종 5). 엽기적인 이 사건은 대원군이 쇄국정책을 더 강하게 밀어붙인 하나의 원인이 되기도 했다. 전설 같은 요소와 역사적 사실이 뒤섞여 있는 이런 사례들은 사람들의 호기심을 강하게 불러일으킨다. 그리고 풍수지리설의 정체에 대해 더 많은 것을 알고 싶게 한다.

풍수지리설風水地理說을 한마디로 말한다면 산과 물과 방위方位가 결합된 땅의 모양이나 상태에 따라 도시와 국가나 개인과 가문의 운명이 결정된다고 믿는 사상이다. 그리하여 명당에 자리 잡으면 그 가문이나 국가 등은 성하고, 반대로 흉처凶處에 자리 잡으면 망한다고 한다. 풍수설은 크게 양택풍수陽宅風水와 음택풍수陰宅風水로 나뉘는데 전자는 주택이나 도시를 건설하는 데, 후자는 무덤을 정하는 데에 이론적 기반으로 쓰인다.

이 사상은 신라 말에 승려인 도선道詵이 퍼뜨리면서 크게 유행하기 시작했다. 도선은 "송악(개성)에 소나무를 심고 그 남쪽에 집을 옮기면 자손 중에 후삼국을 통일할 영웅이 나온다"라고 예언했다고 한다. 송악의 호족이던 왕씨 집안은 이 말을 그대로 믿고 따랐다. 그 후손으로 고려를 건국하고 왕이 된 태조 왕건은 한 걸음 더 나아가 개경 이외에 서경西京(평양)과 동경東京(경주)을 3경三京으로 정하면서, 이 세 곳이 고려 최고의 명당이라고 했다. 뒷날 묘청은 이 이론을 조금 비틀어서, 개경은 땅의 덕[지덕地德]이 다했으니 서경으로 수도를 옮겨야 한다고 주장하다가 비참한 최후를 맞았다.

이런 일들을 역사학의 입장에서는 풍수설의 이론에 따랐다고 설명하기보다는 각 시대의 흐름과 맞닿아 있다고 해석한다. 후삼국시대 지방의 세력가인 호족은 신라라는 구체제에 대항하는 자신들의 존재를 정당화시키기 위해 본인의 세력 근거지를 명당이라고 했다. 따라서 적대 세력이 있는 곳은 명당이 아니라 그 반대가 될 수밖에 없었다. 왕건이 자신의 출신지인 송악을 명당이라고 하면서, 후백제의 견훤의 세력 근거지는 역처逆處라고 규정했다는 사실이 이런 점을 그대로 보여 준다. 그렇다면 견훤이나 그를 따르는 세력은 당시 유행하던 풍수설을 몰랐거나, 아예 관심을 두지 않았다고 이해해야 할까.

'이긴 자'의 기록으로 남아 있는 역사서에는 이에 대한 언급이 없다. 그러나 상식을 동원할 필요도 없이, 후백제에서는 당연하게 왕건과 반대되는 주장을 했을 것이다. 후삼국 중 한때 최강국임을 자랑하던 후백제는 급속하게 멸망하고 말았다. 왕위계승을 둘러싼 지배층의 내분이 결정적인 원인이었다. 고려 역시 후삼국을 통일한 뒤 송악과 서경과 동경을 3

경으로 지정하면서 겉으로는 풍수설을 내세웠다. 그러나 실제로는 고구려의 계승자라는 정치적 명분에 더하여 신라의 구세력을 포섭해야 할 현실적 필요성이 훨씬 더 컸기 때문이다. 신라의 지배층 대부분이 마침내 고려의 귀족으로 편입되자, 3경에서 동경을 빼고 남경南京(지금의 서울)을 넣은 것도 마찬가지로 정치적 요인이 더 중요하게 작용했다.

고려의 과거 중에 지리업地理業이 있었고, 관직 중에 지리사地理師도 있었다. 지리업이라는 공식적인 경로를 통해 선발된 지리사는 관리로서 전시과 중 하나인 별사과別賜科 토지를 국가로부터 받았다. 이들과 같은 전문 풍수가들이 3경을 정하는 등의 정책 결정에 이념적 기반을 제공해 주었을 것이다.

양택풍수는 현대의 인문지리학과도 통하는 부분이 있다. 예컨대 전통적으로 집자리나 도시를 정할 때에 뒤로는 산을 등지고 앞에는 강물이 흐르는 곳[배산임수背山臨水]을 명당으로 쳤다. 이런 곳은 겨울에 차가운 서북풍을 막아 주고, 농사와 생활에 필요한 물을 쉽게 구할 수 있는 곳이기도 했다. 또 한반도에서 외부의 적은 대부분 북쪽에서 침입해 왔으므로 적을 막는 데에도 유리했다. 이런 점에서 풍수설은 긍정적인 면을 가지고 있다. [그렇다고 하더라도 많은 사람들이 대도시의 아파트에서 살고 있는 현대의 대한민국에서 '명당' 집자리는 과연 어디라고 생각하시는지? 또 이른바 신도시를 정하는 위치와 기준은 어디에 있다고 생각하시는지? 이때 풍수설이 거론되는 사례가 과연 있기는 한지?]

그러면 음택풍수의 경우는 어떠한가. 고려시대 귀족들도 길지를 찾아 무덤을 정했다고 했는데, 그곳은 어디인가. 고려시대 귀족들의 매장지 위치를 조사해 보면 흥미로운 현상이 나타난다. 조선 후기 남연군의 묘에서 보듯이, 명당을 골랐다면 고려시대 귀족들의 무덤도 전국 각지에 흩어져 있어야 할 것이다. 그러나 그들의 무덤은 수도인 개경과 그 주위인 고려시대의 경기 지방에만 분포되어 있다. 후기가 되면 지방에도 매장지를 정하는 현상이 늘어나기는 하지만, 적어도 전기에는 귀족들이 수도와 그 주위에 매장지를 정하는 것은 하나의 원칙과 같이 적용되었다.

예컨대 수원 지방 향리의 아들인 최루백은 아버지가 호랑이에게 물려 죽자 그 호랑이를 잡아 원수를 갚고, 수원 홍법산에 아버지를 모신 후 그 무덤 곁에서 3년 동안 직접 시묘侍墓를 한 효자로 유명하다. 최루백은 그 뒤 과거에 합격하여 중앙의 관리가 되었는데, 그의 무덤은 경기 지방인 송림현 대덕산에 있다. 최루백은 또 부인 염경애가 먼저 죽자 사랑 넘치면서도 애절한 부인의 묘지명을 직접 쓰기도 했는데, 부인의 무덤은 개경 동쪽의 인효원 동북쪽에 마련했다. 이름난 효자 집안에서 아버지·아들·아들의 처가 각각 다른 곳에 묻힌 것이다.

이런 현상은 당시의 고려 귀족들에게는 친족들의 집단 묘지인 선산先山 같은 것이 없었다는 사실을 말해 준다. 제아무리 지극한 효자였고 감동적인 부부애를 나누었다고 하더라도, 고려의 지배층들에게는 명당 어디쯤에 '함께' 묻히는 것보다 '서울'에 묻히는 것이 중요했던 것이다.

이와 같이 고려시대에는 지방 출신일지라도 서울에 와서 귀족계층에 편입되면, 그들은 거의 예외 없이 개경과 그 주위에 무덤을 정했다. 이런 사실은 '중앙집권적 문벌사회'라는 고려사회의 성격과 직결되어 있다. 즉, 고려의 귀족들은 중앙의 관리로 복무하는 대가로 각종 특권을 받았다. 따라서 관직을 잃게 되면 그 특권도 함께 사라졌다. 고려 의종 때에 귀향죄를 짓고 고향인 동래로 쫓겨 간 정서가 중앙으로 다시 불러 달라고 피 끓는 심정으로 노래한 「정과정」 같은 문학작품이 그런 귀족들의 처지를 잘 말해 준다. 이와 다르게 조선시대의 양반들은 그들의 출신지인 지방에 묻혔다. 그들을 재지사족在地士族이라고 부르는데, 고향은 대대로 그들의 세력 근거지였다.

고려시대 지배층인 귀족들의 '길지'는 중앙에 있었다. 고려 국토 안에서 명당이 이곳에만 있을 수는 없는 노릇이 아닌가. 그러므로 고려시대의 풍수설, 특히 고려의 귀족들이 음택풍수를 깊게 믿었다는 주장은 근본부터 잘못된 것일 수밖에 없다. 하나의 현상을 두고 비과학적으로 해석하는 것보다는 그 사회와 결부된 역사적인 인과因果관계로 이해하는 태도가 바람직하다고 생각한다. 현재의 대한민국에도 재벌이나 유력한 정치인 등이 조상의 무덤을 '명당'에 정하거나 새로 옮겼다는 소식과 함께, 심지어는 서울의 국립현충원 안에도 명당이 따로 있고 대전의 국립현충원도 명당에 자리 잡았다는 따위의 글을 가끔 본다. 대한민국 정부가 풍수설을 따르고 있다는 것인가. 그곳에 묻힌 이들의 후손 개개인의 영달을 위해 국가가 특정한 장소를 잡아 주었다는 뜻인가. 국가에서 현충원을 만들고, 국가를 위해 목숨을 바친 영령들을 특별하게 기리는 이유가 도대체 어디에 있는가.

말이 나온 김에 대한민국의 대통령 집무실이자 관저인 청와대 위치를 두고 가끔 일어나는 논란에 대해서도 한마디 하지 않을 수 없다. 일부 풍수론자들은 이 자리가 풍수상 좋지 않아서 대한민국의 역대 대통령 중 불행한 일을 겪은 이들이 많다는 등, 장소를 다른 곳으로 옮겨야 한다고 주장한다.

잘 알다시피 지금의 청와대는 원래 조선 총독의 관저였다. 총독 관저는 처음 용산에 있었으나, 제7대 총독이던 미나미 지로南次郎가 1939년에 지금 자리에 관저를 새로 지은 뒤 1945년 일본이 패망할 때까지 제8·9대 총독이 머무른 곳이었다. 그들은 이미 한반도의 풍수에 대해 나름대로 풍부한 지식을 가지고 있었다. 조선총독부에서는 이 땅의 풍수를 조사·정리하여 1931년 『조선의 풍수』를 펴 낸 적이 있기 때문이다. 그들은 경복궁 정면을 허물어서 총독부 건물을 지었고, 경복궁 뒤편에는 총독 관저를 새로 지었다. 일제가 왜 경복궁을 에워싸고 이런 일을 벌였는지, 그 정치적·역사적 이유는 대한민국 사람이라면 누구나 잘 알고 있다. 그들에게 통치행위와 풍수설의 연관성 따위는 애초부터 관심 밖의 일이었던 것이다.

새 관저에 머물렀던 총독들이 그들의 업무와 관련하여 불행한 일을 겪었다거나 독직·부패 등의 이유로 처벌받은 적도 없다. 미나미 같은 이는 1942년 총독 자리에서 물러난 뒤 일본 정계에서 활약하다가 패전 후 A급 전범으로 기소되어 종신형을 선고받았으나, 건강상 이유로 석방되고 81세의 나이로 자택에서 사망했다. 그는 총독으로 있을 때에 우리말 대신 일본어 사용을 강제하고 일본식 성명 강요를 주도했으며 지원병 제도를 만드는 등 민족말살정책에 앞장선 대표적 인물이었다.

어떤 특정한 장소에 이른바 풍수 원리가 언제부터 작동하기 시작하고 그 효과가 얼마나 지속되는지 아무도 말해 주지 않는다. 그렇지만 풍수설의 주장대로 땅의 운명을 지배하는 어떤 기운 같은 존재가 있다면, 왜 그것은 같은 자리에 머물렀던 일본인들에게는 관대하다가 뒤늦게 몇몇의 한국인들에게만 그렇게 엄격하게 영향을 미친다고 하는지 도대체 이해할 수가 없다. 외국인들에게는 한국적 풍수의 기운이 전혀 맥을 쓰지 못하는 것인가. 이런 주장들을 대하다 보면, 역사를 왜 배워야 하고 전통이란 무엇인가 하는 문제가 새삼스럽게 중요해진다.

3.

앞에서 박원의 처 홍씨 부인의 장례를 치르면서, 부인의 묘지명을 만들었다는 기록을 보았다. 이 기록에는 "무덤에 묘지명이 없을 수 없다"라고 했으나, 고려시대의 장례에서 묘지명이 필수적인 것은 아니었다. 경제적인 이유가 컸겠지만, 상황에 따라서는 만들지 않거나 만들 수 없는 경우도 있었다. 그렇기는 하지만 대부분의 귀족들은 묘지명을 만들었다. 이에 비해 지방의 향리는 어느 정도 경제력도 있고 과거 응시 자격을 가진 지식계층으로서 한문을 잘 알고 있었으나, 이들이 묘지명을 만들었다는 기록은 없다. 서울에 올라와 중앙의 관리가 된 향리 출신의 인물들이 고향에 남아 있는 일가친척에게 묘지명을 써 주었다는 기록도 없다. 그 아래의 평민이나 노비도 마찬가지이다. 이런 점에서 고려시대의 묘지명 문화는 중앙 귀족들의 전유물이었다고 할 수 있다.

지금 남아 있는 묘지명은 대부분 돌을 네모나게 다듬고 그 표면에 글씨를 쓴 지석誌石 형태로 만들어졌다. 드물게는 벼루 모양으로 돌을 다듬어 글자를 새긴 사례도 있고, 간단하게 나무에 글씨를 썼다는 기록도 있다. [조선시대에는 도기판陶器板이나 도자기, 또는 흙벽돌 등에 글씨를 써서 구운 것도 많다.] 그 크기와 내용도 다양해서 몇 십 자의 글자를 새긴 것도 있고, 몇 백 자의 글씨를 새긴 것도 있다. 글씨 이외에 당초문唐草文 같은 아름다운 무늬나 비천상飛天像 같은 조각을 하여 장식한 것도 있다. 이와 같이 크기와 상태가 다양하다는 것은 묘지명을 만드는 일이 귀족계층 내에서 신분에 따른 차이가 아니라 경제적 여건에 따라 좌우되었음을 말해준다.

중국에서 처음 만들어진 묘지명은 한반도의 삼국시대나 통일신라에서는 만들어지지 않다가, 고려 초기부터 본격적으로 만들어졌다. 그렇다면 묘지명을 만든 이유는 무엇인가. 다음 기록을 보기로 한다.

> (오잠吳潛의) 장례일이 되자 그 아들 선僐이 아버지가 부탁한 바를 알리면서, 울면서 나(윤혁尹奕)에게 묘지명을 청했다. 나 또한 『춘추春秋』를 배운 무리로서 사람의 선악을 기록하지 않을 수 없으니, 하나는 대부大夫(오잠)의 행적을 기리기 위해서이며, 둘째는 효자의 마음 씀씀이를 가상히 여기기 때문이다. 처음과 끝을 대략 적어서 명을 짓는다.
>
> —「오잠 묘지명」—

오잠(1259~1336)은 고려 후기인 충숙왕 때 찬성사에 오르고, 구성군 龜城君이 되었다. 그는 충렬왕·충선왕 부자를 모함하고 독립국가인 고려를 원의 직속인 행성行省으로 만들자고 주장하는 등 많은 물의를 빚었다. 그의 행적에는 문제가 있다고 하더라도, 그의 묘지명에 적힌 이 글은 묘지명을 만드는 목적을 잘 말해 준다. 첫째는 고인의 생시의 업적을 알리거나 행적을 기리기 위해서이고, 둘째는 어버이에 대한 효孝를 실천하기 위해서라는 것이다. 오잠의 묘지명을 지은 윤혁은 스스로를 『춘추』를 배운 무리, 즉 유학자임을 밝히고 있다. 이는 묘지명이 유교 이념을 바탕으로 만들어졌다는 사실을 분명하게 말해 준다.

고려는 불교국가이기도 했지만, 국가의 기본적인 통치 이념으로 유교를 중시했다. 광종 때 처음 시행된 과거제도는 유교 윤리로 무장한 관리를 뽑는 것이고, 성종 때는 효 사상을 중시하여 이를 전국적으로 보급하는 정책을 폈다. 그리고 국가의 예절도 모두 유교적 예교禮教 질서를 바탕으로 만들었다. 이 무렵에 묘지명이 처음 등장하는 것도 이와 같은 사회적 변화와 결부되어 있었던 것이다. 고려시대에 묘지명을 만들었다는 것은 곧 장례 절차에 유교적 요소가 더해졌다는 뜻이 된다. 그러므로 고려시대의 장례는 화장과 같은 불교적 요소 이외에도 유교적인 요소도 섞여 있다고 정리할 수 있다.

고려의 귀족들은 묘지명을 만들면서, 화장한 유해를 석관石棺에 넣어 함께 묻었다. 이 석관은 뚜껑과 바닥, 4면을 각각 돌로 만들어 조립한 것이다. 석관에도 대부분 온갖 무늬와 그림으로 장식했다. 지석을 따로

「**허재 석관**」(1144, 부분)
석관의 겉 네 면에는 12지신과 사신도가, 안 네 면에는 묘지명이 새겨져 있다.
이 사진은 12지신 가운데 개, 닭, 원숭이(위)와 서쪽을 지키는 백호(아래)가 새겨진 면이다.

만들지 않고, 석관에 직접 묘지명을 쓰기도 했다. 묘지명 지석에는 불교의 비천상飛天像이나 범어梵語를 새기기도 했는데, 석관에는 고구려 고분벽화의 사신도四神圖와 같이 네 마리 짐승들을 새긴 것도 꽤 많다. 사신四神이란 청룡靑龍·백호白虎·주작朱雀·현무玄武를 말하는데, 동·서·남·북의 네 방향을 하나씩 맡아 지키는 방위신方位神의 모습을 상징하는 것이다. 이 그림의 사상적 배경은 도교道敎와 연관된다.

그렇다면 고려시대의 장례에는 불교적 요소와 유교적 요소 이외에 도교적 요소도 섞여 있다고 말할 수 있다. 고려사회의 복합성과 다양성, 개방성과 포용성을 잘 보여 주는 사례가 아닐 수 없다.

4.

묘지명과 석관에 새겨진 무늬나 그림, 그리고 명문은 모두 망자의 죽음을 애도하고, 저세상에서의 평안을 비는 목적을 가졌을 것이다. 아울러 고려 사람들의 종교관과 내세관을 엿볼 수 있는 중요한 자료가 된다. 그들의 내세관은 어떠했을까. 죽은 다음에 그들이 가고자 하는 세상은 어떤 곳이었을까.

최윤의崔允儀(1102~1162)는 42세의 나이로 갑자기 죽은 그의 부인의 묘지명을 직접 썼다(1152, 의종 6). 그 글에서 최윤의는 죽음에 관해 평소 부인과 나눈 대화를 회고하고, 부인을 먼저 보내는 자신의 애달픈 심정을 적은 다음, 죽은 뒤 저세상에서 다시 만나기를 기약했다. 그 대목을 옮겨 온다.

(아내는) 항상 말하기를 "사람은 만물의 영장이므로 귀신이라 하더라도 어찌할 수 없을 것입니다."라고 했다. 경오년(1150, 의종 4) 10월 이후 여러 차례 꿈을 꾸어 죽을 때를 미리 알았으나, 거의 두려워하지 않았다. 신미년(1151, 의종 5) 2월 초하루에 병이 들어 나흘 만에 세상을 떠났으니, 이에 임신년(1152, 의종 6) 2월 19일에 이곳에 안장한다.

아, 태어나면 죽는 것은 당연한 이치이니 내가 어찌 이를 모르겠는가. 그러나 이렇게 애통한 일은, 그대가 나를 섬겨 성실하게 애쓴 지 여러 해 되었는데 어찌하여 나를 버리고 하루아침에 갑자기 갈 수 있단 말인가. 그대의 아들은 겨우 일여덟 살이고, 그대의 딸들은 아직 모두 시집도 가지 않았다. 죽은 이를 위로하며 옛일을 회고하니, 나도 사람이라 어찌 마음이 아프지 않겠는가. 그대의 평생을 간단히 적으려고 붓을 잡으나, 흐르는 눈물을 가릴 수 없어 써 내려 갈 수가 없도다.

—「최윤의 처 김씨 묘지명」—

부인은 고려 문벌의 하나인 광양김씨 가문 출신으로, 21세에 최윤의와 결혼했다. 당시 29세이던 최윤의 역시 문벌인 해주최씨 가문 출신으로, 해동공자라는 별명을 가진 최충의 현손이다. 이미 두 해 전에 과거에 합격한 그는 결혼할 당시 대학박사직을 가지고 있었으며, 부인이 사망할 때에는 동지추밀원사(종2품)라는 고위 관리로 승진해 있었다. 그는 뒤에 문하시랑평장사(정2품)와 판이·예부사에 오르고 61세로 사망하자, 의종의 묘정廟庭에 공신으로 배향되었다. 최윤의는 『고금상정예古今詳定禮』라는 50권의 책을 지었는데, 특히 이 책은 뒷날 고종 때에 세계 최초의 금속활자로 찍은 『고금상정예문古今詳定禮文』의 저본底本이 되었다. 아쉽게도 이 두 책은 모두 전해지지 않지만, 제목으로 보아 예전부터 내려오는 예의禮儀에 대한 기록을 모으고 고증한 것임이 분명하다. 이 예의란 곧 유교적 질서를 말하므로, 이 책을 만든 최윤의 본인도 유교 질서나 예의에 능통했다고 말해도 좋을 것이다.

이 부부는 23년의 결혼생활 동안 3녀 2남을 두었다. 앞에 인용한 묘지명 기록을 보면, 부인 역시 유교 윤리의 신봉자였음을 알 수 있다. 부인은 평소에 "만물의 영장인 인간에게 귀신이 함부로 할 수 없다"라고 했고, 죽음을 예고하는 꿈을 꾸어도 "거의 두려워하지 않았다"고 한다. 부인의 이런 태도는 『논어論語』의 유명한 대목을 떠올리게 한다. 계로季路가 귀신을 섬기는 일에 대해 묻자, 스승인 공자孔子는 "사람을 섬기는 일도 잘하지 못하는데, 어찌 귀신을 섬기겠는가"라고 말했다. 계로가 다시 죽음에 대해 묻자, 공자는 "삶이 무엇인지도 모르는 터에, 어찌 죽음을 알겠는가"라고 했다. 공자는 귀신이라는 존재나 죽음 다음의 생을 부정하지 않으면서도 현생에서 인간답게 사는 삶이 더 중요하다고 가르친 것이다. 부인 역시 공자의 가르침대로 귀신과 죽음 이후의 세상을 부인하지 않고, 인간의 도리대로 살면 두려워할 것이 없다는 인생관을 가졌다고 여겨진다. 이 점에서 이 부부는 철저한 유교식 합리주의자였던 것이다.

최윤의는 부인이 죽자 화장을 한 다음, 1년이 지난 뒤에 장례를 치렀다. 생시에 유교 윤리에 충실하던 그가 부인의 장례는 불교식 절차를 따른 것이다. 그리고 부인과 저세상에서 다시 만나기를 다음과 같이 기약했다.

「**최윤의 처 김씨 묘지명**」(1152)

아, 부처의 말씀에 극락과 천당이 있고, 신선의 말씀에 육동六洞과 삼청三淸이 있다고 했다. 진실로 저승에도 연분이 있다면 어찌 뒷날을 기약할 수 없겠는가.

아, 슬프다, 여기서 말을 맺노라.

—「최윤의 처 김씨 묘지명」—

그 부부가 다시 만날 곳은 부처가 말하는 극락과 천당일 수도 있고, 도교의 신선들이 산다는 육동과 삼청일 수도 있었다. 뒷날 최윤의 역시 집에서 죽자, 빈소를 절에 마련하고 불교식 화장을 했다. 이와 같이 이 부부는 사후세계를 믿었지만, 특정한 어느 한 곳을 고집하지 않았다. 그 세계는 부처와 신선이 다스리는 세상이기도 했다. 불교와 도교의 내세관이 복합적으로 공존하고 있는 것이다.

5.

승려들의 사후세계는 어떠했을까. 부처의 가르침을 절대 진리로 받아들인 이들에게 이런 질문 자체가 실례가 되거나 무의미할지도 모르겠다. 그러나 고려시대의 승려들은 [관점에 따라서는] 특이한 내세관을 가지고 있었다. 그중 한 명이 세현世賢이라는 승려이다. 그의 묘지명이 남아 있는데, 그 전문을 다 옮겨 적기로 한다.

황통皇統 3년 계해년(1143, 인종 21), 초하루가 정사일인 5월 7일 계해일에 고려국 흥왕사興王寺와 가까이 있는 송천사松川寺 주지인 묘능삼중대사 세현妙能三重大師 世賢이 죽었다.

그러므로 망인亡人이 사람들 앞에서 바라건대, 19,990문文으로 황천皇天인 부후父后와 토모土母인 사직社稷에게 나아가 12변邊을 사들이니, 이 건件의 묘지[묘전墓田]는 둘레가 1경頃이다. 동쪽으로는 청룡青龍에 이르고, 남으로는 주작朱雀에 이르며, 서쪽으로는 백호白虎에 이르며, 북쪽은 현무玄武에 이른다. 위로는 창천蒼天에 이르고, 아래로는 황천黃泉에 이르니, 사방四方이 분명하다.

당일로 돈을 나누어 천지신명에게 주었다. 보증인[보인保人]은 장육張陸과 이정도李定度이며, 지견인知見人은 동왕공東王公과 서왕모西王母이며, 서계인書契人은 석절조石切曹이며, 독계인讀契人은 김주부金主簿이다.

서계인은 하늘로 오르고 독계인은 황천으로 들어가, 율령律令에 따라 빨리빨리 시행하라.

—「(승)세현 묘지명」—

이 묘지명은 일반적인 묘지명과는 다른 내용을 담고 있다. 승려인 세현이 사망하자 그의 무덤을 만들었는데, 일정한 돈을 주고 무덤의 토지를 산 뒤 여러 명의 매매 보증인을 세워서 그 사실을 증명하고 있는 것이다. 비록 가상의 돈을 주기는 했지만, 무덤의 토지를 샀다는 내용이 주가 되므로 이것은 묘지명이 아니라 매지권買地券(또는 매지석買地石)이라고 불러야 옳다. 그렇지만 매지권도 넓은 의미에서는 묘지명에 포함시켜도 좋다고 생각한다.

이 묘지명의 주인공인 세현은 송천사의 주지로 삼중대사였다. 송천사에 대해서는 다른 기록이 없으므로 소속 종파나 크기, 당시 불교계에서 차지하는 위상 등은 알 수 없다. 다만 흥왕사와 가까운 곳에 있다고 했는데, 흥왕사는 문종의 명복을 비는 원찰願刹로 지어져 대각국사 의천이 초대 주지를 맡은 유명한 사찰이다. 종파로는 교종의 화엄종에 속한다. 묘지명에 굳이 흥왕사를 언급한 것을 보면 송천사도 개경 주위에 있었으며, 혹시 교종 사찰이 아닌가 짐작된다. 그보다도 더 중요한 것은 그 절의 주지인 세현이 삼중대사라는 승계僧階를 가지고 있었다는 사실이다. 고려시대에는 승려들도 승계에 따른 계급을 가지고 있었는데, 삼중대사는 6단계 승계 중 세 번째에 해당한다. 그 위로는 교종의 승계로 수좌首座 → 승통僧統이 있고, 선종의 승계로 선사禪師 → 대선사大禪師가 있다. 삼중대사 아래로는 중대사重大師-대사大師-대덕大德이 있는데, 이 승계는 교종과 선종 승려가 공통으로 받는 승계였다. 그러므로 삼중대사인 세현이 어느 종파에 속했는지 단언할 수 없지만, 아무튼 그는 중상위급의 승계를 가진 승려였다.

이런 그가 죽자 무덤의 주인이 그임을 증명한다는 내용의 묘지명을 만들어 함께 묻었는데, 그 무덤은 바로 승려인 세현의 내세라고 할 수 있다. 그런데 그 세상이 불교와는 거리가 멀다. 묘지명에는 원래의 땅 주인이 부후와 사직이라고 했고, 매매의 보증인으로 장육·이정도·동왕공·서왕모 등의 이름이 적혀 있다. 이들은 불교계 인물이 아니라, 모두 도교의 신이거나 신선들이다. 또 무덤을 사방에서 지키는 청룡·현무 등은 앞에서 본 바와 같이 도교의 세계에 속한 가상의 동물들이다. 즉, 이승을 떠난 승려가 머무는 저세상은 도교의 세상인 것이다. 아마도 그는 승려로서 다비茶毗라고 하는 화장 절차를 거쳤으리라고 여겨지는데, 이 점에서 그 세상은 당연히 불교도 포함하는 세상이다.

세현보다 2년 앞서 현화사玄化寺의 주지이자 승통인 천상闡祥이 사망했다. 현화사는 원래 현종이 부모의 명복을 빌기 위해 창건했는데, 왕실의 후원뿐 아니라 고려의 최대 문벌이자 외척 세력이었던 경원이씨와 깊은 관련을 맺으면서 법상종의 중심 사찰로 성장했다. 법상종은 전통적인 화엄종과 함께 당시 불교계를 주도하던 교종의 종파였다. 이런 절의 주지이자 승통이라는 가장 높은 승계를 가진 승려가 사망한 것이다. 그의 묘지명이 남아 있는데, 매지권 형식으로 된 그 내용은 세현의 것과 매우 비슷하다. 즉, 그들의 사후세계가 똑같은 것이다. 그렇다면 그 사후세계는 이들 두 승려만이 원한 특별한 곳이 아니라, 고려시대의 다른 많은 승려들도 가기를 바랐던 보편적인 곳이었다고 이해해도 좋지 않을까 한다.

현재의 대한민국에서도 이와 같은 사후세계를 그려 볼 수 있을까. 예컨대 현대 한국불교의 최대 종파인 조계종의 덕망 높은 [아니, 덕망이 꼭 높지 않다고 하더라도] 승려가 열반한 뒤에 신선의 세상에 살고 싶다거나 극락 아닌 기독교의 천당에 갈지도 모르겠다는 말을 법문에서 공개적으로 할 수 있을까. 서울 강남의 대형 교회의 [또는 다른 어느 곳의 조그마한 개척교회라고 할지라도] 기독교 성직자는 어떨까. 하느님의 나라나 부처님의 나라나 다 똑같으니 그중 아무 데나 가도 좋다고 기도하라거나 예배 시간에 설교할 수 있을까. 만일 했다고 치자. 그러면 그 법문이나 설교를 들은 신자들의 반응은 또 어떠할까. 상상조차 할 수 없는 일이 아닐까 한다.

「현화사 주지 승통 천상 묘지명」(1141)

조선시대라고 해서 사정이 별로 다르지는 않았다. 조선의 지배 이념인 성리학性理學은 명분론名分論에 입각한 질서를 중시했다. 삼강오륜으로 대표되는 윤리 도덕도 신분제라는 계급 질서와 가부장 중심의 가족제도의 질서를 강조하는 것이었다. 이런 질서와 어긋나는 것은 곧 명분과 어긋나는 것이다. 학문이나 사상의 세계도 마찬가지였다. 성리학만이 바르고 참된 학문이라는 명분을 가지고 있었기 때문에, 그 이념에서 벗어나거나 반대하는 모든 학문이나 사상은 나쁘고 잘못된 것으로 취급했다. 조선 중기에 명나라에서 전해진 양명학이 그러했고, 후기의 천주교나 동학을 사학邪學이라고 배척하면서 탄압한 근거도 이와 같은 명분론에 있었다. 장례나 제사도 효라는 명분의 연장에 있었다. 그에 따라 양반들은 집안에 사당祠堂을 만들어서 조상의 신주神主와 위패位牌를 두고, 그 앞에서 제사를 드리면서 조상의 혼백을 모셔야 했다. 이들은 공자의 가르침에 따라 내세를 부정하지는 않았지만, 적어도 공식적으로는 그 내세가 현세에서 조상과 후손이 함께 하는 데 있다고 믿은 것이다. 이런 점에서 조선시대 양반들의 사상이나 내세관은 단일하면서도 폐쇄적일 수밖에 없었다.

고려사회는 이와 달랐다. 고려 말에 성리학이 들어오면서 변화가 일어나기 시작했으나, 그 이전의 고려 사람들은 열린 태도와 다양한 생각으로 그들의 사회를 만들어 나갔다. 이 글에서는 장례 문화를 중심으로 살펴보았지만, 사회의 여러 면에서 그런 특징을 찾을 수 있다. 예컨대 고려시대에 연등회燃燈會와 함께 국가적 최대 행사였던 팔관회八關會도 그런 면을 잘 보여 준다. 매해 11월 15일[중동仲冬]에 열린 이 잔치는 유교·불교·도교·민간신앙 등의 모든 요소가 뒤섞인 채 임금과 신하와 백성들이 함께 모여 음악과 춤과 각종 놀이를 즐기면서 부처와 명산名山, 대천大川의 여러 신들에게 국가와 왕실의 태평을 빌었던 것이다.

물론 고려 사람들도 신분제를 기반으로 한 '중앙집권적인 문벌사회'라는 큰 테두리를 벗어나지는 못했다. 이 같은 한계는 어쩔 수 없는 것이라고 하더라도, 고려사회의 개방성, 포용성, 다양성, 복합성은 한국사의 다른 국가와는 비교할 수가 없을 정도로 폭이 넓다. 그만큼 커다란 역사적 의의를 가지고 있기도 하다. 이런 사회에 대한 관심이 더 많아지기를 기대한다.

참고 문헌

김용선 편, 『역주 고려묘지명집성』(상)·(하)(개정3판), 한림대학교 출판부, 2021.
———, 『(속) 고려묘지명집성』, 한림대학교 출판부, 2016.

김기덕·한정수, 「고려 팔관회에 담긴 고려시대의 특성: 현재적 계승과 관련하여」, 『한국중세사연구』 42, 한국중세사학회, 2015.
김용선, 「고려 지배층의 매장지에 대한 고찰」, 『고려 금석문 연구: 돌에 새겨진 사회사』, 일조각, 2004.
———, 「고려시대의 장례와 택일」, 『고려·사회·사람들』, 일조각, 2018.
———, 「삶과 죽음의 고려사회사」, 같은 책, 2018.
나희라, 「묘지명을 통해 본 고려시대 사람들의 생사관」, 『진단학보』 117, 진단학회, 2013.
박진훈, 「고려 사람들의 죽음과 장례: 관인 가족을 중심으로」, 『한국사연구』 135, 한국사연구회, 2006.
———, 「고려시대 관인층의 임종 장소와 그 변화상에 대한 고찰」, 『동방학지』 172, 연세대학교 국학연구원, 2015.
———, 「고려시대 관인층의 화장: 묘지명 자료를 중심으로」, 『역사학보』 229, 역사학회, 2016.
서금석, 『시간의 역사, 고려시대 달력을 복원하다』, 혜안, 2019.
신안식, 「고려시대의 삼경과 국도」, 채웅석 편저, 『고려의 다양한 삶의 양식과 통합조절』, 혜안, 2019.
이기백 외, 『한국사시민강좌 14』(특집 한국의 풍수지리설), 일조각, 1994.

2부

그들의 삶 속으로

I

뭇 아들들이 어느 결에

윤인첨 처 한씨 부인의 영화와 슬픔

1.

인간사에서 행복과 불행은 늘 가까이 있지만, 사람들은 복을 받을수록 불행은 저만치 멀어진다고 믿으면서 살아간다. 그래서 남에게 해 줄 수 있는 가장 좋은 말 중 하나가 "복 많이 받으라"는 말이 아닌가 한다. 이 말은 어른이나 아이, 남자와 여자를 가리지 않고 누구에게나, 언제, 어디서나 할 수 있다. 동시에 그들에게 빌어 주는 만큼이나 본인도 같은 말을 듣고 싶어 하고, 복을 받고 싶어 한다. 그렇다면 복이란 무엇이고, 구체적으로 어떤 것을 말하는가. 끝없는 인간의 욕심만큼이나 복의 실체나 종류도 다양할 수밖에 없다.

전통사회에서는 수많은 복 중에서 다섯 개의 복, 즉 오복五福을 최고로 쳤다. 오복을 정의한 가장 오래된 문헌은 유교 경전인 『서경書經』이다. 5경의 하나인 이 책에는 오복을 '수壽', '부富', '강녕康寧', '유호덕攸好德', '고종명考終命'이라고 했다. 수는 장수, 즉 오래 사는 것, 부는 많은 재물로 넉넉하고 여유롭게 사는 것, 강녕은 건강하게 사는 것을 말하고, 유호덕은 덕을 좋아하고 즐겨 행한다는 뜻이며, 고종명은 제명대로 살다가 편안하게 죽는 것을 말한다. 이런 복은 개별적이고 독립된 것이 아니라 서로 고리처럼 연결된 채 순환하면서 오는 것이라고 믿었다. 재물을 다른 사람들에게 나누어 주고 덕을 쌓아 다른 사람들이나 사회를 이롭게 하면, 수와 건강은 따라서 오고 죽음도 편안하게 맞을 수 있다고 믿는 식이다. 이와 같은 개념은 부유층이나 지식인 등의 상류 계층을 대상으로 한다는 느낌을 준다.

따라서 보통 사람들은 '유호덕'과 '고종명'이라는 어려운 말 대신에 '귀貴'와 '자손중다子孫衆多'를 넣기도 한다. 높은 벼슬을 하여 고귀한 신분을 얻는 것과 자식을 많이 낳아 가문을 번성시키는 것을 오복의 하나로 꼽은 것이다. 후자의 경우 가부장적인 가족제도 아래에서는 아들을 더 중하게 여겼으므로, '자손중다'라는 말 대신에 아들을 많이 낳으라는 '다남多男'이라는 직접적인 표현도 즐겨 사용했다. 따라서 오복이란 흔히 수·부·귀·강녕·다남을 뜻하기도 한다.

『서경』은 중국 상고시대의 정치를 기록한 책으로, 공자가 이를 다시 편찬하여 제자들의 교육에 주요 교재로 썼다. 우리나라는 삼한시대에 한문을 받아들이면서 『서경』을 알게 되었을 것이다. 신라의 화랑들이 만든 「임신서기석壬申誓記石」(552?, 612?)에는 "시詩·상서尙書·예禮·전

傳을 공부한다"고 적혀 있는데, 이것은 각각 『시경詩經』, 『상서』(『서경』의 다른 이름), 『예기禮記』, 『춘추좌전春秋左傳』을 말한다. 통일신라의 국학과 고려의 국자감의 교육 과목에도 『상서』가 포함되어 있다. 따라서 오복의 내용을 삼국이나 통일신라와 고려의 사람들도 모두 잘 알고 있었으리라 생각한다.

역사적인 내력을 굳이 따지지 않더라도, 장수, 부, 건강, 귀해짐, 가문의 번성은 자연인으로서나 사회적 인간으로서나 누구나 바라는 가장 기본적이고도 본능적인 소망이 아닐까 한다. 다만 많은 사람들이 한 가지 복도 제대로 누리기 어렵다는 것이 현실일 뿐이다. 혹시 이 다섯 개의 복을 다 갖춘 이가 있다면, 그 사람은 어떤 사람일까. 그 사람은 남들보다 훨씬 더 행복한 삶을 살았다고 단정할 수 있을까. 축복받은 만큼이나 다른 힘든 일은 없었을까. 그렇다면 행복이나 불행의 잣대는 어디에 있는 것일까. 고려시대 여성인 한씨 부인의 삶을 통해 살펴보기로 한다.

2.

한씨 부인은 자신의 묘지명을 남겼다. 이 묘지명을 토대로 하여 부인의 생애를 되짚어 보면 다음과 같다.

부인은 대흥한씨 가문 출신으로, 1114년(예종 9)에 태어났다. 증조부 한억은 좌사낭중 기거주 지제고를 지냈고, 조부 한원경은 병부시랑 어서검토관을 지냈다. 아버지 한유충은 숙종 때 과거에 합격한 뒤, 예종과 인종을 모시면서 중서시랑평장사에 올랐다. 그는 첫 이름을 태몽에 따라

기둥을 뜻하는 주柱라고 했는데, 뒤에 '오직 충성'이라는 뜻의 유충惟忠으로 바꾸었다. 이에 대해 「한유충 묘지명」에는, 그가 인종 때에 이자겸 세력을 비판하다가 남쪽으로 귀양을 갔을 때 꿈에 예종이 나타나 이름을 유충으로 바꾸라고 권하자 개명했다고 한다. 이자겸이 패망한 뒤 서울로 소환되었고, 묘청이 난을 일으키자 중군병마사가 되었으나 김부식의 뜻과 어긋나서 충주목사로 좌천되기도 했다. 그 뒤 참지정사 등을 거쳐 중서시랑평장사에 오르고, 의종이 즉위한 해인 1146년에 67세로 사망했다. 그의 묘지명에는, 충성스럽고 올곧아서 시끄러운 논란도 자주 일으켰지만 사람들이 법에 어긋나는 일로 그를 비난하지는 않았다고 한다. 『고려사』에는 그가 부지런하고 검소하며 정직하다고 했다. 강직하면서도 원칙을 지킨 인물이라고 생각된다.

한유충은 이부상서 문덕전학사 지제고를 지낸 김상우의 딸과 결혼하여, 4남 4녀를 낳았다. 묘지명의 주인공인 한씨 부인은 이 네 딸 중에서 둘째로 태어났는데, 남자 형제인 한문유와 한문준은 과거에 합격했다. 아버지 한유충은 지공거가 되어 과거 시험을 주관했고, 외조부인 김상우는 부시험관인 동지공거를 역임했다. 또 부인의 증조부와 조부인 한억과 한원경도 문한직을 가졌으므로 과거 합격자임이 분명하다. 이렇듯 부인의 친정은 4대에 걸쳐서 과거 합격자를 배출한 가문이었다. 고려시대에는 과거 합격자를 많이 배출할수록 더 높은 문벌로 대접받았기 때문에 부인의 가문도 나름대로 명문으로 행세했을 것이다. 부인의 묘지명에는 "세가世家에서 태어나 벌열閥閱에서 자랐다"라고 했는데, 지나친 과장은 아니라고 생각한다.

한씨 부인은 윤인첨尹鱗瞻과 결혼했다. 파평윤씨 가문 출신인 그는 윤관의 손자이자, 윤언이의 아들이다. 윤관은 예종 때에 원수元帥가 되어 여진을 정벌하고 9성을 개척한 것으로 유명하고, 윤언이는 음서를 통해 관리가 되었으나 뒤에 과거에 합격하고 중서시랑평장사에 올랐다. 이 가문 역시 고려의 최고 문벌 중 하나였다. 윤언이는 문하시중을 지낸 김약온의 딸과 결혼하여 7남 4녀를 낳았는데, 윤인첨은 그의 맏아들이었다. 한씨 부인은 11명의 형제가 있는 대가족의 맏아들과 결혼한 것이다.

1114년에 태어난 부인이 결혼한 나이는 알 수 없다. 남편인 윤인첨은 1110년에 태어났으므로 부인보다 4살 연상이 된다. 고려 전기의 귀족들의 결혼 평균 연령은 남자 25.5세, 여자 20.4세로, 남성연상형의 결혼 형태를 보이고 있다. 아마 두 사람이 결혼한 나이도 이 같은 추세에서 크게 벗어나지는 않았으리라 짐작된다. 이 결혼에 대해 부인의 묘지명에는 "배우자를 골라서 공족公族에게 시집가니, 부인의 귀함은 맞설 이가 없네"라고 했다. 최고의 문벌끼리 서로 격에 맞는 결혼 상대를 찾았음을 말하는 것이 아닌가 한다. 명문가 출신의 부인은 이 결혼을 통해 오복 중에서 부와 귀를 온전히 누리게 되었다고 말해도 좋을 것이다.

윤인첨은 1132년(인종 10) 과거에 합격했다. 23살 때였다. 이때가 결혼 전이었는지는 알 수 없으나, 당시 아버지 윤언이는 43세의 나이로 국자사업이라는 관직을 가지고 있었다. 결혼 뒤의 가정사에 대해 한씨 부인의 묘지명의 명銘에는 다음과 같이 적혀 있다.

시집가서 시부모를 섬길 때에는	出事舅姑
아침저녁으로 공손하고 부지런하니	恭勤晨夕
부인의 효는	夫人之孝
견줄 이가 없네	無人間側

이 구절이 부인의 가정생활을 그대로 적은 것이라면, 부인은 시부모와 함께 살았다고 이해할 수밖에 없다. 즉, 시집살이를 한 것이다. 집안일을 도와주는 남녀 종들이 있었다고 하더라도, 시부모 및 열 명이나 되는 남편의 형제들과 같이 살면서 맏며느리로서 부인의 역할이 어땠을지는 상상에 맡기기로 한다.

한씨 부인은 여섯 명의 아들을 두었다. 부인의 묘지명에 딸에 대한 기록이 없는 것을 보면, 아들만 낳았다고 생각된다. 부인은 말 그대로 오복의 하나인 '다남'이라는 복을 누린 것이다. 그뿐만이 아니었다. 아들 중 세 명이 과거에 합격했다. 맏아들 종악, 셋째 아들 종함, 다섯째 아들 종양이 과거에 합격한 것이다. 고려시대에는 아들 세 명이 과거에 합격하면, 해마다 쌀 30석을 그 어머니에게 종신토록 지급해 주는 제도가 있었다. 부인은 이에 따라 국가에서 주는 녹을 해마다 받았다. 그에 앞서 남편 윤인첨과 시동생들인 윤자고, 윤돈신도 과거에 합격했으므로 시어머니인 김씨 부인도 해마다 나라의 곡식을 받았다.

이런 경사가 두 세대에 걸쳐 일어나자, 마을 사람들은 그 집을 세 명이 과거에 급제한 집이라는 뜻의 '삼제댁三第宅'이라고 부르기도 하고,

두 명의 원수元帥가 나왔다고 하여 '이수댁二帥宅'이라고 부르기도 했다. 예종 때에 여진 정벌을 한 윤관이 원수였고, 그 손자인 윤인첨이 1174년(명종 4)에 조위총의 난을 진압할 때 원수가 되었기 때문이다. 그러므로 이런 칭호는 문무를 모두 갖춘 가문이라는 존경의 뜻이 담겨 있는 것이었다. 고려시대에 이만큼의 영예를 누린 가문이 얼마나 될까. 한씨 부인은 대흥군부인大興郡夫人으로 봉해졌다. 군부인은 여성에게 주어지는 외명부外命婦의 정4품 작호이다.

남편 윤인첨은 중서시랑평장사에 오르고 1176년(명종 6)에 67세로 사망했다. 국가에서는 그를 문하시중으로 추증하고, 뒤에 명종의 배향공신으로 삼았다. 당시 63세이던 부인은 그 뒤 13년을 더 살다가 1189년(명종 19)에 76세로 사망했다. 당시의 기준으로 보면 부인은 상당히 장수했다고 할 수 있다. 부인은 병이 들자 운명할 때를 미리 알고, 옷을 갈아입고 깨끗이 몸을 닦은 뒤에 편하게 죽음을 맞았다고 한다. 묘지명에는 "부인이 평생 선행善行을 좋아하고 부처 섬기기를 돈독하게 했으니, 임종 시에도 어지럽지 않고 개연慨然하게 돌아가셨네"라고 했다. 부인은 장수, 부와 귀, 강녕, 다남은 물론이고, '유호덕'과 '고종명'이라는 오복을 두루 가졌던 것이다.

이와 같은 부인의 영화는 고려시대의 다른 사람에게서는 찾아보기 어려울 정도이다. 그렇다면 부인은 더 이상 바랄 것이 없는 행복을 누렸다고 해야 할 것인가. 남편 윤인첨과 여섯 아들들의 생애를 따라가면서, 부인의 삶의 다른 면을 살펴보기로 한다.

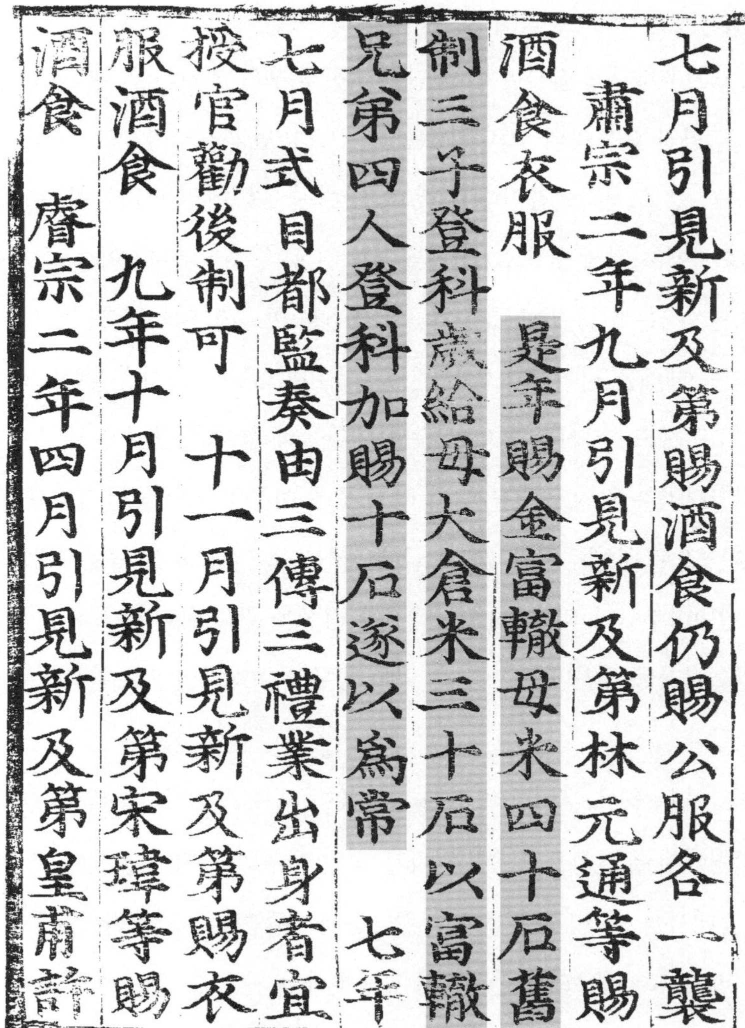
七月引見新及第賜酒食仍賜公服各一襲
肅宗二年九月引見新及第林元通等賜
酒食衣服　是年賜金富轍母米四十石舊
制三子登科歲給母大倉米三十石以富轍
兄弟四人登科加賜十石遂以爲常　七年
七月式目都監奏由三傳三禮業出身者宜
授官勸後制可　十一月引見新及第賜衣
服酒食　九年十月引見新及第宋瑋等賜
酒食　睿宗二年四月引見新及第皇甫許

『고려사』 권74 선거지2 과목2 숭장지전崇奬之典(부분)
김부철의 형제 네 명이 과거에 합격했으므로 그 어머니에게
특별히 40석의 쌀을 해마다 주었다는 1097년(숙종 2)의 기록이 보인다.

3.

1132년 과거에 합격한 뒤 윤인첨의 관직 생활 초기는 잘 알 수 없다. 단지 장인인 한유충의 묘지명에는 그가 1146년(의종 즉위년)에 시공역서령(종7품) 겸 보문각교감이라고 했고, 아버지 윤언이의 묘지명에는 1150년(의종 4)에 시경시령(정7품)을 지냈다는 기록이 남아 있다. 이로 보면 40대 초반까지는 하급 관료로서 무난한 생활을 한 것이 아닌가 한다.

의종 때에는 시어사가 되어 권세가를 비판했다가 좌사원외랑으로 좌천되기도 했고, 기거주가 되어 동료 대간들과 함께 측근의 인사 발령장에 서명하라는 왕의 압력을 이겨 내지 못해 여론의 비난을 받기도 했다. 그러나 그 뒤에 예부원외랑으로 금에 사신으로 다녀왔고, 형부시랑으로 서북면병마부사가 되었을 때는 강경한 입장을 취해 금나라와 국경 분쟁을 일으키기도 했지만 큰 어려움 없이 임무를 처리하면서 고위직으로 승진해 갔다.

1170년 8월에 무인난이 일어나 명종이 새로 즉위하자, 9월의 첫 인사 발령에서 윤인첨은 지추밀원사가 되어 재추의 지위에 올랐다. 그 뒤 국자감대사성, 참지정사, 판병부사, 중서시랑평장사로 승진했다. 특히 그가 판이부사 다음의 2위 서열인 판병부사가 된 것은 새로 정권을 잡은 무인들이 문신들의 협조를 얻으려는 정책의 하나라고 생각할 수 있다. 동시에 문벌 출신임에도 불구하고 무인들의 지지와 환심을 얻을 정도로 그의 능력이나 처세술이 뛰어났다고 말할 수도 있다.

그런데 결정적인 위기가 1173년(명종 3) 9월에 닥쳤다. 앞서 8월에 동북면병마사 김보당과 지병마사 한언국이 군사를 동원하여 반무신난을 일으켰다. 그러나 거사한 지 17일 만에 한언국은 사로잡혀 죽임을 당하고, 이어 김보당도 체포되어 서울로 압송된 뒤 처형되었다. 김보당은 죽음을 앞두고, "무릇 문신으로 모의에 가담하지 않은 자는 없다"라고 주장했다. 그 결과 1170년의 무신난 때에 이어 이번에도 많은 문인들이 떼죽음을 당했다.

이때 이의방 등은 문신의 우두머리인 윤인첨이 사전에 그 모의를 알고 있었을 것이라고 의심하여 그를 체포하라고 명령했다. 순검군이 가서 윤인첨을 잡아 포승줄로 묶기까지 했으나, 다행히 낭관인 유응규의 도움으로 위기를 벗어날 수 있었다. 유응규는 윤인첨에 이어 자신까지 결박하려고 하자, "미천한 군졸이 감히 재상과 낭관을 욕보이려는가"라고 호통을 쳐서 군졸을 머뭇거리게 한 뒤, 장군들을 찾아가 "장수로서의 지략이 있는 윤인첨은 물론이고, 무고한 문인들을 죽여서는 도움이 되지 않는다"라고 설득했던 것이다. 그전에 무인들이 명종을 왕으로 즉위시키자, 유응규는 그 승인을 받기 위해 중국으로 갔다. 그런데 중국 조정이 의종의 폐위를 의심하자 결사적인 단식 투쟁을 벌여 마침내 황제의 승인을 받고 돌아온 일이 있었다. 말하자면 쿠데타로 성립된 무인정권을 국제적으로 인정받게 한 공을 세웠던 것이다. 이 때문에 무인들이 유응규의 요청을 거절하기 어려웠을 것이다.

죽음의 위기에서 벗어난 윤인첨은 상장군이 되어 장군들의 최고위 회의 기관인 중방에도 참여했다. 1174년(명종 4) 9월에 서경유수인 조위

총이 서경에서 난을 일으키자 원수가 되어 1176년 6월에 그 난을 평정했다. 그 공으로 윤인첨은 공신으로 책봉되고 감수국사가 된 뒤, 그해 12월에 사망했다. 윤인첨의 생애에 대해 『고려사』에는 다음과 같이 기록되어 있다.

> 인첨은 다른 사람들보다 총명하여, 비록 백 명이나 천 명이라도 한 번 이름을 들으면 끝까지 잊지 않았다. 정중부가 난을 일으킨 뒤부터 문신들의 기가 꺾였는데도 인첨은 무신들과 같이 일을 했으나, 늘 견제당하고 아첨하여 스스로를 지켰을 뿐이다. 그러므로 서경을 평정한 뒤에도 상과 벌이 공평하지 않고 일 처리도 마땅하지 못하여, 서북에서 항복해서 귀부해 온 백성들이 거듭 반란을 일으켰다. 이 때문에 그에 대한 여론이 좋지 않았다.
>
> —『고려사』 권96 열전 윤관 부附 인첨—

윤인첨은 대단히 총명하고 기억력도 뛰어났다고 한다. 무인들은 이런 그의 능력을 높이 평가하여 그들의 정권에 참여시켰을 것이다. 그러나 무인정권 아래에서 그는 늘 견제를 당하는 입장이었지만, 당시의 여론은 아첨을 통해 자리를 지켰다고 부정적인 평가를 했다. 기회주의자 같은 이런 행동을 타고난 성격 탓으로 여겨야 할까.

그는 무인정권 초기에 두 번이나 커다란 좌절을 겪었다. 하나는 앞에서 보았듯이 김보당의 난 때 거의 죽음 직전까지 갔던 일이고, 또 하나는 그보다 앞서 무인난이 일어나 많은 문인들이 죽임을 당할 때, 맏아들인 윤종악도 그중에 포함된 일이다. 이때 윤종악은 대부주부(종7품)였는데, 그가 왜 살해되었는지 구체적인 이유는 알 수 없다. 그렇지만 아버지로서 윤인첨이 겪었을 충격과 상실감은 충분히 짐작할 수 있을 것이다. 이런 사건들이 그를 자신의 지위나 지키면서 권력에 아부하는 인물로 만든 것은 아니었을까.

아내이자 어머니인 한씨 부인의 입장에서는 어떠했을까. 난을 일으킨 무인들은 부인의 맏아들을 죽였다. 물론 무인난이 일어났을 때 죽임을 당한 문신은 그의 아들만은 아니었다. 수많은 사람들이 함께 죽었지만, 특히 아들과 함께 김돈중의 죽음은 부인에게 이 사태가 보통의 일이 아니었음을 깨닫게 해 주었으리라고 짐작된다. 김부식의 아들인 김돈중은 1144년(인종 22)의 과거에서 장원을 차지한 인물로, 관리가 된 뒤 궁중의 잔치에서 무신인 정중부의 수염을 촛불로 태우는 모욕을 준 일이 있었다. 이런 모욕이 쌓이면서 마침내 무인들의 불만이 폭발하게 된 것이다.

그런데 김돈중이 합격한 과거의 시험관이 바로 부인의 아버지인 한유충이었다. 이 시험의 동기생으로 한영, 윤자고 등이 있는데, 한영은 김보당과 함께 난을 일으켰다가 처형당한 한언국과 같은 인물이고 윤자고는 윤언이의 아들이자 바로 부인의 시동생이었다. 좌주座主인 한유충을 중심으로 하여 여러 겹의 인맥으로 얽혀 있던 이 동기생 중에서 한 명은 무인의 미움을 받아 살해되었고, 한 명은 무인정권에 반대하는 난을 일으켰다가 처형되었다. 이들 동기생들에게 연좌제가 적용되었는지는 알 수 없지만, 살아남은 이들의 행동은 조심스러울 수밖에 없었을 것이다. 그중에는 부인의 시동생도 있다.

그런 터에 무인정권의 지배자들 간에 권력 다툼이 일어나면서 권력자들이 수시로 바뀌었다. 무신난을 일으킨 중심 인물 중에서 1171년 1월에는 이고가 제거되었고, 그를 제거한 이의방은 1174년 12월에 정중부의 아들에게 살해당했다. 이 와중에서 고위 관리인 남편 윤인첨의 목숨도 보장받을 수 없는 지경에 이르렀을 때, 부인의 심정은 어떠했을까. 맏아들에 이어 자칫 남편과 시동생까지 피해를 입는다면, 최악의 경우 하루아침에 가문이 몰락할 수도 있었다. 이런 상황을 앞에 둔 부인의 마음이 어떠했는지 상상이 될 것이다.

4.

"자식 농사는 반타작이면 다행"이라는 옛말이 있다. 의료기술이 덜 발달했고 위생이나 영양 상태도 좋지 않았던 시절에 부모보다 먼저 떠난 자식들이 상당히 많았음을 반영하는 말이다. 한씨 부인도 여섯 명의 아들을 낳았지만 막내아들의 이름은 남아 있지 않다. 부인의 묘지명에는 그가 어려서 죽었다고 했는데, 부인은 이 아들을 자신의 가슴 속에 조용히 묻었을 것이다.

막내를 제외한 다섯 아들의 이름은 차례로 종악, 종회, 종함, 종저, 종양이었다. 맏아들 종악과 둘째 아들인 종회는 음서를 받아 관리가 되었는데, 종악은 뒤에 과거에 합격했다. 맏형에 이어 셋째와 다섯째인 종함과 종양도 과거에 급제하여, 어머니에게 큰 영예를 주었음은 앞에서 말했다. 부인의 묘지명에는 이 세 아들의 관직이 밝혀져 있으나, 넷째인

종저는 국자진사라고만 적혀 있다. 이로 미루어 볼 때, 그는 과거의 예비시험인 국자감시에 합격했으나 아마도 본시험인 예부시에 합격하기 전에 사망한 것이 아닌가 짐작된다. 이렇게 보면 부인의 여섯 아들 중에서 두 명은 일찍 죽고, 네 명이 관리로 성장해 갔음을 알 수 있다. 그러므로 적어도 이 시점에서는 부인의 '자식 농사'는 대체로 성공한 편이라고 할 수 있다.

그런데 맏이인 종악은 1170년 무인난이 일어났을 때에 죽임을 당했다. 이때 부인의 나이는 57세였다. 종악은 당시 종7품인 대부주부였는데, 아버지 윤인첨은 30대 중반에 종7품의 관리가 되었었다. 이로 미루어 보면 종악은 당시 30대로, 이미 결혼하여 자녀도 낳았을 것으로 추정된다. 그러나 그의 처나 자녀에 대해 남아 있는 구체적인 기록은 없다.

둘째 아들 종회는 1176년(명종 6)에 낭중으로 새해를 축하하는 하정사賀正使의 일행이 되어 금에 다녀왔다는 기록이 『고려사』에 남아 있고, 1189년(명종 19)에 만든 한씨 부인의 묘지명에는 그의 관직명이 판예빈성사로 적혀 있다. 이 관직은 외교사절에게 연회를 베푸는 일을 맡은 예빈성의 책임자로 정3품이었다. 고위 관료가 된 것이다. 그런데 한씨 부인의 묘지명에는 그 역시 어머니보다 먼저 죽었다고 했다. 그가 죽은 나이나 이유도 알 수 없고, 결혼도 분명히 했을 터이나 그의 가족에 관한 기록 역시 없다.

셋째 아들 종함은 국자제주로 1180년(명종 10)의 과거에서 부시험관인 동지공거였다는 기록이 있고, 한씨 부인의 묘지명에는 그의 관직명이 국자감대사성이라고 적혀 있다. 이 직책을 보면 그는 특히 학문에 뛰어났던 것이 아닌가 한다. 그가 과거에서 뽑은 인물 중에는 『파한집』의 저자로 유명한 이인로(초명은 이득옥李得玉)가 있다. 그런데 한씨 부인의 묘지명에는 그도 어머니보다 먼저 사망했다고 되어 있으며, 역시 그의 가족에 대해서도 남아 있는 기록은 없다.

넷째 아들 종저가 국자진사로 일찍 죽었다는 것은 앞에서 말했다. 고려시대에 국자감시에 합격하는 평균 나이가 18세 정도이고 본시험인 과거에 합격하는 나이가 23세라는 점을 감안하면, 그는 10대 후반이나 20대 초반에 사망한 것으로 보아도 좋지 않을까 한다.

이렇게 되면 부인의 여섯 아들 중에서 다섯 명이 죽고, 막내인 종양만이 남게 되었다. 그는 자신의 묘지명을 남겼는데, 이를 보면 그는 1143년(인종 21)에 태어났다. 어머니가 30세 때 낳은 자식이다. 그는 17세에 사마시(국자감시)에 합격하고 이듬해인 1160년(의종 14) 과거에 합격한 뒤, 여러 직책을 거쳐 형부시랑(정4품)에 올랐다. 중견 관리가 된 그는 늙은 어머니가 마지막으로 의지하던 아들이었을 것이다. 그런데 이 아들도 갑자기 사망했다. 그의 묘지명에는 "무신년(1188, 명종 18) 2월 14일에 정사를 논의하던 중 갑자기 풍風이 들어 말을 하지 못하다가 한 식경食頃만에 운명하니, 춘추 46세이다"라고 사망 원인을 밝혀 놓았다. 부인이 사망하기 바로 전해에 일어난 일이다.

윤종양의 묘지명에는 그의 갑작스러운 죽음을 두고, "당시 대부인(어머니)이 아직 살아 계셨으므로 조야朝野에서 슬퍼하지 않은 이가 없었다"라고 당시의 분위기를 전하고 있다. 짧은 문장이지만, 오히려 그 안에 담긴 어머니 한씨 부인의 슬픔이 더 크게 담겨 있는 듯하다. 그는 결혼은 했으나 자녀는 없었다.

여섯 아들들, 그것도 어머니와 가문의 영예를 한껏 드높여 준 아들들을 차례로 보낸 부인의 심정을 상상이나 할 수 있을까. 부인은 남편 윤인첨이 사망한 뒤로는 부처를 열심히 섬겼다고 한다. 세 아들이 이미 세상을 떠난 뒤이기도 했다. 60대 중반으로 접어든 부인은 현실 세계가 덧없다는 사실을 절실하게 느꼈음이 틀림없을 것이다. 그리고 신앙에 의지하면서 언젠가 닥쳐올 본인의 죽음을 대비했을 것이다. 그 죽음은 10여 년 뒤인 1189년(명종 19)에 찾아왔다. 76세로, 사망 직전에 깨끗이 몸을 닦고 평안하게 돌아가셨다는 부인의 묘지명 기록이 죽음을 대하는 부인의 심정을 말해 준다.

부인이 사망하자 5명의 손자 가운데 맏이[적장嫡長]인 윤 아무개가 장례를 주관했다. 아마도 그는 부인의 장남인 윤종악의 아들로 짐작되는데, 이름은 밝혀져 있지 않다. 다만 그의 관직이 산정도감판관이라고 했다. 이 직책은 갑과권무甲科權務로, 20대였을 그 손자는 아직 품관직에도 오르지 못한 말단 관리였다. 부인은 사망한 뒤 열흘 조금 지나 개경의 불일사 서남쪽 산기슭에 묻혔다. 부인의 묘지명은 다음과 같이 끝맺고 있다.

부와 수와 슬픔과 즐거움은	富壽哀樂
시작이 있고 끝이 있으나	有始有卒
아, 뭇 아들들이	吁嗟諸子
어느 결에 하나도 남지 않았으니	不恝遺一
아, 슬프기만 하네	嗚呼哀哉

부인의 묘지명을 지은 사람이 누구인지는 알 수 없다. 그러나 그는 부인의 사정을 잘 아는 사람이 분명했을 것이다. 그 많던 아들들을 다 여의고 어린 손자들이 장례를 치르는 한씨 부인을 위해 묘지명을 지어 주는 그의 마음은 또 어떠했을까. 그는 묘지명을 마무리 짓는 짧은 구절에서 두 번이나 탄식하고 있다. 겹치는 이 탄식 속에 당대 최고의 문벌귀족인 부인이 누렸던 화려한 영화와 그보다 더 극심했을 모성母性의 슬픔과 고통이 절절하게 배어 있는 것이 아닌가 한다. 이런 점에서 한씨 부인의 생애는 어떤 삶이 진정으로 행복한 것인지 다시 한 번 생각하게 만든다.

참고 문헌

『고려사』 권96 열전 윤관 및 부附 언이·인첨.

『고려사』 권99 열전 한문준.

김용선 편, 「윤인첨 처 한씨 묘지명」, 『(속) 고려묘지명집성』, 한림대학교 출판부, 2016.

———, 「윤언이 묘지명」, 『역주 고려묘지명집성』(상)(개정3판), 한림대학교 출판부, 2021.

———, 「윤종양 묘지명」, 같은 책, 2021.

———, 「한유충 묘지명」, 같은 책, 2021.

김용선, 「고려 문벌의 구성 요건과 가계」, 『고려 금석문 연구: 돌에 새겨진 사회사』, 일조각, 2004.

———, 「고려 귀족의 결혼·출산과 수명」, 같은 책, 2004.

———, 「고려 사회의 인맥과 김보당·한언국의 난」, 같은 책, 2004.

박용운, 「고려시대 해주최씨와 파평윤씨 가문 분석」, 『고려사회와 문벌귀족가문』, 경인문화사, 2003.

II

삼태기를 이고 살아가게 되더라도

최루백·염경애의 결혼과 부부애

1.

신분제 사회에서는 신분에 따라 일정한 특권과 제약이 따르게 마련이었다. 신분이 높을수록 특권은 더 많았고, 낮을수록 제약은 더 많았다. 신분은 타고나는 것이라서 마음대로 바꿀 수 있는 것은 아니지만, 사람들은 가능하면 신분을 높여서 더 많은 특권을 얻으려고 노력했다. 신분을 높일 수 있는 가장 효과적인 수단 중의 하나가 결혼이었다. 더 높은 신분의 상대와 결혼함으로써 자신의 신분을 높일 수 있기 때문이다. 따라서 결혼은 정략적으로 이루어지는 경우도 많았다. 고려사회에서 가장 높은 문벌은 왕실이라고 할 수 있는데, 고려의 몇몇 문벌들이 왕실과 이중 삼중으로 복잡하게 얽힌 혼맥을 형성한 것이 그런 모습을 잘 보여준다.

그러나 한 사회 안에서 특권은 제한되어 있으므로, 구성원이 많아질

수록 특권은 줄어들 수밖에 없었다. 그러므로 기득권을 가진 계층은 주어진 특권을 계속해서 누리고자 신분의 향상을 가능하면 막으려고 애썼다. 결혼도 가능하면 같은 신분끼리 했다. 통혼권通婚圈이 설정되어 있었던 것이다. 이 통혼권은 법적인 개념이라기보다는 사회적인 관습이라는 성격이 더 짙었다. 따라서 통혼권을 벗어나는 결혼은 특별한 경우를 제외하면 완전히 금지된 것은 아니지만, 이를 어기면 사회적으로 비난을 받았다.

예컨대 골품제라는 엄격한 신분제도가 있던 신라사회에서 6두품 출신 승려인 원효는 진골인 공주와 결혼하여 설총을 낳았는데, 그는 파계승이자 '미치광이[풍전風顚]'라고 비난받았다. 고구려의 온달도 자신보다 높은 신분의 공주와 결혼하여 왕의 사위가 되었는데, 사람들은 그를 '바보[愚]'라고 조롱했다. 김유신의 아버지 김서현은 신라에 멸망당한 금관가야의 왕족 출신으로서 신라의 왕족인 만명부인과 몰래 결혼했는데, 만명부인의 아버지 숙흘종은 이를 두고 '야합野合'이라고 표현하기도 했다. 이런 사례는 신분제 사회에서 통혼권을 벗어나서 결혼하는 일이 그다지 쉽지는 않다는 점을 잘 말해 준다.

고려 역시 신분제 사회였다. 다만 골품제 아래의 신라에 비해서는 덜 엄격한 신분제 사회였으므로 계층 간의 신분 이동은 부분적으로는 허용되고 자유로웠다. 지방 향리가 제술업製述業이나 명경업明經業에 합격하거나 국가에 공을 세워서 서울의 귀족계층으로 진입할 수 있었고, 양인들도 잡업雜業을 통해서 기술직 관리 같은 중간계층이 될 수 있는 제도적 장치가 마련되어 있었던 것이다. 그렇기는 하더라도 문벌이 지배하는 사회에서 문벌들은 세력을 키우거나 격格을 높이기 위해 자신보다 더 세력이 큰 문벌과 결혼하기를 원했으므로, 향리 출신이 자신보다 높은 신분의 배우자를 찾는 일이 쉽지는 않았다. 다음 사례가 그런 상황을 잘 보여 준다.

> 정가신鄭可臣은 자字가 헌지獻之이고 첫 이름은 흥興으로, 나주 사람이다. 아버지 송수는 향공진사鄕貢進士였다. 가신은 나면서부터 영리하고 슬기로워서 독서와 글짓기에 자못 당시 동년배의 추천을 받았다. 일찍이 승려 천기를 따라 서울로 왔는데, 가난하고 의지할 데가 없어서 천기에게 얹혀 먹고살았다. 천기가 가엾게 여겨 그를 부잣집의 데릴사위[贅]로 보내려 했으나 응하는 이가 없었다. 태부소경(종4품) 안홍우가 허락했으나 약속을 한 뒤에 후회하며 말하기를, "내가 비록 가난한 사족士族이지만, 어찌 향공의 아들을 받아들일 것인가."라고 했다. 얼마 뒤에 홍우가 죽고 집안이 날로 가난해지자 이에 허락했다. 천기가 가신의 손을 잡고 걸어서 도착하자 한 할머니가 문에서 맞아들이는데, 섶 불에 비춰 보니 초가집 몇 칸뿐이었다. 천기가 돌아가면서 통곡하며 말하기를, "아, 정생鄭生이 이 지경에 이르렀단 말인가."라고 했다. (가신은) 고종 때 과거에 합격하여, 여러 차례 중요한 관직을 맡았다.
>
> —『고려사』 권105 열전 정가신—

나주의 향리 자제이자 가난한 정가신이 서울로 와서 사족 신분의 배우자(그것도 데릴사위 자리)를 구하려 했으나, 겨우 '초가집 몇 칸'밖에 없는 가난한 상대를 구했다는 것이다. 이 일화는 물론 극단적인 경우에 해당한다고 할 수 있다. 그러나 이와는 정반대인 다음 사례를 보면, 충분히 일어날 수 있는 일이기도 했다.

> 지정 신사년(1341, 충혜왕 복위 2)에 공(이색)은 나이 14세였다. 본국의 성균시에 합격하여 이미 명성이 높았다. 관례冠禮를 올리고 결혼을 하려고 하니 당시의 높은 가문과 명망 있는 집안으로 사위를 택하고자 하는 이들이 모두 그 딸을 시집보내려고 하여 잔칫날 저녁까지 다투었으나, 안동권씨인 (중략) 권중달의 딸에게 장가들었다.
>
> —『동문선』 권116 행장, 「이색 행장」—

고려 후기의 유명한 학자인 이색의 결혼에 관한 일화이다. 과거에 합격하여 출세 길이 열려 있는 청년을 앞다투어 사위로 삼으려는 당시 귀족들의 경쟁이 눈에 보이는 듯하다. [이 기록에는 이색이 14세였다고 했는데, 부인이 된 권씨는 11세였음을 다른 기록에서 확인할 수 있다.] 결혼을 통해 가문의 영예를 높이려는 이와 비슷한 현상은 고려사회에서 많이 찾아볼 수 있다. 고려 전기에 동래의 향리 아들로 서울의 성균시(국자감시)에 합격한 정목은 그를 눈여겨본 고익공의 사위가 되었고, 중기의 이규보는 국자감시의 시험관이 되었을 때 그가 뽑은 이유신을 맏딸과 결혼시켰다. 후기의 이제현의 장인이 된 권부도 이제현이 합격한 과거의 고시관이었다.

고려 전 시기에 걸친 이런 사례들은 그 사회에서 결혼이라는 것이 어떤 의미를 가졌는지 잘 말해 준다. 앞에서 본 정가신의 경우, 아마도 그가 과거에 합격한 뒤였다면 보다 쉽게, 보다 나은 처지의 배우자를 만났을지도 모른다. 그러나 기록에서 보듯이 당시 그는 지방에서 막 올라온 향리 신분의 가난한 서생書生에 불과했다.

우리가 보고자 하는 최루백과 염경애 부부도 향리 출신과 중앙 귀족이 결혼한 사례이다. 그들은 신분이 달랐지만, 결혼한 뒤에는 존경과 사랑이 넘치는 부부애를 보여 주었다. 이에 그들은 어떤 사람들이었고, 가정을 어떻게 꾸려 나갔는지 살펴보기로 한다.

2.

최루백崔婁伯은 『고려사』에 전기가 실려 있고, 자신의 묘지명도 남겼다. 그런데 『고려사』를 편찬한 조선 초기의 역사가들은 그의 전기를 효우전孝友傳에 실었다. 그가 효자였다는 점을 특별히 강조한 것이다. 어떤 일이 있었던 것일까.

최루백의 아버지 상저는 수원(경기도 수원시)의 향리였다. 그가 호랑이에게 물려 죽자, 최루백은 그 호랑이를 잡으러 나섰다. 그때 그의 나이 15세였다. 어머니가 만류했으나 최루백은 아버지의 원수를 갚고자 도끼를 들고 호랑이의 자취를 좇았다. 마침내 그 호랑이를 찾아내어 "네가 우리 아버지를 먹었으니, 이제 내가 너를 잡아먹겠다"라고 꾸짖고 호랑이를 죽였다. 도끼로 배를 갈라 호랑이 고기는 항아리에 넣어 개울 속에 묻고, 아버지의 유해는 그릇에 담아 수원의 홍법산에 모셨다. 그리고 그 곁에 여막廬幕을 짓고 직접 무덤을 돌보았다. 하루는 잠깐 조는 사이에

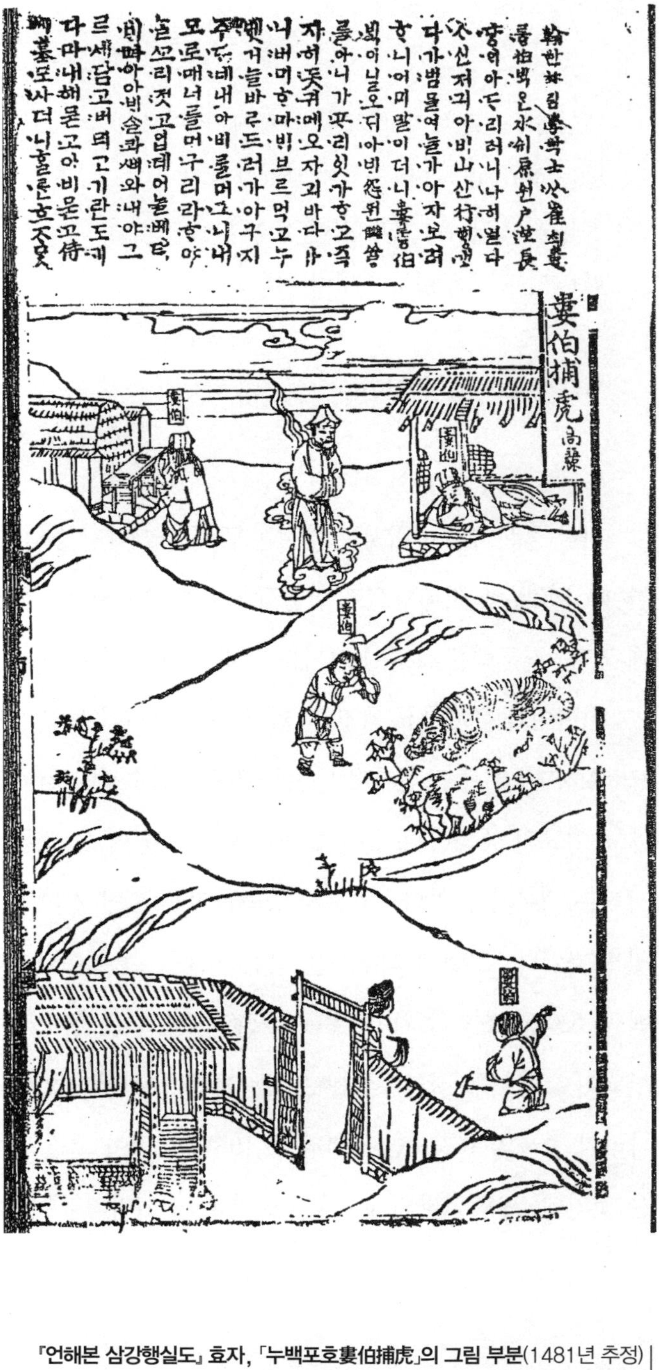

『언해본 삼강행실도』 효자, 「누백포호婁伯捕虎」의 그림 부분(1481년 추정)
© 세종대왕기념사업회 '세종고전 데이터베이스'

아버지가 와서 시를 읊었다.

개암나무숲을 헤치고 효자의 여막에 다다르니	披榛到孝子廬
많은 정이 솟아나서 눈물이 끝없이 흐르네	情多感淚無窮
흙을 지고 날마다 무덤 위에 쌓으니	負土日加塚上
밝은 달과 맑은 바람이 알아주네	知音明月淸風
살아서는 봉양하고 죽어서는 지켜 주니	生則養死則守
뉘라서 효도에 시작도 끝도 없다고 하는가	誰謂孝無始終

—『고려사』 권121 열전 효우 최루백—

시를 읊은 뒤, 아버지는 다시는 꿈에 나타나지 않았다. 아들의 지극한 효성 덕분에 저세상으로 편안하게 가신 것이리라. 마침내 상복을 벗게 되자, 최루백은 호랑이 고기를 꺼내서 다 먹었다.

어버이가 돌아가신 뒤 일정 기간 동안 자식이 직접 무덤을 지키는 여묘廬墓[시묘侍墓]는 조선시대 양반들에게는 필수적인 일이었다. 고려시대에도 여묘의 풍습이 있기는 했으나 노비나 승려 등 다른 사람에게 대신시키는 경우가 많았다. 조선의 양반들이 들으면 천하의 불효라고 펄쩍 뛸 노릇이다. 그런데 최루백은 직접 여묘를 한 것이다. 이와 같은 최루백의 효성은 조선 초기인 1434년(세종 16)에 만든 『삼강행실도』에도 '최루백이 호랑이를 잡다[婁伯捕虎]'라는 제목으로 실려 있다. 이 책은 우리나라와 중국의 효자·충신·열녀 중 105명을 뽑아 그림과 함께 행적을 적은 것인데, 우리나라의 효자는 4명이 들어 있다. 최루백을 우리나라 효자의 대표적인 인물로 소개하고 있는 셈이다.

최루백은 그 뒤 서울로 올라와 과거에 합격하여 중앙의 관리가 되었다. 그의 묘지명이 남아 있으나, 상태가 아주 좋지 않아서 읽을 수 없는 글자가 많다. 따라서 그가 서울로 올라온 시기나 과거에 합격한 시기를 알 수 없고, 그가 역임한 벼슬도 몇 개를 제외하고는 거의 읽을 수가 없다. 태어난 해도 알 수 없다. 다만 『고려사』의 기록과 종합해 보면, 그가 15세 때 호랑이를 죽인 뒤 3년 동안 아버지의 무덤을 지켰다고 하므로, 이르면 20세를 전후하여 서울로 올라왔을 것이다. 고려시대에 과거에 합격하는 나이가 평균 24세라는 점을 감안하면, 최루백은 이보다 조금 어린 나이에 과거에 합격하지 않았을까 짐작해 본다.

한편 부인인 염경애廉瓊愛의 묘지명에는 25세 때인 1124년(인종 2)에 최루백과 결혼했다고 한다. 이 기록에 따라, 적어도 예종 말기나 인종 즉위 초반에 최루백이 서울로 오고 곧이어 과거에 합격했다고 정리해 두기로 한다. 최루백은 우정언·좌우사간·기거사인·시어사·예부시랑·국자사업·한림학사 등을 역임하고 국자제주(정4품)에 오른 뒤, 1205년(희종 1)에 사망했다.

3.

염경애는 자신의 묘지명을 남겼다. 47세의 나이로 사망하자, 남편 최루백이 묘지명을 지은 것이다. 그러므로 이 묘지명 속에는 부인의 생애와 부부 사이에 있었던 일들이 짧으나마 자세하게 적혀 있다. 부인의

「**최루백 처 염경애 묘지명**」(1148)

묘지명 이외에 부인의 어머니와 친정 조카의 묘지명(「염덕방 처 심씨 묘지명」, 「염극모 묘지명」)도 남아 있다. 이 자료들에 따라 부인의 가문과 생애를 복원해 보면 다음과 같다.

염경애(1100~1146)는 봉성염씨 가문 출신으로, 아버지 염덕방은 검교상서우복야 대부소경(종4품)을 지냈다. 검교직은 실직實職이 아니라 명예직인 산직散職이므로, 그는 중상급 정도의 관직을 지냈다고 할 수 있다. 어머니 심씨는 심후의 딸인데, 본관이 의령인 심후는 추밀원우승선(정3품) 급사중(종4품)을 지냈다. 그런데 염덕방의 조상은 더 이상 찾아지지 않고, 심후 역시 마찬가지이다. 이를 보면, 이 두 가문 모두 고려의 중상급 관리 가문이기는 하지만 당시에 그다지 이름난 문벌은 아니었다고 생각된다.

부인은 4남 2녀 중 맏딸로 태어났다. 남자 형제 중 둘째 행약은 대학생大學生이었으나 일찍 죽었고, 셋째 충약과 넷째 신약은 과거에 합격했다. 즉, 이 가문은 학문을 중요하게 여겼고, 부인도 그런 분위기에서 자랐다고 할 수 있다. 최루백은 염경애의 묘지명에서 "(아내가) 자못 문자를 알아서 대의大義에 밝았다"라고 했다. 한자와 한문을 알아서 글이나 말의 뜻을 잘 이해했다는 것이다. 고려시대에 여성들의 교육기관은 공식적으로 존재하지 않았으므로, 염경애는 가정에서 어느 정도의 한문 교육을 받았다고 이해해야 할 것이다.

이와 관련해서 또 하나 흥미로운 것은 이 가문의 맏딸 이름은 경애瓊愛이고 작은 딸 이름은 정애貞愛라고 밝혀져 있다는 점이다. 고려시대의 여성들도 원래는 아명兒名 말고도 자신의 이름을 가졌던 것으로 생각되는데, 결혼한 뒤에도 계속해서 그 이름으로 불리는 경우는 거의 없다. 대신 댁호宅號나 봉호封號를 썼다. 그런데 부인의 두 형제는 결혼해서도 이름을 그대로 쓰고 있고, 최루백도 '봉성현군峯城縣君'이라는 봉호와 함께 '아내의 이름은 경애'라고 묘지명에서 분명하게 밝히고 있다. 또 최루백은 자신의 두 딸도 귀강貴姜과 순강順姜이라고 짓고, 아내의 묘지명에 그 이름을 적어 놓았다. 염경애 집안이 이와 같이 두 세대에 걸쳐 여성을 그의 이름으로 부르고 있다는 점이 이채롭다. 고려시대에 여성이 집에서 교육을 받았고, 결혼한 뒤에도 자신의 이름을 계속해서 쓰고 있다는 점은 여성사女性史 연구에서 앞으로 좀 더 관심을 가질 필요가 있다고 생각한다.

염경애는 25살에 최루백과 결혼했다. 부인은 1100년(숙종 5)에 태어났으므로, 당시는 1124년(인종 2)에 해당한다. 최루백의 나이는 알 수 없으나 그의 묘지명에는 1205년(희종 1)에 사망했다고 적혀 있다. 결혼한 뒤에 81년을 더 살았던 것이다. 그가 만일 염경애와 같은 나이인 25세에 결혼했다고 가정하면 그는 106살까지 살았던 것이 되고, 20세에 결혼했다고 하더라도 100살을 넘게 산 셈이 된다. 이 같은 일이 불가능하지는 않겠지만, 그가 무척 오래 살았다는 점만은 분명하다. 그렇다면 최루백은 염경애보다는 조금 적은 나이에 결혼했다고 이해하는 것이 타당하지 않을까 한다. 즉, 이 부부는 아내가 연상이었던 것이다.

고려시대의 일반적인 결혼 형태는 남성연상형이었다. 남편이 아내보다 나이가 더 많은 형태이다. 최루백과 염경애가 결혼할 당시의 평균 결혼 연령은 남자가 25.5세, 여자는 20.4세였는데, 후기로 가면서 조금씩 낮아져서 고려 전 시기의 평균 연령은 남자가 20.7세, 여자가 16.3세가 된다. [물론 초혼의 경우이다.] 이런 수치와 비교해 보면 염경애의 결혼은 상당히 늦은 편이다. 공교롭게도 현재 남아 있는 여성들의 결혼 사례 중에서 염경애의 나이가 제일 많기도 하다.

그렇게 된 어떤 이유가 있었을까? 우연이라고 지나치면 아무 일이 아닐 수도 있다. 그렇지만 혹시 아버지 염신약이 유망한 젊은이를 찾고 있다가 지방에서 올라온 최루백을 보고 사위로 택한 것은 아니었을까? 염신약의 집안도 중앙에서 그다지 유명한 가문은 아니었다. 따라서 그가 자녀 교육에 많은 관심을 쏟은 것도 학문을 통해 가문의 격을 높이려는 노력과 관련지을 수 있다. 이렇게 생각해 보면, 연하의 최루백과 연상의 염경애가 결혼한 배경에는 심하게 말해 어떤 '정략적'인 목적이 있었다고 할 수 있고, 나아가 향리와 중앙 귀족의 신분 차이라는 통혼권 문제와 관련지을 수 있게 된다. 분명하게 단정할 수는 없지만, 앞에서 본 정가신의 경우처럼 전혀 가능성이 없는 상상만은 아니라고 생각한다.

4.

신분의 차이를 넘어선 결혼이었지만, 최루백은 부부로 사는 동안 잊을 수 없는 아내의 고마운 일 몇 가지를 묘지명에 적었다. 그 일과 그것이 보여 주는 역사적인 의의를 생각해 보기로 한다.

첫째, 시어머니를 효성으로 모셨고 다른 친족들의 경조사도 정성스럽게 챙긴 일이다. 최루백은 "돌아가신 우리 어머님을 효성으로 봉양했고, 안팎 친척의 좋은 일과 언짢은 일, 경사스러운 일과 불행한 일에는 다 그 마음을 함께했으니, 이로써 훌륭하다고 하지 않는 이가 없었다"라고 썼다. 최루백의 형제관계는 알 수 없으나, 아버지의 원수를 갚은 일을 보면 그가 맏아들이었을 가능성이 크다. 염경애가 시어머니를 효성으로 봉양했다는 표현은, 이 맏아들 부부가 어머니를 모시고 함께 살았음을 알려 준다. 아니라면, 염경애는 개경과 수원을 부지런히 오르내려야 했을 것이다. 비록 홀로 된 시어머니의 경우이기는 하지만 고려시대의 가족 형태를 보여 주는 중요한 사례이다. 또 일가친척의 대소사를 챙기는 일은 아내의 몫이라는 점도 말해 준다.

둘째, 시아버지의 제사를 며느리가 지냈다는 점이다. 결혼 전에 이미 돌아가셔서 직접 섬기지는 못했지만, 명절이나 복일伏日 같은 특별한 날이 되면 염경애는 언제나 몸소 시아버지의 제사를 지냈다. 기일에는 길쌈한 것으로 저고리나 바지 한 벌을 지어서 영위靈位 앞에 절을 하며 바쳤으며, 절에 가서 재齋를 지내면서 승려의 수대로 버선을 만들어 시주했다. 이름난 효자답게 최루백은 아내가 한 일 중에서도 이 일을 가장 잊지 못한다고 덧붙였다.

조선시대의 양반들에게는 제사를 지내는 일은 남성의 몫이고, 대부분의 여성들은 제사에 참여하는 대신 제사 음식을 마련하는 등의 부수적인 일을 맡는 것이 원칙이었다. 양반들의 후손 중에는 지금도 음식을 직접 만들지는 않더라도 제사상에 올리는 일만큼은 남성들이 전담하는 경우가 많다. 그런데 며느리인 염경애의 행동이 보여 주듯이 고려시대에는 여성들도 제사의 주체가 될 수 있었다. 친아들이나 친손자인 적장자嫡長子가 없는 경우에는 '외손봉사外孫奉祀'라고 하여 외손자가 외할아버지의 제사를 지내기도 했다. 조선과는 아주 다른 고려사회의 여성의 지위와 권리를 보여 주는 사례이다.

또 시아버지를 위한 염경애의 제사에는 유교와 불교가 함께하고 있다. 집에서 영위를 모시면서 유교식 제사를 지내고, 절에서 승려들과 함께 재를 올렸던 것이다. 이 사실을 어떤 면에서는 철저한 유교주의자라고 해도 좋을 효자 최루백이 무엇보다도 자랑스럽게 적고 있다. 사상적으로 개방된 태도를 가지고 있던 고려 사람의 모습을 잘 보여 준다.

셋째, 가정경제를 부인이 책임지고 있었다는 점이다. 이에 대해 최루백은 다음과 같이 적었다.

> 평일에 일찍이 나에게 말하기를, "그대는 독서하는 분이니, 다른 일에 힘쓰는 것이 귀중하지는 않습니다. 저는 집안의 의복이나 식량을 주관하는 것이 맡은 일인데, 비록 반복하여 힘써서 구하더라도 뜻과 같지 않은 경우가 때때로 있습니다. 설사 불행하게도 뒷날 내가 천한 목숨을 거두게 되고 그대는 후한 녹봉을 받아 모든 일이 뜻대로 되게 되더라도, 제가 재주 없었다고 하지 마시고 가난을 막던 일은 잊지 말아 주세요." 라고 했는데, 말을 마치고는 크게 탄식했다.
>
> —「최루백 처 염경애 묘지명」—

순수한 우리말인 선비를 한자로는 '사士'라고 하는데, 조선시대의 실학자인 연암 박지원은 "사는 책을 읽는 사람을 말하고, 정치를 하는 이를 대부라고 한다[士曰讀書 從政爲大夫]"라고 했다. 문무의 관직을 가진 양반 중에서 문반인 양반, 즉 선비는 독서를 통해 얻은 지식과 경험으로 국가를 위해 봉사하는 사람이라는 뜻이다. 염경애도 바로 이 점을 말하고 있다. 관리인 남편은 바깥에서 국가를 다스리고, 아내는 가정에서 집안일을 책임지는 것이 각자에게 주어진 임무라는 것이다.

집안일이란 묘지명에 적힌 대로 '의복이나 식량을 주관하는 것'이 가장 컸다. 그리고 앞에서 본 것처럼 일가친척의 대소사를 챙기는 일, 시부모의 제사를 지내는 일 이외에 자녀를 기르고 돌보는 일 등이 포함되었다. 또 이 기록에는 염경애가 직접 길쌈을 하여 옷과 버선을 만들었다고 한다. 특히 베[布]와 옷감은 당시에 화폐 대신에 가장 중요한 교환 수단이었으므로 길쌈은 가정경제에서 매우 중요한 몫을 차지했다. 또 누에치기도 중요했는데, 부잣집에서는 노비들이 이 일들을 맡았을 것이다. 염경애의 묘지명을 보면 혼자서 길쌈과 바느질을 했다는 느낌을 준다. 그만큼 가난했다는 사실을 말해 주는 것이라고 생각한다. 비록 가난한 살림을 꾸려 나갔지만 최루백은 염경애가 아내로서, 주부로서, 어머니로서 최선을 다했다고 회고했다. 이 부부에게 노비가 있었는지는 모르겠다. 함께 사는 가내 노비는 없었을지라도, 남편 최루백의 고향인 수원에는 조상 대대로 내려오는 토지와 함께 외거 노비가 있었을 가능성이 크다. 그러나 그 규모나 숫자가 얼마나 되고, 이 재산이 가정경제에 얼마나 도움이 되었는지는 알 수 없다. 큰 도움은 되지 못했을 것이다.

이사이 최루백은 여러 관직을 거쳤다. 패주貝州(전라남도 보성군)와 중원中原(충청북도 충주시)의 수령이 되어 지방 근무도 했고, 군사軍事와 관련된 직책을 맡기도 했고, 국왕을 측근에서 보좌하는 내시內侍가 되어 궁궐에서 숙직도 했다. 염경애는 낯선 지방에 함께 가기도 했고, 군복을 만들어 보내기도 했고, 있는 것 없는 것 다 털어서 음식을 만들어 궁궐에 보내기도 하는 등 그때마다 어려움을 마다하지 않았다고 최루백은 고마워하고 있다.

1145년(인종 23) 봄에 최루백은 우정언 지제고가 되었다. 우정언은 좌정언과 함께 중서문하성에 속한 종6품 관리이고, 지제고는 한림원 소속으로 왕명王命을 대신 짓는 임무를 맡았다. 이제 최루백은 관복에 무소의 뿔로 만든 서대犀帶를 두르고, 궁궐의 조회에 참석하는 참상직叅上職 관리가 된 것이다. 한편 정언은 간관諫官으로서 왕의 정치적 잘못이나 정책을 비판하거나, 관리의 임명에 서명을 하는 서경권署經權을 가지고 있어서 관리의 인사에 책임을 지는 직책이기도 했다.

염경애는 최루백이 6품의 관리로 승진하자, "우리의 가난이 가시려나 봅니다"라고 하면서 매우 기뻐했다. 중년에 접어든 지도 오래인 46세 때였다. 그러나 정언의 임무를 잘 알고 있던 최루백은 아내에게 "간관은 녹이나 지키는 자리가 아니오"라고 했다. 권력에 맞서 신하의 도리를 지키다가 여차하면 좌천이나 파직, 심지어는 귀양도 예상해야 한다는 본인의 각오를 덧붙였을 것이다. 이에 염경애는 다음과 같이 말했다.

> 문득 어느 날 그대가 궁전의 섬돌에 서서 천자天子와 더불어 옳고 그른 것을 쟁론하게 된다면, 비록 가시나무 비녀를 꽂고 무명 치마를 입고 삼태기를 이고 살아가게 되더라도 또한 달게 여길 것입니다.
>
> —「최루백 처 염경애 묘지명」—

가정 살림은 아내인 내가 책임질 터이니, 두려워하지 말고 소신껏 국가에 충성을 바치라는 말이었다. 세속의 부귀영화 따위는 아무런 가치가 없다는 말이기도 하다. 이를 두고 최루백은 "평범한 부녀자의 말 같지 않았다"라고 느낌을 적었다. 평범하지 않을 정도가 아니라, 상류층의 부인들이라 할지라도 결코 쉽게 할 수 있는 말은 아닐 것이다. 또 이렇게 솔직한 대화를 나눌 수 있는 부부가 현재에도 과연 얼마나 될까. 서로 신뢰하고 존경하는 최루백과 염경애 부부 사이에 '남존여비男尊女卑'와 같은 용어를 떠올릴 수 있을까. 아무리 당시가 남성 중심의 가부장제 사회였음을 인정한다고 하더라도 말이다.

5.

최루백과 염경애 부부는 4남 2녀의 자녀를 두었다. 염경애의 묘지명에 따르면, 단인·단의·단례라는 이름의 세 아들은 모두 학문에 뜻을 두었고 막내아들 단지는 출가하여 승려가 되었다고 한다. 아마 세 아들은 학문을 중시하던 본가와 외가의 가풍家風을 잇고, 과거에 합격하는 일을 가업家業으로 삼으려고 한 것이 아닌가 한다. 또 승려가 된 막내아들은 불교 신앙심이 깊었던 어머니의 권유를 따랐는지도 모르겠다. 뒷날 만들어진 최루백의 묘지명에는 아들의 이름이 돈인·돈의·돈례·돈지라고 되어 있다. 모두 단端을 돈敦으로 바꾸었는데, 인仁·의義·예禮·지智라는 끝 글자는 그대로 가지고 있다. 만일 이 부부가 아들을 한 명 더 낳았다면, 그의 이름에는 분명히 신信이라는 글자가 들어갔을 것이다. 아들들의 이름을 사람이 지켜야 할 다섯 가지의 도리나 덕을 뜻하는 오상五常인 인·의·예·지·신과, 사람의 본성에서 나오는 네 가지 마음인 사단四端을 합해서 지었을 것이라고 생각되기 때문이다. 아들의 이름을 이렇게 지은 이 부부의 가치관이나 인생관, 자녀에 대한 기대를 그대로 엿볼 수 있다.

「최루백 묘지명」의 상태가 워낙 좋지 않지만, 최루백의 세 아들 모두 관직을 가지고 있었으며, 셋째 아들이 과거에 합격했다는 사실을 확인할 수 있다. 다만 첫째와 둘째는 관리가 된 뒤 일찍 사망한 듯하며, 셋째 아들의 이름도 다른 기록에서는 찾아볼 수 없다. 막내아들은 음서[부음父蔭]를 받아 관리가 되었다고 적혀 있는데, 출가했다가 어머니가 돌아가신 뒤 언제인가 환속한 것으로 보인다. 그 역시 다른 기록은 남아 있지 않다.

또 「염경애 묘지명」에는 두 딸의 이름이 순강과 귀강이라고 밝히면서, 귀강은 아직 어리고 순강은 결혼했으나 남편이 죽자 집에 돌아와 있다고 했다. 그런데 이 점은 시집간 딸은 친정 식구가 아니라며 '출가외인出嫁外人'을 고집하던 조선시대 사람들은 이해하기 어려운 대목이 아닌가 한다. 이 딸이 끝내 홀로 살았는지, 시가로 다시 돌아갔는지, 아니면 재혼했는지는 알 수 없다.

앞에서 본 것처럼 고려시대에는 신분과 계층에 따라 일정한 통혼권이 설정되어 있었다. 따라서 결혼은 완전한 자유혼은 아니었다. 당시의 결혼은 개인과 개인의 결합이 아니라 사실상 가문과 가문의 결합이었다. 그렇기 때문에 이혼과 재혼 역시 완전히 자유롭지는 않았고, 이혼 형태도 처를 버리는 기처棄妻가 대부분이라는 점에서 남성 위주의 성차별적인 이혼 형태를 보여 준다. 그렇다고 하더라도 여성의 이혼은 조선시대보다는 자유로웠고, 이혼했거나 남편과 사별한 여성의 재혼도 비교적 자유로웠다. 조선시대에는 여성의 이혼과 재혼은 법적으로나 사회적으로나 거의 불가능했기 때문이다.

고려사회의 이와 같은 현상은 여성의 경제적 지위와도 크게 관련되어 있다. 고려시대에는 '자녀균분상속子女均分相續'이라는 원칙 아래 토지와 노비 등 재산을 아들은 물론 딸도 상속받을 수 있었다. 딸은 결혼할 때 자신이 소유한 재산을 가지고 갔으며, 이혼할 때에도 그 소유권을 그대로 인정받았다. 다른 여러 가지 요인도 있겠지만, 이 같은 경제적 지위가 여성들의 이혼에 큰 영향을 끼쳤다고 생각한다. [지금의 대한민국 사회에서 이혼율과 재혼율이 급격히 증가하고 있는데, 그 배경을 생각해 보면 쉽게 이해가 될 것이다.] 그렇지만 고려시대의 귀족들에게 남녀를 불문하고 이혼은 그다지 흔한 형태는 아니었다. 또 일부일처제가 원칙인 사회였다. 물론 첩을 둔 사람도 있고 고려 후기에는 원의 영향을 받아서 일부 계층에는 일부다처제가 나타나기는 하지만, 이는 어디까지나 예외적인 현상이었다. 무엇보다도 고려에서는 서얼庶孼이라는 존재가 조선시대와 같이 커다란 사회문제가 되지 않았다는 사실이 이런 현상을 잘 반영한다.

이와 같이 고려시대 대부분의 귀족 부부들은 평생을 해로하면서 살아갔다. 최루백과 염경애 부부도 그런 부부 가운데 하나일 것이다. 그러나 아쉽게도 염경애는 남편보다 일찍 사망했다. 남편 최루백이 우정언에 오른 것을 기뻐하던 봄이 지나고, 그해 9월이 되자 염경애는 병이 들었다. 그리고 이듬해 1월에 병이 악화되어 사망했다. 나이 47세였고, 결혼한 지 23년이 되는 해였다.

염경애의 빈소는 순천원이라는 절에 마련했고, 화장한 다음 유골을 개경 동쪽의 청량사에 모셨다. 그해 여름과 12월에 최루백은 우사간과 좌사간(정6품)에 올랐다. 그 이듬해인 1147년(의종 1)에는 시어사(종5품)가 되고, 1년 뒤에는 예부낭중(정5품)이 되었다. 녹봉도 올랐지만, 집안 살림은 아내가 어렵게 꾸려 나가던 때와 같지 못하다고 최루백은 묘지명을 통해 아내에 대한 그리움을 애절하게 표현했다. 햇수로 3년이 지난 1148년(의종 2) 8월 17일에 아내의 장례를 치렀다. 무덤은 인효원에 있는 친정 아버지의 묘소 곁으로 정했다. 장례를 치르면서 최루백은 자신이 직접 지은 아내의 묘지명도 함께 묻었다.

염경애는 사망하기 전에 남편인 최루백과 아들들에게 유언을 남겼다. 당시 아들들은 아직 관직에 나아가지 못했고, 막내딸도 어린 나이였는데, 자식들과 남편 곁을 떠나면서 염경애는 어떤 말을 했을까. 집안 살림과 자녀 교육은 물론이고, 자신의 장례와 무덤 자리, 남편의 앞날에 대한 당부가 들어 있지 않았을까.

최루백은 뒷날 재혼하여 3남 2녀를 더 낳았다. 그리고 국자제주(정4품)에 올랐고, 100세를 넘기는 장수를 누렸다. 그의 무덤은 개성 동쪽의 대덕산으로 정해졌다. 아내 염경애를 장례 지내면서 같이 무덤에 묻히지 못하는 것을 매우 애통해하던 최루백이었다. 그러나 고려시대의 귀족들은 개경과 그 주변 지역에 무덤을 정하면서 부부나 부자 사이에도 서로 다른 곳에 묻히는 경우가 흔했다. 최루백이 비록 재혼했다고 하더라도 당시의 관점으로는 이상할 것이 하나도 없는 장례 풍습이었다.

서로 신분이 다른 사람끼리의 결혼이었고, 가난한 살림이었다. 그러나 최루백은 '아내의 이름은 경애'라고 밝히면서, 두 사람이 나눴던 사랑과 존경을 우리에게 보여 주고 있다. 이들 부부의 삶에서 우리가 배워야 할 것은 어떤 것인가.

참고 문헌

『고려사』 권121 열전 효우 최루백.

김용선 편, 「최루백 처 염경애 묘지명」, 『역주 고려묘지명집성』(상)(개정3판), 한림대학교 출판부, 2021.
———, 「최루백 묘지명」, 같은 책, 2021.
———, 「염덕방 처 심씨 묘지명」, 같은 책, 2021.
———, 「염극모 묘지명」, 같은 책, 2021.

권순형, 『고려의 혼인제와 여성의 삶』, 혜안, 2006.
———, 「묘지명이 들려주는 고려부인 염경애의 결혼 이야기」, 『문화유산으로 본 한국여성인물사』, 역사여성미래, 2021.
박용운, 「고려시대 수주최씨가문 분석」, 『고려사회와 문벌귀족가문』, 경인문화사, 2003.
오영선, 「여인 염경애」, 한국역사연구회, 『개경의 생활사: 고려 500년 서울』, 휴머니스트, 2007.
이혜옥, 「여성의 경제관념, 부의 추구, 가정 관리」, 하일식 편, 『고려시대 사람들의 삶과 생각』, 혜안, 2007.

III

은혜를 저버리고 우리 아버지를

김광중의 죽음과 아들의 복수

1.

1170년(의종 24) 8월 30일(정축) 저녁.

국왕을 수종하던 무인들이 지금의 경기도 파주시 장단면 남쪽에 있던 보현원에서 난을 일으켰다. 평소 무인을 업신여긴다는 불만이 쌓여 있던 터에, 이날 젊은 문신 한 명이 수박희手搏戲에서 패한 대장군의 뺨을 때리는 일이 벌어지자 마침내 그 불만이 폭발한 것이다. 무인들은 순검군들을 불러 모아서 왕을 따라 함께 온 많은 문신들을 죽였다. 이들은 바로 개경 시내로 들어가 궁궐과 태자궁에서 숙직하던 많은 관료들도 죽였다. 무인들이 사람들을 시켜 길에서 "무릇 문신의 관冠을 쓴 사람들은 비록 서리胥吏라도 죽여서 씨를 남겨 두지 말라"고 외치게 하자, 이에 동조한 군졸들이 벌떼처럼 일어나 50여 명의 문신들을 찾아 죽였다. 그중에 20여 명에 가까운 사람들의 이름이 알려져 있는데, 비서감(종3품)이던 김광중金光中도 포함되어 있다.

이와 같이 많은 문신이 죽었으나, 왜 그들이 대상이 되었고 어디에서 어떻게 잡혀 죽임을 당했는지는 알 수 없다. 단지 이들 대부분이 여러 가지 이유로 평소에 무신들에게 미움을 샀기 때문이라고 추측하고 있을 뿐이다. 그런데 김광중의 죽음에 대해서는 간단한 기록이 남아 있다.

> 김광중은 과거에 급제했고, 의종 때에 (중략) 여러 관직을 거쳐 간의대부 비서감에 이르렀다. (그는) 일찍이 구사驅使인 박광승朴光升을 아껴서 옷과 음식을 주며 길렀는데, 어떤 사람에게 청탁하여 대교隊校가 되게 했다. 정중부의 난에 광승이 광중을 유인하여 민가에 숨겨 놓고 밀고하여 죽게 했다.
>
> —『고려사』 권101 열전 김광중—

군졸들이 문인들을 찾아다니며 살해하자 김광중은 박광승의 도움으로 민가에 숨었으나, 박광승은 그를 밀고하여 죽게 했다는 것이다. 아끼던 사람의 배반으로 인한 죽음이었다.

이 기록에서 보듯이 박광승은 원래 구사였다. 구사는 고려시대에 각 관청의 말단에서 잡다한 일을 하는 이속吏屬인 잡류雜類의 하나로, 심부름을 하는 사령使令이나 직책 이름이 말해 주는 것처럼 '말몰이꾼'과 같은 일을 했던 것으로 짐작된다. 이와 같이 구사는 잡역雜役을 맡기는 했지만, 고려의 관리체계에 속해서 전시과 중 제일 아래 등급인 18과科의 토지를 받았다. 그러나 이들은 관리이기는 하되 품관이 될 수 없는 신분이었다. 구사는 관청에 속하면서도 관리에게 분배되기도 했다.

김광중은 자신의 구사였던 박광승에게 옷과 음식을 주었을 뿐 아니라 대교가 되게 했다. 대교는 무관직인 대정隊正과 교위校尉를 합친 말이라고 생각되는데, 대정은 품외品外이나 교위는 정9품이었다. 그러므로 김광승은 원칙에서 벗어나 특별히 청탁해서 박광승을 무반의 하급 장교인 대교로 만들어 줄 정도로 그를 아꼈다고 할 수 있다. 그러한 그가 은인을 배신하고 죽게 한 것이다.

김광중은 어떤 사람인가. 그에 대해서는 『고려사』에 간단한 전기와 함께 몇 가지 기록이 실려 있고, 또 처인 이씨 부인의 묘지명이 남아 있다. 이를 토대로 그의 생애를 살펴보면 다음과 같다.

그는 고려 문벌의 하나인 광양김씨 가문 출신으로, 아버지는 호부상서를 지낸 김의원이고, 어머니는 고려 최고의 문벌인 경원이씨 가문 출신으로 이자인의 딸이다. 그가 태어난 해는 알 수 없으나, 인종 때에 과거에 합격한 뒤 급사중, 서북면 병마부사 등을 거쳐 과거의 부시험관인 동지공거가 되기도 했다. 1168년(의종 22)에는 국왕이 상서우승(종3품)인 김광중의 집으로 거처를 옮겼다는 기록이 있는데, 이를 보면 그는 국왕과 매우 가까운 사이였을 것으로 여겨진다.

그의 부인 역시 경원이씨 가문 출신으로, 아버지는 이식이고 조부는 이자효이다. 김광중은 외가와 처가가 모두 경원이씨 가문인 것이다. 그런데 김광중의 외조부인 이자인과 처의 조부인 이자효는 모두 이정의 아들로 서로 형제 사이이다. 즉, 김광중과 이씨 부인은 육촌이 된다. 이처

「**김광중 처 이씨 묘지명**」(1183)(위)**과 석관**(아래)
© 국립민속박물관

럼 김광중의 결혼은 고려 최고의 문벌귀족 간의 폐쇄적인 혼인 관계를 잘 보여 준다. 그는 무신난이 일어났을 때 비서감이었다가 살해당했는데, 아마 최고의 문벌 출신이자 국왕과 가까웠던 관계가 죽음의 한 원인이 되지 않았나 생각한다.

김광중이 언제 결혼했는지는 알 수 없다. 다만 그의 처인 이씨 부인이 1113년(예종 8)에 태어났으므로 아마도 1133년(인종 11)을 전후한 시기에 결혼하지 않았을까 추정된다. 부인은 70세가 되던 1182년(명종 12)에 사망했으며, 4남 1녀를 낳았다. 부인이 사망할 당시 맏아들 총叢은 내시 위위주부(종7품)였고, 둘째 아들의 이름은 알 수 없으나 경시서승(정8품)이었고, 셋째 아들은 출가하여 승려가 되었으며, 넷째 아들 체滯는 순안현령順安縣令으로 지금의 경상북도 영주시에 해당하는 순안현에 수령으로 내려가 있었다. 딸의 결혼 여부는 적혀 있지 않으나 부인이 사망할 때까지 곁에서 모셨다고 한다. 이렇게 보면, 남편 김광중이 살해당할 때 57세이던 부인은 10여 년을 더 살았고, 자녀들도 무인정권 아래에서 별다른 불이익을 받지 않은 채 관리로 승진해 가거나 승려가 되었다고 정리할 수 있다.

2.

이들은 그동안 아버지의 죽음에 대해 어떻게 생각하고 있었을까. 또 자신의 은인을 밀고한 박광승은 어떻게 되었을까. 아마도 박광승은 밀고에 대한 포상도 받고 어느 정도 출세를 했을 가능성이 컸으리라 생각한다. 그렇지만 그러할수록 김광중 가족들의 원한이나 복수심도 더 커지지 않았을까. 어쩌면 이들은 박광승에 대한 정보를 모으면서 때가 되기를 기다리고 있었는지도 모른다. 무인들의 시대가 계속되고 있었지만, 상식적으로 볼 때 이렇게 추정하는 것이 합리적이지 않을까 한다.

이와 관련하여 앞에서 인용한 『고려사』의 김광중 열전에는 다른 아들에 대한 언급은 없으나 넷째인 김체에 대해서 다음과 같이 적혀 있다.

> (김광중이 죽임을 당한) 뒤에 광중의 아들 체가 순안현령이 되었다. 마침 배순석裴純碩이 군사를 징발하자 체가 군사를 훈련시켜 응했는데, 광승이 제고사祭告使가 되어 온다는 말을 듣고 먼저 사람을 보내 광승의 아버지를 울주蔚州에서 체포하고, 또 광승을 잡아 함께 순안으로 오게 하여 서로 보게 했다. 먼저 그의 아버지를 죽인 다음 광승에게 일러, "네 아버지의 죽음이 서러운가?"라고 하니, 광승이 "그렇소."라고 했다. 체가 말하기를, "아버지를 사랑함은 같은 것인데, 어찌하여 은혜를 저버리고 우리 아버지를 죽였는가?"라고 하니, 광승이 대답하지 못했다. 마침내 그의 팔을 자르고 군중軍中에 두었다가 몇 고을에 조리돌린 뒤에 죽였다.
>
> —『고려사』 권101 열전 김광중 부附 체—

자신이 순안현령으로 있을 때, 박광승이 제고사로 온다는 소식을 들은 김체는 마침내 원수를 갚을 기회를 잡게 되었다. 이 기록을 보면, 김체는 먼저 울주(울산광역시)에 있는 박광승의 아버지를 잡아 오게 하고 순안에 온 박광승도 붙잡아 두 사람을 대면하게 한 뒤, 아버지를 먼저 처형했다. 그 뒤 박광승을 심문한 뒤 팔을 자르고 군중軍中에 두었다가 몇 고을에 조리돌린 뒤에 처형했다.

이 대목에서 주목되는 점은 박광승의 죄를 여러 곳의 사람들에게 알린 뒤 처형했다는 것과 부자를 함께 처형했다는 것이다. 즉, 이들의 처형은 사적으로 은밀하게 행해진 것이 아니라 공개적으로 이루어졌다. 그렇다면 김체는 법에 정해진 절차를 밟아 복수를 했으며, 박광승 부자에게 적용된 법조문도 구체적으로 있었다고 보아야 할 것이다. 아쉽게도 지금은 관련 법조문이 하나도 남아 있지 않다. 그러나 김체가 박광승을 심문하면서 은혜를 배반한 죄를 추궁하고 있는 점을 보면, 일단 그에게 적용된 죄목은 '상관(또는 주인)을 배반한 죄'라고 추정해 볼 수 있다. 박광승의 아버지는 아들 때문에 연좌제의 적용을 받은 것이 아닌가 여겨진다. 또 하나 관심이 가는 것은 박광승이 제고사라는 국가의 공적인 지위를 가지고 임무 수행차 순안으로 왔음에도 불구하고, 그곳의 지방관인 현령 김체가 주도하는 가운데 처형되었다는 사실이다. 현을 다스리는 지방관이 사형 처분에 대한 권한을 가지고 있었는지는 앞으로 검토해 볼 문제이다. 그렇다고 하더라도 김체가 아버지의 죽음에 대한 복수를 하면서 정당한 명분을 내세움과 동시에 공적인 절차를 밟았다는 점은 주목할 필요가 있다.

고대 중국에서 충과 효를 기본으로 삼는 유교 윤리가 발달함에 따라 부모의 원수에게 복수하는 것은 당연히 용인되었다. 우리가 하늘을 같이 이고 살 수 없을 만큼 원한이 큰 관계라고 말할 때 흔히 쓰는 '불구대천

不俱戴天의 원수'라는 말은 유교 경전인 『예기』에서 비롯되었다. 『예기』 곡례편에는 "아버지의 원수와는 하늘을 함께 이고 살 수 없다[父之讎不與共戴天]"라는 구절이 있다. 아버지의 복수를 허용하는 정도가 아니라 정당화시키고 장려한 것이다. 그러나 복수를 사적으로 허용하게 되면 공권력이 침해를 받는 등 현실적으로 많은 문제가 뒤따르게 되므로, 중국에서는 후한 시기부터 법률로 복수를 금지했다. 당에서는 "조부모와 부모를 위해 싸움을 벌이다가 상해를 입히면 3등을 감형시켜 주지만, 살인하면 일반 형률에 따라 사형에 처한다"라는 법조문도 있었다. 고려는 당의 법조문을 그대로 받아들인 것이 많으므로, 이 조항도 그대로 받아들였을 가능성이 크다.

고려는 건국 초기에 복수를 허용했다가 사회적 혼란을 크게 겪은 뒤, 사적으로 복수하는 것을 아예 금하는 조치를 내렸다. 광종의 과감한 개혁정책으로 많은 사람들이 참소를 받고 희생되자 광종을 이어 즉위한 경종은 그 자손들의 복수를 허락했다. 그러나 다시 억울하게 죽는 사람이 많아져서 새로운 혼란이 일어났다. 그러던 터에 976년(경종 1) 11월에 집정인 왕선이 거짓으로 복수를 핑계 삼아 태조의 아들인 천안부원낭군을 죽이자, 왕선을 내쫓고 마음대로 복수하는 것을 금하게 한 것이다.

그렇지만 중국에서 그러했듯이 고려에서도 복수를 허용하는 유교 윤리와 이를 금지하는 현실 사이에서 많은 논쟁이 일어날 수밖에 없었던 것으로 보인다. 1391년(공양왕 3)에 아버지를 위해 살인한 자에 대한 조정의 논의가 그런 사정을 잘 말해 준다. 형조에서는 그의 죄를 참작하여 장형杖刑 80대로 처벌하려고 했다. 그러면 이런 처벌은 어느 정도의 수준에 해당하는 것인지 궁금해진다.

고려시대의 신체형으로는 5형五刑이라고 하여 다섯 종류가 있었다. 태형笞刑, 장형杖刑, 도형徒刑, 유배형流配刑, 사형死刑이 그것이다. 태형은 5형 가운데 가장 가벼운 형벌로 10대부터 10대를 단위로 50대까지 다섯 등급이 있다. 태형을 집행할 때는 넓적다리[股]와 볼기[臀]로 나누어 때려야 하고, 나누어 때리는 숫자는 반드시 같아야 한다. 장형은 그다음 단계인데, 60대부터 시작해서 10대를 단위로 100대까지 나누어 집행한다. 매는 등[脊]·넓적다리·볼기로 나누어 때리도록 하며, 나누어 때리는 숫자도 반드시 같아야 한다.

이와 같이 장형에는 다섯 단계가 있었는데, 장형 80대로 처벌하는 범죄를 『고려사』 형법지에서 찾아보면 다음과 같다. 이웃이 강도를 당하는 것을 듣고서도 구해 주지 않은 경우, 남편이 처를 구타하여 상처를 내거나 다른 물건으로 상처를 입힌 경우, 실수로 불을 냈는데 불이 다른 사람의 집[택사宅舍]과 재물을 태운 경우 등이다. 또 고려의 마지막 해인 1392년(공양왕 4)에 정몽주가 『신정률新定律』을 지어 왕에게 바쳤는데, 그 중에 "악인樂人과 창기倡妓를 아내로 삼은 자는 장형 80대에 처하고 이혼시키며, 정조政曹 외로 서용한다"는 규정이 들어 있다.

이런 법규를 보면 아버지를 위해 살인한 자에게 장형 80대로 처벌하자는 형조의 결정은 상대적으로 가벼운 처벌이라고 할 수 있다. 이에 도당都堂에서는 비록 부모를 위한 살인일지라도 죄가 가볍지 않다고 반박

했다. 그러나 공양왕은 "부모를 위하여 살인한 것은 그 죄를 사면할 만하다"라고 하여 결국 그를 용서했다. 다른 사례를 더 찾아볼 수가 없으므로 단정할 수는 없지만, 고려에서는 976년의 조치 이후 개인의 사적인 복수는 금하되, 복수자에 대해 국가에서 공적으로 처벌하면서 정상을 참작해 준 것이 아닌가 한다.

3.

우리나라 역사에서 살인자에 대한 복수는 오래전부터 허용되었다. 가장 오래된 법조문인 고조선의 「팔조법금八條法禁」의 첫 번째 조항은 "사람을 죽인 자는 즉시 사형에 처한다"라고 되어 있다. 당한 만큼 되갚는다는 이 원칙은 '탈리오의 법칙'이라고 잘 알려져 있는데, 고조선뿐 아니라 다른 고대사회에서도 널리 적용되는 법이기도 했다. 따라서 고조선은 오래된 관습법을 토대로 하여 명문화된 법금을 만들었다고 할 수 있다. 살인죄를 포함하여 원래 8조로 되어 있던 고조선의 법금은 중국과의 교류가 늘어나고 사회가 복잡해지면서 60여 조목으로 늘어났다고 한다.

그 뒤 한사군을 통해 한문과 함께 유교 윤리가 보급되기 시작했고, 훨씬 뒤에 삼국은 각각 율령을 만들어서 국가를 통치했다. 이 율령은 중국의 영향을 많이 받았을 것이므로 복수에 대한 규정이 있었다면 중국의 것과 비슷했으리라 추정된다. 바꾸어 말하면, 율령 반포 이전에는 법 집행에서 전통적인 관습이 존중되었을 것이며 복수도 어느 정도는 용인되었으리라는 점이다. 다음 사례가 그런 모습을 보여 준다.

신라의 석우로는 제10대 왕인 나해이사금의 아들로, 서불한이 되고 병마兵馬에 관한 일을 맡았다. 제12대 왕인 첨해이사금 때에 왜의 사신이 신라에 오자 그를 접대하던 석우로는 "머지않아 너희 왕을 소금을 굽는 노예[염노鹽奴]로 삼고 왕비는 밥하는 아낙네[찬부爨婦]로 만들겠다"라고 농담했다. 그 말을 들은 왜왕이 분노하여 군대를 보내 신라를 침략했다. 석우로는 자신의 잘못 때문에 일어난 일이니 본인이 해결하겠다고 하여, 왜군을 찾아가서 전날의 농담을 해명하고 사과했다. 그러나 왜군은 그를 불태워 죽이고 돌아갔다. 뒤에 미추왕 때에 왜국에서 사신이 오자, 석우로의 아내는 국왕에게 청하여 사사로이 음식을 대접하다가 사신이 몹시 취하자 장사를 시켜 마당에 그를 끌어내고 불태워서 남편의 원수를 갚았다. 이에 격분한 왜인들이 와서 수도인 금성을 쳤으나 이기지 못하고 돌아갔다.

미추왕은 262년에 즉위했는데, 석우로의 아내가 남편의 원수를 갚은 것은 이로부터 그리 늦은 시기는 아니라고 추정된다. 그리고 부인의 복수에 대해 미추왕은 어느 정도 묵인하는 입장을 보여 주고 있다. 이런 미추왕의 태도는 당시 신라사회가 사적인 복수를 완전히 금지하지 않았다는 사실을 말해 준다.

그 뒤 신라는 520년(법흥왕 7)에 율령을 반포했다. 이 율령의 법조문은 남아 있지 않지만, 중국에서와 마찬가지로 사적인 복수를 금지하는 조항도 있었을 것으로 짐작된다. 그리고 사적인 복수를 금하는 추세는 통일신라시대를 거쳐 더 강화되어 갔을 것이다. 특히 불교가 신라사회에 뿌리내리면서 '불살계不殺戒'와 함께 당시 유행하던 윤회전생사상 등도 그런 추세에 영향을 주지 않았을까 여겨진다. 통일신라 때에 장수사와 불국사와 석굴암을 창건한 김대성(700~774)의 일화에서 그 흔적을 찾아볼 수 있다.

경주 모량리의 가난한 집에서 태어난 김대성은 부잣집에서 품팔이를 하면서 살아갔다, 어느 날 그 집에 중이 와서 한 가지 물건을 보시하면 1만 배를 얻게 된다고 하자 그 말을 들은 김대성은 어머니를 졸라서 가지고 있던 밭을 보시하게 했다. 얼마 뒤 그는 죽었으나 국상國相 김문량의 집에 다시 태어났다. 그는 사냥을 좋아하여, 하루는 토함산에서 곰을 잡았다. 그날 저녁 김대성은 꿈을 꾸었는데, 꿈속에서 곰이 귀신으로 변해서 꾸짖었다. "네가 어째서 나를 죽였느냐? 내가 도리어 너를 잡아먹겠다". 이에 대성이 용서를 빌자, 귀신은 자신을 위해 절을 세워 주겠다는 대성의 약속을 받고 물러났다. 꿈에서 깬 김대성은 이 약속을 지켜서 곰을 잡았던 자리에 장수사를 세우는 한편, 현세의 양친을 위해 불국사를, 전생의 부모를 위해 석굴암을 지었다고 한다.

흥미로운 설화인데, 김대성을 다른 인물로 바꾸고 그 곰도 그 사람에게 죽임을 당한 사람으로 상황을 바꾸어서 상상해 보면 어떨까. 불살계와 윤회설을 따르게 되면 개인 차원의 복수보다 신앙의 영역에 맡기는 것이 훨씬 부담을 줄여 주지 않았을까. 내친김에 신앙을 국가권력이라는 용어로 바꾸어서 상상해 보아도 마찬가지 효과가 있었으리라 생각한다.

4.

조선시대는 어떠했을까.

신숙주申叔舟의 아들 신면申冕은 함길도 관찰사로 있던 1467년 이시애의 난이 일어나자 진압 도중에 죽임을 당했다. 뒷날 신면의 아들인 신용개申用漑는 그 반란군의 일부가 처벌받지 않고 살아 있음을 알고, "자식 된 도리로는 감히 원수를 놓아둘 수 없으나 국법[국헌國憲]은 범할 수 없으니" 국가에서 그들을 처벌하여 아버지의 원수를 갚아 달라는 상소문을 올렸다(1495). 그러나 승정원에서는 그들의 죄를 구체적으로 살피기도 어렵거니와 북녘 사람들을 자극하면 다시 혼란이 일어날 수 있다는 등의 이유를 들어 반대하자 왕은 이 의견을 따랐다. 신용개가 끝내 사람을 구해서 가해자를 죽이자 관청에서는 이 살인 사건을 조사하려고 했다. 이에 신용개는 자수하려고 했으나 모친이 극구 말리고 또 당시의 여론도 그가 의로운 일을 했다고 하여 유야무야 넘어간 일이 있다. 신용개는 아버지의 원수를 갚기 위해 살인을 사주했지만, 그 이전에 그는 사사로운 복수가 법에 어긋난다는 사실을 잘 알고 있었던 것이다.

『경국대전』의 형전刑典에는 부모·조부모를 위해 복수한 자를 처벌하는 규정은 나와 있지 않다. 그러나 이 형전의 첫머리에는 '용률用律'이라고 하여, 형법의 적용은 "『대명률大明律』을 따른다"라고 했다. 이에 『대명률』에서 관계 조항을 찾아보면 다음과 같다.

만일 조부모와 부모가 살해당했는데, 자손이 가해자에게 가서 함부로 죽인 자는 장형杖刑 60대에 처하고, 즉시 가해자를 죽인 자는 죄를 묻지 않는다.

—『대명률』 권20 형률3 투구鬪毆, 범조부모부모위인투구凡祖父母父母爲人鬪毆—

조부모나 부모가 죽임을 당했을 때, 그 자손이 현장에서 즉시 가해자를 죽이면 무죄이나 가해자를 찾아가서 마음대로 죽이면 장형 60대로 처벌한다고 되어 있다. 『대명률』은 신생국인 명의 법전으로 1389년에 완성되었는데, 고려에서도 곧 관심을 가졌다. 1392년에 정몽주가 편찬해서 공양왕에게 바친 『신정률』도 이 『대명률』을 바탕으로 한 것이었다. 이 법전은 1394년(태조 3)에 지어진 정도전의 『조선경국전』에도 많은 영향을 주었다. 그러나 『대명률』의 법조문을 그대로 적용하기에는 문제가 많았으므로, 조선은 일찍부터 그 법전을 이두로 번역하면서 현실에 맞게 고친 『대명률직해大明律直解』를 만들어 사용했다(1395, 태조 4).

그러면 조선시대에 복수에 대한 처벌은 실제로 어떻게 이루어졌는지, 『조선왕조실록朝鮮王朝實錄』에 나오는 몇 사례를 통해서 살펴보기로 한다.

① 경상도에서 사비私婢인 춘옥이 남편을 죽인 자를 칼로 찔러 죽여 복수를 했다. 이에 형조에서 여러 대신들에게 논의해 줄 것을 요청하자, "자식의 부모에 대한 도리나 아내의 남편에 대한 도리나 같다. 장부도 하기 어려운 일을 시골의 천한 여인이 해 냈으니 벌을 줄 것이 아니라 오히려 표창을 해야 한다. 더구나 남편이 죽었을 때 고소장을 낸 바

있으므로 정부의 책임도 있다."라는 의견을 냈다. 이에 왕은 교를 내려, "함부로 사람을 죽인 죄나 살인자는 목숨으로 갚는다는 상명償命에 관한 율은 거론할 바가 아니니, 특별히 정려旌閭하여 조정에서 선善은 표창하고 악惡은 죄를 주는 뜻을 보이도록 하라."고 했다.

—『숙종실록』 권18 숙종 13년(1687) 5월 28일 을사, 세 번째 기사 요약 —

② 경상도 삼가(경상남도 합천군 삼가면)의 홍방필이 살해되자, 그의 처 최씨와 딸이 여러 해 동안 기회를 엿보다가 원수를 갚았다. 이 일을 중앙에 보고하자 대신들의 논의를 통해 다음과 같이 결정했다. "두 여인이 복수하려고 기회를 엿보다가 직접 칼로 찔렀고 또 관청에 나아가 자수했으니, 특별히 함부로 죽인 죄를 용서해 준다. 그러나 정려旌閭를 세워 표창하는 것은 뒷날 폐단이 염려되므로, 다른 열녀나 효자에 특권을 준 예에 따라 급복給復하여 부역을 면제하도록 한다."

—『숙종실록』 권49 숙종 36년(1710) 10월 19일 경진, 세 번째 기사 요약 —

③ 강원도 백성인 김만기는 숙부가 같은 고향 사람에게 살해되자 10년 동안 기회를 엿보다가 그를 죽이고 자수했다. 세밀한 재조사를 통해 복수한 것이 분명하다고 밝혀지자 사형을 감하여 유배시켰다.

—『숙종실록』 권63 숙종 45년(1719) 1월 10일 계미, 두 번째 기사 요약 —

④ 공홍도公洪道(공주·홍주도, 즉 충청도)의 백성인 박성창은 아버지의 원수를 찔러 죽이고 관청에 자수했다. 중앙정부는 논의 끝에 다음과 같이 결정했다. "관청에 알리지 않고 함부로 복수하여 사람을 죽인 경우에는 장형 60대에 처한다는 율문律文이 있다. 그러나 박성창의 복수는 『주관周官』에서 말하는 '의로운 살인[殺人而義]'이 분명하므로,

중국의 옛일과 조선의 판례를 따라 죄를 주지 않고 복호復戶하여 부역과 조세를 면제하도록 한다."

—『영조실록』 권42 영조 12년(1736) 11월 23일 임자, 세 번째 기사 요약 —

이 네 가지 사례는 남편(①), 아버지(②·④), 숙부(③)를 죽인 자와 그에 따른 처벌을 보여 준다. 이들 중 숙부의 복수를 한 한 명만이 사형 대신 유배형을 받았고(③), 나머지 세 명은 형벌 대신 오히려 국가로부터 정려旌閭(①), 급복給復(②), 복호復戶(④) 등의 포상을 받았다. 이들은 '여러 해' 또는 '10년'이라는 기간이 지난 뒤에 개인적인 차원에서 복수를 했으므로 법률의 규정에 따라 처벌을 받아야 마땅했다. 그러나 그들은 피해 사실을 관청에 이미 고소했거나(①), 복수를 한 뒤에 모두 자수했다(②·③·④)는 점이 참작되어 감형되거나 사면되었다.

그런데 ④의 사례에서는 복수를 허용하는 근거의 하나로 중국의 고대 경전의 하나인 『주관』, 즉 『주례周禮』에 나오는 한 구절을 인용하고 있다. 해당 사료의 원문은 "『주관』에서 이른바 '사람을 살해했으나 의로운 것이다'[周官所謂殺人而義者也]"라고 되어 있는데, 오래전부터 개인적 차원에서의 복수의 정당성을 옹호하는 이론적 바탕이 되어 준 것이다. 그러나 이를 받아들인다고 하더라도 어떤 살인이 진정한 '의살義殺'이고, 그 처벌에서 국가권력의 개입을 어느 정도까지 허용할 것인가 하는 문제는 당연히 제기될 수밖에 없었다. 이는 전근대 사회에서 개인과 국가가 서로 풀어 가야 할 영원한 숙제이기도 했다. ①~④ 사례는 평민과 노비에 관한 것이지만 여기에 양반인 신용개의 사례를 더해서 보면, 조선시대에는 신분이나 계층을 막론하고 국가의 공권력을 인정하는 범위 안에서 사사로운 복수를 어느 정도 인정했다고 할 수 있다.

5.

김체는 순안현령으로 있을 때 아버지의 원수를 갚았다. 그런데 어머니 이씨 부인의 묘지명에는 김체의 벼슬이 순안현위라고 밝혀져 있다. 이씨 부인은 1182년(명종 12)에 사망했으므로, 김체가 박광승 부자를 처벌한 것은 이 묘지명이 작성된 때와 가까운 시기라고 할 수 있다. 즉, 아버지의 죽음을 복수하기까지 10여 년을 기다린 것이다. 그리고 이씨 부인은 살아생전에 살해당한 남편의 원수를 아들이 갚는 것을 보게 되었다.

무인정권이 성립하고 명종이 즉위한 뒤 몇 차례 권력자들이 바뀌었다. 처음에는 무인난을 일으킨 중심 인물인 정중부·이고·이의방이 권력을 잡았으나, 곧 이의방이 이고를 죽이고(명종 1년 1월), 이의방은 정중부의 아들이 제거했다(명종 4년 12월). 정중부의 권력은 그가 경대승에게 살해되면서 끝이 났다(명종 9년 9월). 경대승은 앞의 실력자들과는 달리 무반의 좋은 가문에서 태어났고, 무인난에도 가담하지 않았다. 그는 무인난 이후 벌어진 무인들의 불법에 대해 분노하면서 '복고復古의 뜻'을 가졌고, 문인들과도 긴밀한 관계를 유지했다. 그러나 갑자기 병이 나서 사망하면서 그의 정권도 무너졌다(명종 13년 7월).

김체의 복수는 경대승의 집권 기간에 일어났다. 그의 복수가 당시의 정치적 상황과 맞물려 있다고 단정 지을 수는 없겠지만, 적어도 그가 오랫동안 복수의 때를 기다려 왔다는 점은 확실하다. 이씨 부인의 묘지명에는 아들 김체가 원수를 갚아 '충효의 도道'를 다하여 가문을 영화롭게 했다고 쓰여 있다. 그리고 박광승 부자를 처형한 일을 두고 선비들의 논의가 높았다는 당시의 평가도 함께 적었다.

그렇다면 여기서의 충효란 구체적으로 무엇을 말하는 것일까. '효'는 아버지의 오래된 원수를 갚았다는 것이 분명할 터인데, '충'은 무슨 의미일까. 어쩌면 사사로이 복수를 한 것이 아니라 공적인 절차를 밟아 법대로 처리하여 국가의 부담을 덜어 주었다는 뜻으로 해석해도 좋지 않을까. 이런 점에서 당시의 지식인들도 마음 편하게 김체의 복수를 높이 평가할 수 있었을 것이다. 이렇게 볼 때, 김광중의 죽음에 대한 아들의 복수는 전통사회에서의 해묵은 논쟁거리를 해결해 주는 하나의 훌륭한 본보기가 되지 않을까 생각한다.

참고 문헌

김용선 편, 「김광중 처 이씨 묘지명」, 『(속) 고려묘지명집성』, 한림대학교 출판부, 2016.
신용개, 『이요정집二樂亭集』, 한국문집총간 17, 민족문화추진회, 1996.

김창석, 「한국 고대의 복수관과 그 변화」, 『역사와 현실』 88, 한국역사연구회, 2013.
김호, 「'의살'의 조건과 한계: 다산의 『흠흠신서』를 중심으로」, 『역사와 현실』 84, 한국역사연구회, 2012.
채웅석, 『『고려사』 형법지 역주』, 신서원, 2009.
홍승기, 「고려시대의 잡류」, 『고려사회사연구』, 일조각, 2001.

IV

중이 되어 그 옷을 하루라도 입었다면

승려의 출가·수계와 생애주기

1.

이규보는 나이 마흔 셋에 아들 한 명을 더 낳았다. 이미 4남 3녀를 낳은 터였다. 늦둥이를 본 이규보 역시 여느 아버지들처럼 이 아들을 몹시 예뻐했을 것이다. 이 아이가 어떻게 자랐는지는 알 수 없으나 11세가 되었을 때, 이규보는 친구인 승려 현규玄規에게 보내어 출가시켰다. 이에 대해 「(승)이법원 묘지명」에는 다음과 같이 적혀 있다.

> 사미 법원法源은 우리 아들인데, 우리 성姓을 버리고 부처를 따랐다. 열한 살에 선사 규공規公(현규玄規)을 찾아가 머리를 깎고 중이 되었다. 스승을 섬기기를 매우 부지런히 했고 천성이 슬기로워 무릇 시키고자 하면 문득 그 뜻대로 먼저 헤아리니, 일일이 가르칠 필요가 없었으므로 스승이 가장 귀여워했다.

법원이라는 승명僧名을 받은 이 아이는 매우 총명하면서도 싹싹해서 속가의 아버지인 이규보는 물론이고 스승에게서도 귀여움을 많이 받았던 것 같다. 이규보는 젊었을 때 절에 가면 술을 마시고 행패를 부리는 등 승려들을 괴롭히기 일쑤였다. 그러던 어느 날, 천수사에 갔다가 지각 대선사의 감화를 받아 『법화경』 두 권을 사흘 안에 외우면서 불교에 대한 신앙심을 키우게 되었다. 많은 승려들과도 가까이 지냈는데, 마침내 자신의 아들을 그중 한 명에게 맡기게 된 것이다.

아들을 출가시키는 아버지의 심정과 기대를 이규보는 「부처님께 바친 아들을 삭발하면서 올리는 재齋의 소疏[捨子削髮齋疏]」에서 다음과 같이 밝혔다.

> (전략) 아무개는 (부처님과의) 인연에서 벗어나 혼인과 벼슬이라는 길을 한 가지로 따르게 되었습니다. 비록 어려서부터 내교內敎(불교)에 뛰어들고자 했으나 진실로 부처님의 문을 깨끗이 닦을 수 있는 길이 없었고, 헛되게 세상을 벗어날 방법을 생각하여도 마음의 기근機根을 찾는 순서를 알 수가 없었습니다. 저는 이미 관복의 허리띠에 묶인 몸이 되어 이와 같이 힘든 삶을 살고 있습니다만, 자식은 곧 저의 뼈와 살을 나누었으므로 가히 저를 대신하게 할 수 있습니다. 이에 사랑하는 자식을 내어 저 계단戒壇에 바치니, 터럭은 면도날에 잘려 연기와 구름처럼 허공으로 사라지고, 어깨에는 새로 지은 납의衲衣를 걸치고 산수山水로 나갑니다. 한번 제자가 되었으니 길이 여러 생生에서도 그러할 것을 맹세하면서, 이에 네 가지 과업을 뜨겁고 정성스러운 마음으로 간절하게 바칩

니다.

엎드려 원하오니, 인자로운 바람을 멀리 부쳐 보내시고 지혜의 음덕을 널리 더하시어 나라의 터전은 산과 같이 굳어서 흔들리지 않게 하시며, 왕업王業은 오이줄기처럼 이어져서 오래가게 해 주시옵소서. 다음으로 원하노니, 돌아가신 부모님은 친히 대비大悲의 택함을 받아 6취六聚(윤회의 6도道)의 바퀴에서 벗어나고 정각正覺의 몸을 이루어 오직 참된 세상에서 노닐게 하시며, 무릇 고해에 빠져 있는 모든 이가 자비의 배에 함께 의지하게 하소서.

—『동국이상국집』 전집 권41 「석도소釋道疏」—

아들을 승려로 바치면서, 부처의 도움으로 나라의 터전을 굳게 하고 왕업을 길이 보존하며 선조들을 윤회의 고통에서 벗어나게 하고 중생들을 고해에서 건져 내는 데 일생을 바치게 해 달라는 소원을 담고 있다. 원래 이 글은 만종·만전 형제를 출가시키면서 그 아버지인 최우를 대신해서 지은 글이다. 그렇기는 하지만 자신의 아들을 출가시킨 이규보의 마음도 그대로 들어 있음에 틀림없을 것이다. 이규보뿐 아니라 아들을 출가시킨 모든 부모의 마음이 그러하지 않았을까. 왕에 대한 언급을 '겨레'로 바꾼다면, 지금의 출가자와 부모들도 비슷한 생각을 하지 않을까 싶다. 그런데 이 아들은 출가한 지 얼마 되지 않아 병을 얻고는 곧 사망했다. 이에 대해 묘지명 기록은 다음과 같이 이어지고 있다.

절에서 갑자기 병을 얻어, 우리 집에 와서 하룻밤을 누웠다가 다음 날

세상을 떠났다. 사흘 뒤 산에 묻으니, 아, 어찌 이다지도 급할 수 있단 말인가. 경진년(1220, 고종 7) 11월에 중이 되었다가 임오년(1222, 고종 9) 2월에 저세상으로 갔으니, 중이 된 지는 무릇 16개월이다.

출가한 지 16개월 뒤에 아들이 병이 들어 갑자기 사망한 것이다. 이규보는 사흘 만에 아들의 장례를 치르고 묘지명도 직접 지었다. 이규보는 묘지명을 다음과 같이 마무리 지으면서, 13세가 된 아들과 영원한 작별을 나누었다.

> 내가 드디어 명銘을 지어 석 자 되는 나무판에 새겨서 무덤에 넣으려 하나, 슬프다는 뜻만을 적을 따름이다. 육신이나 명문銘文은 빨리 썩어 없어지는 것만 같지 못하니, 어찌 하필이면 돌에 새겨 오래도록 전하게 할 것인가.
>
> 명銘하여 이른다.
>
> 중이 되어 그 옷을 하루라도 입었다면 족할 터인데
> 하물며 두 겨울하고도 한 여름을 보냈으니
> 네가 죽은 것은 오히려 가可한 일인 듯하다

고려시대의 장례는 화장을 한 뒤 석관에 유골을 담고, 묘지명도 돌에 새겨서 함께 묻는 것이 보통의 방식이었다. 그러나 이규보는 아들의 장례를 서둘러 치르면서 묘지명도 나무판에 새겼다. 나무가 썩어 없어지듯이 더 빨리 잊고자 이렇게 한다는 뜻을 밝히고 있지만, 사랑하던 아들을 잃은 슬픔이 더 진하게 담겨 있는 역설적인 표현이 아닌가 한다.

가슴 아픈 일이기는 하지만, 다른 전통사회와 마찬가지로 고려시대에도 자녀들이 부모보다 앞서 세상을 떠나는 일은 흔했다. 통계에 따르면, 고려시대의 부부 한 쌍은 평균 여덟 명의 자녀를 낳았는데, 이 중 세 명 정도가 어린 나이에 사망한 것으로 나타난다. 이규보 역시 평균치에 해당하는 5남 3녀를 낳았고, 막내아들을 포함해서 2남 1녀의 어린 자녀를 저세상으로 먼저 보냈다.

이 글에서는 인구학적 논의를 하자는 것이 아니라, 생애주기(라이프사이클life cycle)라는 관점에서 고려시대 승려사회의 한 모습을 살펴보고자 한다. 고려시대에 승려들은 어느 정도의 나이에 출가했고, 정식으로 승려가 되는 수계受戒는 언제 어디에서 했으며, 승려들에게는 어떤 승계僧階가 마련되어 있었는지, 또 여성의 출가는 어떠했는지 등의 문제를 알아보자는 것이다. 이를 통해서 불교국가의 한 축을 담당했던 고려의 승려사회의 모습을 엿볼 수 있을 것이다.

2.

불교에서의 출가出家는 말 그대로 집을 떠나서 절로 들어가는 것이다. 절에 가면 머리를 깎고 가사袈裟라고 부르는 승복을 입게 된다. 그러나 머리를 깎고 가사를 입는다고 하여 바로 승려가 되는 것은 아니었다. 그들은 사미계沙彌戒를 받은 사미沙彌로서 일정한 기간을 보낸 뒤 구족계具足戒를 받아야 정식으로 승려가 될 수 있었다.

불경인 『마하승기율摩訶僧祇律』과 『사분율四分律』 등에는 도둑질 등의 범죄를 저질렀거나 질병과 신체장애인, 노비, 부모의 허락을 받지 않은 아이의 출가를 금지하는 등의 규정이 있고, 만 7세 이하나 만 70세 이상의 출가도 금하고 있다. 사미들은 출가 연령에 따라 3품으로 나뉘는데, 1품은 7~13세, 2품은 14~19세, 3품은 20~70세로 구분했다. 이 품과 관계없이 출가자들은 모두 사미계를 받아야 했다. 사미계는 '살아 있는 생명을 죽이지 않는다[불살생계不殺生戒]', '도둑질을 하지 않는다[불투도계不偸盜戒]' 등의 10계十戒로 되어 있다.

사미들은 얼마 동안 수행을 한 뒤 구족계를 받아 정식 승려인 비구比丘가 된다. 구계具戒, 대계大戒라고도 하는 구족계는 250개의 계로 구성되며, 보통 20세 이상 70세 미만의 나이에 받아야 했다. 구족계를 받아야만 정식 승려로 인정받기 때문에 승랍僧臘(법랍法臘)이라고 하여 승려가 된 햇수를 말할 때에도 이 계를 받은 나이가 기준이 된다.

고려에서도 출가 규정이 법적으로 마련되어 있었다.

> 양경兩京과 동남東南의 주州·부府·군郡·현縣에서 한 집에 세 아들이 있으면, 아들 한 명은 나이 15세에 머리를 깎고 승려가 되는 것을 허락한다.
>
> —『고려사』 권8 세가 문종 13년 8월 제制—

1059년에 만들어진 이 규정에는 세 아들을 둔 경우에 한 명의 출가를 허락했으나, 그에 앞서 1036년(정종 2)에는 네 아들이 있으면 한 명의 출가를 허락한다는 규정이 있었다. 출가의 규정이 완화된 것이다. 그리고 15세가 되면 공식적으로 출가가 가능했다. 고려시대에 일반 백성들은 16세가 되면 역役의 의무를 지기 시작했고, 관리의 자제들은 18세 이상이 되면 음서의 혜택을 받을 수 있었다. 승려들은 역의 의무에서 면제되었으므로, 15세라는 출가 규정은 이와 관련이 있을 것이다. 이 규정에는 북쪽의 양계兩界 지방 주민은 출가 대상에서 제외되고 있다. 이 점 역시 역의 부담과 관련이 있다고 생각된다. 이 지역의 주민들은 외적의 침입에 대비해야 했기 때문이다.

『고려사』에 나오는 다른 규정을 보면 공·사노비나 향·부곡의 주민들은 승려가 될 수 없다고 했다. 즉, 고려시대에는 양인良人 이상의 신분만 출가할 자격이 있었던 것이다. 고려에는 평상시에는 개인적인 일이나 사원의 토지 경작 등을 맡다가 유사시에는 군대에 편성되는 수원승도隨院僧徒들이 있었다. 아마도 노비나 특수한 신분 출신의 승려들 대부분은 여기에 소속되어 있었다고 추정된다. 이렇듯 승려가 되기 위해서는 신분의 제약이 있었지만, 국가에서는 제도적인 규정을 만들어서 승려 자원을 확보할 수 있는 길을 마련해 주었다고 할 수 있다. 아울러 승려가 낳은 아들은 벼슬하지 못하게 하되 손자는 관리가 될 수 있게 했다가, 승려의 자손은 무반武班과 남반南班의 7품까지로 제한하는 조치를 내리기도 했다. 독신의 원칙을 어긴 승려에게 불이익을 주는 법령이었다.

세 아들 중 한 명의 출가를 허락한 규정은 고려시대에 출가자의 수가 꽤 많았으리라는 가능성을 말해 준다. 실제로는 어떠했을까. 당시에 만들어진 호적이 남아 있지 않고 족보 같은 자료도 없으므로 그 정확한 수치는 알 수 없다. 그러나 고려 묘지명에는 자녀들의 기록이 비교적 자세하게 적혀 있고, 출가한 아들에 대한 기록도 많이 나온다. 이들을 조사하면, 평균 10.1%의 출가율을 보이고 있다. 즉, 아들 열 명을 낳아 최소한 한 명을 출가시킨 것이다.

자료를 종합해 보면, 영·유아기의 사망을 제외하고 고려시대의 중앙 지배층들은 [묘지명은 이들만이 만들었다.] 평균 2.8명의 아들을 낳았는데, 이 중 0.28명이 출가했다. 세부적으로 보면, 고려 전기에는 12.8%의 출가율을 보이다가 조계종이 등장하는 1250~1300년대에는 17.9%로 최고점을 찍고, 고려 말에 성리학이 보급되면서 출가율은 급속하게 줄어든다. 물론 사상계의 변화뿐 아니라 다른 사회적 이유도 출가율에 영향을 끼쳤을 것이다. 그렇지만 이 같은 수치는 고려가 불교국가였다는 사실을 잘 말해 준다. 이와 관련해서 『송사』 고려전에는 다음 내용이 있다.

> (고려의) 남녀 인구는 총 210만 명인데, 군인과 백성과 승려가 각각 3분의 1씩 차지한다.
>
> —『송사』 권487 열전 외국3 고려—

이 기록은 약간의 과장이 있다고 하더라도 고려에 승려가 많았음을 전해 준다. 이들의 출가와 수계는 어떠했을까. 신라 후기부터 고려시대에 만들어진 승려의 비문과 묘지명에는 출가한 나이와 계를 받은 나이가 적혀 있다. 이 기록들을 통해 다음과 같은 사실을 알 수 있다. 단, 자료가 그다지 많지 않으므로 편의상 신라 후기도 포함시키기로 한다.

출가한 나이는 최저 5세에서 최고 25세로 나타난다. 고려 광종 때 개경 귀법사의 주지였던 탄문(900~975)은 904년(신라 효공왕 8)에 5세의 나이로 출가했고, 고려 후기에 진각국사로 추봉된 혜심(1178~1234)은 1202년(신종 5)에 25세에 출가했다. 다른 사례들을 찾아보면, 11~15세가 과반수를 차지하고 5~10세가 다음이다. 또 신라 후기나 고려 전기에는 10세 이하의 출가자가 많은 것에 비해, 무신정권을 고비로 하여 16세 이상의 출가자가 늘어난다. 후기로 갈수록 출가하는 나이가 늦어졌다고 할 수 있다. 출가 평균 나이는 12.5세이다.

한편 구족계를 받는 연령은 최저 7세에서 최고 37세로 나타난다. 충숙왕 때 국사로 추봉된 충감(1275~1339)은 기록된 승랍으로 따르면 1281년(충렬왕 7) 7세에 계를 받았다. 국립부여박물관에 있는 「보광사중창비」의 이 기록은 출가한 나이부터 계산하여 승랍을 적은 것이 아닌가 한다. 일반적인 관례와 다르기는 하지만, 고려 후기에 만들어진 승려들의 비문에도 이 같은 사례가 자주 나오므로, 적혀 있는 기록을 그대로 따르기로 한다. 경상남도 하동군 쌍계사 대웅전 앞마당에 있는 「진감선사비」를 보면, 혜소(774~850)는 37세가 되던 810년(신라 헌덕왕 2)에 계를 받았음을 알 수 있다. 이 수계 연령도 시기별로 차이가 있어, 고려 전기에는 12.5세였으나 후기에는 17.8세로 나타난다. 수계 평균 나이는 17.4세이다. 고려의 승려들은 평균 72.1세에 사망했으므로, 이들은 대략 54~55년 동안 승려 생활을 했다고 할 수 있다.

이규보의 아들은 출가한 지 고작 16개월 만에 사망했다. 아직 계도 받지 않은 수행자 사미였을 것이다. 그러나 이규보는 하루라도 승복을 입어 본다는 그 자체로 만족할 일인데, 여섯 계절을 보냈으니 얼마나 대단한가라고 하면서 애써 슬픔을 달랬다. 이와 관련해서 한 가지 주목되는 현상은 고려 전기에는 출가에서 수계까지의 기간이 2년 이상이 되는 사례가 많았으나, 후기에는 1년 미만의 사례가 급속하게 늘어난다는 점이다.

출가에서 수계까지의 기간이 짧아지면 승려의 수도 그만큼 늘어나게 될 것이다. 그러나 후기로 갈수록 출가율이 낮아지고 출가와 수계 연령도 높아지는 현상을 고려하면 반대로 해석할 수밖에 없다. 고려 후기에 승려의 수가 감소하자 불교계에서는 이 문제를 해결하기 위해 여러 가지 노력을 했을 것이다. 출가와 수계 사이의 간격이 짧아지는 현상도 이와 관련이 있다고 생각한다. 지금의 대한불교조계종은 출가 연령을 40세로 제한하고 있는데, 이를 50세로 늘리자는 논의가 가끔씩 나오는 사실도 비슷한 맥락에서 이해할 수 있다.

3.

이규보 아들의 사례에서 보듯이 출가는 본인과 연고가 있는 사찰을 찾아 지역에 관계없이 어디에서라도 할 수 있었다. 그러나 수계는 계단戒壇사원 또는 관단官壇사원이라고 하는 지정된 사찰에서만 가능했다.

통일신라에서는 9주州에 골고루 계단사원이 있었다. 예컨대 양주良州에는 통도사, 전주全州에는 화엄사, 웅주熊州에는 보원사가 수계사원이었다. 고려가 건국한 뒤 만들어진 개경의 영통사·흥국사·불일사 등도

개성 영통사

오관산 아래에 있는 영통사는 수계사원으로 이곳에서 승과를 치르기도 했다.

© 박종진

수계사원이 되었고, 지방에서도 공산(대구광역시)의 동화사, 전주의 금산사를 비롯한 여러 사찰들에서 구족계를 주었다. 이들 계단사원은 선종과 교종 등 종파에 따라 나누어져 있었다. 계를 받은 승려들의 명단은 승록사僧錄司에 등록되어 국가에서 관리한 것으로 보인다. 승록사는 승려의 호적인 승적僧籍을 관리하여 3년에 한 번씩 승적을 검열하며, 왕사·국사의 책봉 의식이나 여러 불교 행사를 주선하는 등 불교 관계 업무를 담당하는 관청이었다.

이와 아울러 국가에서는 종파별로 몇 단계로 이루어진 승계僧階를 마련했다. 그런데 승계를 제수하는 등의 승려의 인사 업무는 승록사가 담당하지 않고, 일반 행정기구에서 일반 관리의 임명과 같은 행정절차를 따르도록 했다. 승정권僧政權을 국가가 장악함으로써, 교권敎權보다 우위에 서서 불교 교단을 통제하고 규제했던 것이다.

승계를 받기 위해서 승려들은 먼저 승과僧科에 합격해야 했다. 승과는 광종 대에 처음 실시했는데, 일반 과거와 마찬가지로 예비시험과 본시험으로 나누어져 있었다. 승과는 각 종파에 따라 따로 시행되었는데, 예비시험은 교종선敎宗選·선종선禪宗選 등과 같이 종선宗選이라고 했고, 본시험은 대선大選이라고 불렀다. 교종의 대선은 주로 왕륜사에서, 선종의 대선은 주로 광명사에서 치러졌다.

승과 시험과목은 종파에 따라 달랐을 것이다. 조선시대의 『경국대전』 예전 도승度僧 조의 '선시選試' 항목에는 승과 시행에 대한 여러 규정이 나온다. 이에 의하면, 교종은 『화엄경華嚴經』과 『십지론十地論』을, 선종은 『경덕전등록景德傳燈錄』과 『선문염송집禪門拈頌集』을 시험과목으로 정하고, 3년마다 한 번씩 시험을 치르며, 한 회에 각각 30명씩 뽑았다.

고려시대에도 시험 간격은 3년이 원칙이었다고 생각되지만, 실제 사례를 보면 2·3년간 잇달아 시행되기도 하고 몇 년씩 건너뛰기도 하는 등 부정기적으로 실시되었다. 또 대선에서 '상상과上上科'나 '괴품魁品'으로 합격했다는 승려들의 기록을 볼 때, 일반 과거의 '갑과甲科'와 '을과乙科'처럼 성적에 따라 등급을 나누었음이 분명하다. 그러나 그 등급의 구성은 알 수 없고, 한 차례 시험에서 몇 명을 뽑았는지도 알 수 없다. 시험과목도 알 수 없으나, 불교 경전을 설명하거나 논하는 담경談經·담론談論과 같은 구두시험이 포함되었다는 사실은 확인할 수 있다.

승과에 합격한 나이는 평균 24세로 나타난다. 수계한 나이가 평균 17.4세였으므로, 수계한 뒤 6~7년이 지나 승과에 합격한 셈이다. 고려시대에 예부시에 합격하는 나이가 평균 24세였다는 점과 승과에 합격하는 나이가 비슷하다는 점이 흥미롭다.

승과에 합격하면 교종과 선종에 관계없이 모두 대덕大德이라는 승계를 받았다. 대덕에게는 전시과의 하나인 별사전別賜田을 주었는데, 전田 40결·시柴 10결로 별사전의 6단계 중에서 최고 액수였다. 이 토지는 문종 30년의 일반 전시과의 18과科 중에서 12과의 액수와 같다. 12과는 종6품인 감찰어사와 좌·우습유 등의 관리에게 주었다. 그러므로 굳이 비유하자면, 승과에 합격하면 종6품 관리에 해당하는 경제적 대우를 받았다고 할 수 있다. 20대 중반의 나이에 승과에 합격한 승려가 받은 이런 대우는 상당히 후한 것이라고 생각한다. 그러나 대덕 이상에 대한 전시과 토지 지급에 대한 기록은 전하지 않는다. 아마도 승계를 가진 승려 모두에게 그에 합당한 토지 지급이나 경제적 대우가 있었으리라 생각하지만 확실한 내용은 알 수 없다.

승과의 시험관으로 승려뿐 아니라 일반 관리들이 참여하기도 했다. 다음 사례가 그 점을 분명하게 말해 준다.

> 우리 조정의 관례가 무릇 선종과 교종의 과거를 근신近臣 중에서 글을 잘하는 사람이 맡도록 했기 때문에, 임금이 조계종의 과거를 군(백분화)에게 맡겼다. 군은 정밀하게 가려내고 뽑았으므로, 얻은 사람이 모두 당대의 명승들로 뒤에 불교의 우두머리가 되어 불교계에서 활약한 자들이 많았다.
>
> —「백분화 묘지명」—

백분화가 조계종 승과의 고시관이 된 것은 고종 때일 것으로 짐작된다. 이 묘지명은 이규보가 지었는데, 이규보의 과거 동기생인 한광연도 명종 때에 조계종 승선僧選의 시험관이 되어 혜문 등을 뽑았다. 혜문은 이규보가 어려운 처지에 있을 때 쌀과 숯과 솜 등을 보내 주는 등 이규보와 매우 가깝게 지냈다. 혜문은 개경의 보제사에서 지낸 적이 있는데, 그때 보제사의 주지가 현규였다. 현규는 이규보가 아들을 출가시킨 바로 그 승려이다. 이규보의 문집인 『동국이상국집』에는 현규가 보제사의 주지로 있을 때 벽에 걸린 대나무 그림을 보고 이규보가 지은 시도 남아 있다. 이렇듯 혜문과 현규와 이규보는 서로 인맥으로 얽혀 있었다.

이규보의 과거 동기생인 유승단도 승과의 시험관이 되어 수기를 뽑았는데, 수기는 뒤에 수좌가 되었다. 시험관이던 유승단이 사망하자 수기는 제문을 지어 바쳤는데, 이규보가 대신 지은 이 제문에 다음과 같은 대목이 있다.

> 아, 슬픕니다. 예전에 승선僧選을 공이 주관하시면서 나를 으뜸으로 뽑아 주시니 영예가 이미 다하고 넘쳤는데, 나를 아들처럼 길러 주셨으니 은혜를 헤아릴 수가 없습니다. 이미 병이 위독해지자 저를 불러서 부탁하시기를, "저 하늘은 나의 후손을 끊었으나, (중략) 나의 마음을 아는 이는 오직 그대뿐이오. 이제 내가 죽으면 그대가 뒷일을 맡아 주시오." 라고 했습니다. 나는 사양하고 맡지 않으려 했으나 공이 들어주지 않아서 할 수 없이 두 번 절하고 말씀하신 대로 따르기로 했습니다.
>
> —『동국이상국집』 전집 권37 애사·제문,
> 「유 승상의 제사를 지내며 드리는 글—수기 수좌를 대신해서 짓는다—」—

자녀가 없던 유승단이 죽으면서, 장례를 자신이 승과에서 뽑은 수기에게 부탁했다는 내용이다. 유승단은 생전에 수기를 아들처럼 대했다고 한다. 이 두 사람의 관계는 고려시대의 과거 급제자와 시험관 사이의 좌주·문생이라는 관계를 떠올리게 한다.

이와 같이 고려시대의 승려들도 일반 관리들과 마찬가지로 인맥과 학맥으로 복잡하게 얽혀 있었다. 그들 역시 반쯤은 속세에 발을 담근 채 살아갔던 것이다.

4.

고려시대의 승계는 다음과 같은 6단계로 이루어졌다.

교종선 / 선종선 ⇒ 대덕 大德 → 대사 大師 → 중대사 重大師 → 삼중대사 三重大師

→ 수좌 首座 → 승통 僧統

→ 선사 禪師 → 대선사 大禪師

승과에 합격하면 교종과 선종의 승려들은 종파에 관계없이 모두 대덕 → 대사 → 중대사 → 삼중대사로 이어지는 승계를 받았다. 그다음에 교종 승려는 수좌 → 승통으로 승진하고, 선종 승려는 선사 → 대선사로 승진했다.

승과에 합격하기가 쉽지 않았을 것이므로, 양인 출신 승려들은 귀족 출신보다 승과에 합격하기가 더 어려웠으리라 추측된다. 불교계에는 귀족 출신보다는 양인 출신 승려들의 숫자가 훨씬 많았을 것이다. 그러면 승과에 합격하지 못한 승려들은 승계를 받지 못했던 것일까. 1202년에 출가한 혜심의 비문에는 다음과 같은 기록이 나온다.

> 지금의 왕(고종)이 즉위하자 제制하여 (혜심에게) 선사를 제수하고 또 대선사를 더하여 주었다. 승과를 거치지 아니하고 바로 승계에 오른 것은 스님에게서 비롯되었다.
>
> —『동국이상국집』 전집 권35 비명·묘지, 「진각국사비」—

고종 때에 처음으로 승과에 합격하지 않은 혜심에게 승계를 주었다는 이 기록을 따른다면, 그 이전에는 승과에 합격하지 않으면 승계를 받지 못했다고 말할 수밖에 없다. 마치 고려시대에 과거 출신 관리들이 문한직을 독점했던 것처럼 불교계에서도 승과에 합격한 승려만이 승계를 독점했다는 것이다. 그렇다면 고려의 승려들은 승과 출신으로 승계를 가진 계층과 그렇지 않은 계층으로 나누어져 있었다고 보아야 할 것이다. 승려 사회에서도 엘리트 의식이나 출신에 따른 차별이 있었음을 의미한다.

왕실 출신 승려 중에는 승과에 합격한 이도 있고, 그렇지 않은 이도 있다. 예종의 아들인 지인은 9세에 출가한 뒤, 1116년(예종 11)인 15세에 승과에 합격하여 삼중대사-선사-대선사의 승계를 받았다. 역시 예종의 아들인 각관도 1138년(인종 16)에 18세로 승과에 합격하여 삼중대사를 거쳐 승통이 되었다. 이와 달리 문종의 넷째 아들인 의천과 숙종의 넷째 아들인 징엄은 각각 11세와 8세에 출가했으나 승과를 거치지 않고 13세와 16세에 승통이 되었다. 이런 점을 보면, 왕실 출신 승려들의 승과 응시는 금지되어 있었던 것도 아니고 그렇다고 해서 의무적인 사항도 아니었던 것 같다. 이들은 승과 합격 여부와 관계없이 모두 승계를 받았기 때문이다. 고려시대의 왕실과 종실 인물들은 관직을 가질 수 없었고, 따라서 과거 응시도 할 수 없었다는 점과 뚜렷이 대비되는 현상이기도 하다.

한편 고려는 후궁 출신의 왕자들을 강제로 출가시켰는데, 이들을 소군小君이라고 불렀다. 앞에서 소개한 지인은 예종의 후궁인 은씨殷氏의 소생으로 부왕의 명에 따라 출가했다. 명종의 서자 10여 명도 모두 소군이 되었는데, 이들은 출가하면서 바로 삼중대사라는 고위의 승계를 받아 이름난 사찰의 주지가 되고 뇌물도 받는 등 물의를 일으키기도 했다. 왕족인 이들을 권력에서 멀어지게 하여 왕권을 안정시킨다는 정치적 명분 아래 강제로 출가시켰지만, 한편으로는 불교계를 장악하려는 왕실의 의도도 개입되어 있었음이 분명하다. 왕의 아들들이 교종과 선종을 가리지 않고 출가하여 고위의 승계를 차지했다는 점도 그런 사실을 말해 준다.

일반 승려 중에서도 승과를 거치지 않고 승계를 받은 경우가 있다. 앞에서 보았듯이, 혜심은 승과를 거치지 않고 승계를 받은 첫 승려인데, 그는 대선사에 오르고 사후에 진각국사로 추봉되었다. 또 고종 때에 충지(1226~1293)는 20세에 과거에 합격한 뒤 29세에 출가했고, 천책(1206~?)은 19세에 과거에 합격한 뒤 23세 때 출가했다. 이들의 비문에는 출가한 뒤 승과에 합격했다는 내용은 나오지 않는다. 아마도 과거에 합격한 승려들에게는 세속의 경력을 인정하여 승과를 면제시키고 승과 합격자와 같은 대우를 해 준 것이 아닌가 여겨진다. 혜심도 출가하기 전에 과거의 예비시험인 국자감시에 합격한 경력이 있다. 이런 사례가 고종 때부터 나타난다는 사실을 주목하면, 고려 후기부터 승과제도의 기능이 약화되어 간 것으로 이해할 수 있다.

승통과 대선사를 지낸 일부 승려에게는 승계에 포함되지는 않지만 왕사王師와 국사國師 칭호가 주어졌다. '나라의 스승'인 국사는 신라에도 있었지만, '왕의 스승'인 왕사는 고려 초기에 처음 등장한다. 국사와 왕사는 칭호가 다르듯이 역할이나 성격도 서로 달랐다. 왕사는 주로 생시에 책봉되어 구체적인 활동을 했다. 승과나 승정에 간여하거나, 국왕을 위한 법회를 주도하면서 국왕을 위해 불교계의 통합에 노력했던 것이다. 왕사들은 대부분 사후에 국사로 추봉되었다. 국사는 왕사였던 승려를 포함하여 주로 사후에 책봉되는 경우가 많았다. 생시에 책봉되더라도 구체적인 활동을 하지 않고 책봉과 동시에 하산下山하는 경우가 많았다. 이런 점은 국가가 국사와 왕사 제도를 통해 고승들을 상징적으로 우대했다는 점을 말해 준다. 국사와 왕사 모두 토지를 받았는데, 월봉月俸을 받은 사례도 있다. 특히 하산소로 지정하면서 국가에서 토지를 내려 주었는데, 이 토지는 문도들이 상속했다. 그 결과 문도들이 늘어나는 효과를 불러오기도 했다. 그런 까닭으로 하산소 지정을 둘러싸고 종파 간에 분쟁이 일어나기도 했다.

그러나 왕사와 국사 모두 무인정권기를 고비로 하여 고려 후기에는 성격이 바뀌었다. 왕사를 임명하지 않거나 사후에 책봉하는 경우가 늘어났다. 또 왕사를 거치지 않고 생시에 국사로 책봉되는 경우도 많아지는데, 이들은 하산하지 않고 '국존國尊'이나 '국통國統'이라고 불리면서 승정에 직접 참여하기도 했다. 이와 같이 두 존재의 기능이 겹치면서, 고려 전기에 왕사와 국사를 새 왕이 즉위하면서 동시에 책봉하던 관례가 바뀌어 후기에는 중복 책봉이 거의 없어졌다.

국사와 왕사의 존재는 불교의 힘으로 국가를 보호받는다는 국가종교로서의 불교의 모습을 잘 보여 준다. 동시에 이들의 임명권은 국왕이 가지고 있었으므로, 국가의 보호 아래 불교가 융성한다는 모습을 보여 주는 것이기도 했다. 그러나 당시의 유력한 종파에서 왕사와 국사의 책봉이나 추봉을 요구하는 사례도 있었다. 이런 점에서 국사와 왕사의 임명이나 성격과 제도의 변화는 고려 불교계와 정치권력과의 상호 관계나 불교계가 변화하는 모습을 잘 보여 준다.

5.

남성뿐 아니라 여성들도 출가하여 계를 받았는데, 이들을 사미니沙彌尼와 비구니比丘尼라고 불렀다. 이를 줄여서 여성 승려를 흔히 '니尼'라고 부르기도 한다. 『사분율』에 따르면, 출가한 여승들은 사미와 마찬가지로 10계로 된 사미니계를 받아 사미니가 되었고, 2년간 계를 배운 뒤 구족계인 비구니계를 받아 비구니가 되었다. 『사분율』에는 비구계가 250계인 것에 비해 비구니계는 348계로 되어 있다. 경전에 따라 구족계나 비구니계의 숫자가 조금씩 다르지만, 모두 비구계에 비해 비구니계가 더 많다는 공통점을 가지고 있다. 여승의 존재가 사회질서를 혼란시킨다는 우려를 미리 막으려는 의도가 아닐까 한다.

중국에서는 동진東晉의 목제穆帝(345~361) 초부터 양梁 무제武帝의 천감 15년(516)까지 160여 년 사이에 활약한 비구니 65명의 전기를 모아 4권으로 된 『비구니전比丘尼傳』이 출간되기도 했다. 이런 사실을 보면 고대 인도나 4~5세기 중국에서는 여성들의 출가와 비구니들의 활동이 활발했던 것으로 짐작된다. 우리나라에서도 여성 승려들에 대한 기록이 『삼국사기』와 『삼국유사』에 나온다. 고려시대의 기록에도 여성의 출가 사례나 여성 승려에 대한 언급은 꽤 있다. 이들에 대한 구체적 실상은 어떠했을까.

고려시대에 만들어진 남성들의 출가에 대한 규정은 앞에서 보았는데, 여성의 출가에 대해서는 다음과 같은 규정들이 남아 있다.

> ① 사람들이 자기 집을 희사하여 절을 만드는 것과 부녀자가 여승이 되는 것을 다시 금했다.
>
> —『고려사절요』 권3 현종 8년 정월—
>
> ② 사람들이 마음대로 승려와 여승이 되는 것을 금했다.
>
> —『고려사절요』 권27 공민왕 8년 12월—

이 규정은 여성의 출가를 장려하는 것이 아니라 금지하고 제한하고 있다. ①을 보면 '다시[復]'라는 표현이 나오므로, 그 이전에도 여성의 출가 금지 규정이 있었다고 보아야 할 것이다. ②는 고려 말기의 규정인데 '마음대로[擅]' 승려와 여승이 되는 것을 금지하고 있다. 뒤집어 말하면 출가를 하려면 국가에서 정한 공식적인 절차를 밟아야 한다는 뜻이 된다. 그러므로 이 두 기사를 합쳐서 보면, 고려시대에 여승의 출가는 금지되었거나 최소한 국가에서 정한 절차를 따를 경우에만 허락되었다고 할 수 있다. 남성의 출가가 제도적으로 인정받고 장려되던 것과는 정반대 현상이다.

그러면 실제로는 어떠했을까. 고려시대의 남성 출가율이 평균 10.1% 정도였다는 점은 앞에서 보았다. 고려 묘지명을 통해 볼 때, 평균 아들 2.8명을 낳았고 그중 0.28명이 출가했던 것이다. 딸은 2.1명을 낳은 것으로 계산되는데 딸이 출가해서 여승이 되었다고 밝힌 사례는 단 하나뿐이다. 1135년(인종 13)에 만들어진 「최홍재 묘지명」에는 최홍재가 4남 1녀를 낳았는데, 이 딸이 어려서 머리를 깎고 비구니가 되어 경선이라는 법명을 받고 정업원 대사가 되었다고 한다. 그런데 최홍재는 1135년에 60대 중후반의 나이로 사망했는데, 1124년(인종 2)에 이자겸의 미움을 받아 남해의 욕지도로 귀양을 갔다. 이때 아들 네 명과 둘째 아들의 장인도 모두 먼 지방으로 유배를 갔다. 최홍재는 인종 6년에 유배에서 풀려났지만, 한때 온 집안이 거의 '적몰籍沒'될 지경에 빠졌던 것이다. 당시 그의 딸의 나이를 알 수 없지만, 아버지와 함께 네 오라비가 모두 유배형을 받을 때 함께 연좌되어 강제로 비구니가 되었을 가능성도 크다고 생각한다. 그렇다면 남아 있는 고려시대의 기록 중 유일한 이 여성의 출가 사례는 '비정상적인 상황'에서 이루어진 것이라고 할 수 있다.

이에 고려시대에 출가하여 여승이 된 사례를 모두 찾아서 그 이유와 배경을 살펴보기로 한다. 그것을 몇 가지로 묶어 보면 다음과 같다.

첫째, 공식적으로 수계를 받은 경우이다. 김변의 처 허씨는 61세 때인 1315년(충숙왕 2)에 계단戒壇에서 계를 받고 성효라는 법명을 가진 여승이 되었다. 김구의 처 최씨는 83세에 머리를 깎고 향진이라는 법호를 받았는데, 사망하기 하루 전이었다. 최서의 처 박씨(1318)와 이덕손의 처 유씨(1326)도 계와 법명을 받았으나, 모두 병이 위독해진 뒤였다. 이들은 모두 머리를 깎고 법명을 받는 등 정식으로 계를 받았다. 그러나 이런 사례들을 정상적인 출가와 수계라고 볼 수는 없을 듯하다. 허씨 부인은 남편 김변이 1301년에 사망하고 14년이 지난 뒤에 계를 받았다. 그런데 부인이 70세에 사망하자 그 장례는 다른 일반 여성들처럼 자녀들이 치렀고, 국가에서는 부인을 '변한국대부인 진혜대사'로 추봉했다. 부인의 깊은 신앙심을 인정하되 속세의 신분을 그대로 인정하고 있는 것이다. 그러므로 이런 사례는 일반적인 출가가 아니라 돈독한 신앙 활동의 연장선 위에 있는 것으로 이해하는 편이 옳다고 생각한다. 왕비나 모후, 공주를 포함하여 고려시대의 여성들이 계를 받은 사례는 더 있는데, 그 과정이나 내용은 확실하지 않지만 대부분은 정식 수계가 아니라 재가 신자로서 보살계를 받은 것이라고 생각된다.

둘째, 남편이 죽은 뒤에 정절을 지킨다는 등의 이유로 비구니가 된 경우이다. 충렬왕 때 재상 홍유의 딸이 과부로서 비구니가 되었는데, 궁궐을 드나들면서 왕비에게 세상의 소문을 전해 주었다. 공민왕 때에 밀직을 지낸 허강이 사망하자 신돈이 문벌을 탐내 안동김씨 가문 출신인 허강의 부인과 결혼하려고 했다. 그러나 부인은 이를 단호하게 거부하고 비구니가 되었다. 역시 공민왕 때 찬성 양백연은 정절을 지키려고 비구니가 된 성대용의 첩을 강간했다가 관직을 빼앗기고 유배형에 처해졌다. 공민왕이 암살된 뒤에 이제현의 딸 혜비와 염제신의 딸 신비도 모두 비구니가 되었다.

셋째, 남편에게 버림받았거나 결혼할 수 없을 정도로 가난한 여성들이 출가한 경우이다. 고려 태조가 호족들과 연합하기 위해 결혼정책을 쓴 것은 잘 알려져 있는데, 이 여성들 중에서 출가한 경우가 있다. 정주의 호족인 천궁의 딸 유씨는 태조와 하룻밤을 지냈으나 소식이 끊어지자 정절을 지키기 위해 비구니가 되었다. 이 소식을 들은 태조는 유씨를 불러 부인으로 삼았다. 부인은 태조가 궁예를 내쫓기 위해 군사를 일으킬 때 큰 공을 세워서 태조의 왕비 중 첫 번째 부인의 지위를 차지했고, 사망한 뒤에 신혜왕후로 추봉되었다. 동주의 호족인 행파의 두 딸도 태조를 모셨으나, 태조가 돌아오지 않자 모두 비구니가 되었다. 이 소식을 들은 태조는 두 여성에게 서경에 대·소서원大·小西院이라는 절을 지어 주고 토지도 주어 중으로 살게 했다. 이 두 부인의 이름은 『고려사』에 대서원부인, 소서원부인이라고 적혀 있다. 충렬왕 때에 찬성사를 지낸 김지숙은 청렴결백했는데, 정작 그의 두 딸은 가난해서 결혼하지 못하고 모두 비구니가 되었다.

넷째, 범죄를 저질러 강제로 비구니가 된 경우이다. 명종 때 태자의 사랑을 받던 여자 종이 관리와 사통私通하다가 발각되자 처벌 대신 비구니로 만들었다. 충숙왕 때 황주목사이던 이집의 처 반씨는 다른 관리와 간통하고 남편을 죽였다. 반씨 부인의 친척인 승려가 충선왕의 총애를 받은 덕에 부인은 극형을 면하고 사면되었으나, 뒤에 출가시켜 정업원의 승려가 되게 했다.

이 분류 외에 출가 이유를 전혀 알 수 없는 경우도 있다. 충렬왕의 왕비인 원성공주에게 어떤 비구니가 자신의 여종이 짠 품질 좋은 백저포白苧布를 바치자, 공주가 그 종을 달라고 하여 어쩔 수 없이 바쳤다는 사례가 있다. 이 여승이 누구이며 어떻게 출가했는지는 전혀 알 수 없으나, 그는 궁궐을 출입할 수 있었고 자신의 노비도 소유하고 있었다. 또 우왕 때에는 서울의 한 비구니가 미륵을 자칭하여 사람들이 쌀과 베를 시주하자 헌사가 장형에 처하고 유배 보낸 일도 있었다. 그러나 이 여승에 대한 다른 사항은 전혀 알 수 없다.

고려 말기인 우왕 때에 만들어진 경기도 여주시 신륵사에 있는 「대장각기비」와 「보제존자석종비」에는 불사佛事에 참여한 20여 명의 비구니의 이름이 적혀 있다. 비문에 보제존자普濟尊者, 즉 나옹懶翁의 문도로서 이름을 당당하게 밝히고 있는 것을 보면 이들은 정상적인 절차에 따라 출가한 승려들로 짐작된다. 그러나 고려 말기의 이 사례를 제외하면 나머지 대부분의 기록은 여성들은 정상적이라기보다는 어떤 특수한 상황에서 출가했음을 보여 준다.

또 여성의 출가를 장려하는 기록은 물론이고, 그들만을 위한 승계나 승과의 흔적을 보여 주는 단서도 없다. 다만 김변의 처 허씨는 사후에 '진혜대사'라는 칭호를 받았고, 최홍재의 딸은 정업원의 대사였다. 또 「보제존자석종비」에는 정업원 주지라는 직함을 가진 비구니도 나온다. 여성 승려들도 남성과 비슷한 승계를 가지고 있었고, 특정한 사찰의 주지도 할 수 있었다는 것이다.

특히 정업원淨業院은 1251년(고종 38)에 형부상서로 최이에게 죽임을 당한 박훤의 집을 헐어서 여승만이 거주하는 사찰로 만들어졌다고 『고려사』에 기록되어 있다. 그러나 「최홍재 묘지명」에는 이미 인종 때에 최홍재의 딸이 정업원의 대사였다고 했다. 아마도 고려시대에 여승들이 머무는 대표적 사찰인 정업원은 이름을 그대로 유지한 채로 이전을 했다고 이해하는 것이 옳지 않을까 한다. 정업원 이외에 안일원安逸院이라는 여승 전용 사원의 이름도 우왕 대의 기록에 나온다.

강제로 출가했든, 자발적으로 출가했든, 특별하게 출가했든 고려시대 여성 승려들의 신분은 왕비와 귀족, 관리의 측실側室이나 노비까지 다양하다. 이들 중에는 궁궐을 출입하면서 왕비에게 선물을 바치거나 자신의 노비를 소유할 정도로 정치적 영향력과 경제력을 가진 승려도 있었다. 또 귀족 관리의 부인 중에는 개인의 재산을 바쳐서 사찰을 건립하거나 전국의 유명 사찰을 순례하고 사경寫經 등의 각종 불사를 베푼 이들도 많았다. 이러한 일들은 고려시대에 여성의 출가가 제한된 상태에서 이루어졌다고 하더라도, 여성들은 불교계의 한 축을 담당했고 활발한 신앙생활을 통해 그들의 종교적 욕구도 채워 갔음을 잘 보여 준다.

이와 같이 고려의 승려사회도 귀족사회와 마찬가지로 인맥과 학맥이 복잡하게 얽혀 있었다고 할 수 있다. 승과에 합격한 승려들과 그렇지 않은 승려들 간에 출신에 따른 차별도 있었다. 무엇보다 여성들도 가부장적인 종교계의 벽을 넘지는 못했지만, 나름대로의 신앙생활을 통해 고려가 불교국가로 성장해 가는 데 일정한 역할을 했다는 데 역사적 의의를 부여할 수 있다.

참고 문헌

김용선 편, 『역주 고려묘지명집성』(상)·(하)(개정3판), 한림대학교 출판부, 2021.

———, 『(속) 고려묘지명집성』, 한림대학교 출판부, 2016.

길희성, 「고려시대의 승계제도에 대하여–특히 고려도경을 중심하여–」, 『규장각』 7, 서울대학교 규장각한국학연구원, 1983.

김영미, 「고려시대 여성의 출가」, 『이화사학연구』 25·26합집, 이화여자대학교 이화사학연구소, 1999.

———, 「고려시대 비구니의 활동과 사회적 지위」, 『한국문화연구』 1, 이화여자대학교 한국문화연구원, 2001.

———, 「고려 여성들의 불교 신앙과 수행」, 김영미 외, 『고려 시대의 일상 문화』, 이화여자대학교 출판부, 2009.

김용선, 「고려 승려의 일대기」, 『고려 금석문 연구: 돌에 새겨진 사회사』, 일조각, 2004.

———, 「고려 귀족의 결혼·출산과 수명」, 같은 책, 2004.

———, 『생활인 이규보』, 일조각, 2013.

박윤진, 『고려시대 왕사·국사 연구』, 경인문화사, 2006.

최원식, 「나말 여초 선승들의 수계와 지율」, 『백산학보』 52, 백산학회, 1999.

한기문, 「고려전기 수계와 계단」, 『고려사원의 구조와 기능』, 민족사, 1998.

———, 「국사·왕사의 하산소」, 같은 책, 1998.

허흥식, 「조선의 정유와 고려의 진혜: 두 시대 여대사의 비교」, 『정신문화연구』 27권 4호, 한국학중앙연구원, 2004.

———, 「고려의 승과제도와 그 기능」, 『고려의 과거제도』, 일조각, 2005.

* 사미·비구·구족계·비구니계 등의 불교 용어와 여러 불교 경전에 대해서는 『望月佛教大辭典』(증정 제10판), 東京: 世界聖典刊行協會, 1980 참고.

V

그의 호탕함이 모두 이와 같았다

조화와 타협 속의 여유와 웃음

1.

고려 후기 충렬왕 때 사람인 노당露堂 추적秋適에 대해 다음과 같은 일화가 전한다.

노당은 성품이 활달하고 거리낌이 없었다. 늙어서도 밥을 잘 먹었는데 늘 말하기를, "손님 대접은 다만 흰 쌀밥을 부드럽게 짓고, 생선을 썰어 국을 끓이는 것으로 충분하다. 비록 많은 돈을 써서 여덟 가지 진미를 차린다고 하더라도 입을 지나가고 나면 똑같다."라고 했다. 용주龍州(평안북도 용천군)의 수령이 되었는데, 평소 친하게 지내는 왕륜사의 인조仁照 스님이 역마를 타고 북으로 올라왔다. 관내에 들어오자 역리驛吏에게 "너의 사또는 누구신가?"라고 물으니, 역리가 "추시랑秋侍郎입니다."라고 대답했다. 스님이 "이吏인가? 유儒인가?[吏乎儒乎]"라고 물으니, "늘 붓과 벼루를 지니고 다니는데, 때로는 홀로 앉아 시를 읊기도 하니 유자儒者인 듯합니다."라고 대답했다. 스님은 "이름난 선비[士] 중에서 추씨 성을 가진 자가 누구인가? 분명히 내가 알지 못하는 분이다."라고 했다. 조금 뒤에 "매일 점심 때에 큰 사발에 향기로운 쌀밥을 담고 깊은 대접에 부드러운 고깃국을 담아 그 앞에 드리면, 너의 사또는 어떻게 하시더냐?"라고 하자, 역리가 즉시 무릎을 꿇고 "스님께서 저를 속이셨군요. 반드시 사또를 잘 아시는 분입니다."라고 했다.

—이제현, 『역옹패설』 전집 권2, 「노당성활달」—

지방의 수령이 된 친구 추적을 찾아간 승려가 그 고을의 역리에게 수령과 잘 아는 사이라는 것을 은근하게 밝히는 이야기이다. 승려의 능청스러움이 살며시 웃음을 짓게 한다. 그런데 두 사람이 나누는 대화 중에 승려가 그 고을의 수령이 "이인가? 유인가?"라고 묻는 대목이 있다. 이에 역리는 "유자인 듯하다"라고 대답했다.

이 일화 속에는 이吏·유儒·사士라는 세 가지 단어가 등장한다. '이'라고 하면 흔히 관청의 말단 관리인 서리胥吏나 지방의 향리鄕吏를 떠올리기 쉽지만, 중앙에서 행정을 맡는 일반 관리를 뜻하기도 한다. '유'는 말 그대로 유학을 공부한 학자이고, '사'는 선비를 말한다. 그러므로 이는 행정을 맡는 관리를, 유학자와 선비는 유교를 공부하여 그 이념으로 무장한 사람을 뜻한다. 이와 같이 서로를 구분하는 기준은 다르지만, 같은 인물이 동시에 세 가지를 겸할 수도 있다. 그런데 이 일화에서는 지방 수령 한 사람의 정체를 두고 '이'와 '유'를 서로 대비되는 존재로 구별하고 있다.

고려시대에 관리들을 이렇게 유와 이로 나누는 기준은 그가 과거 합격자인가 아니면 음서 출신자인가에 달려 있었다. 이들은 모두 관리이기는 하지만, 엄밀한 의미에서 과거 출신은 유(또는 문文)라고 불렀고, 음서 출신자들은 이라고 불렀던 것이다. 그러므로 승려의 질문은 바로 그 수령이 음서 출신 관리인가, 아니면 과거에 합격한 관리인가라는 뜻이 된다. 이렇게 되면, 고려시대의 관리들에게 과거와 음서라는 출신 차이는 관직 생활에 어떤 영향을 끼쳤는가 하는 궁금증이 생겨난다.

잘 알다시피, 과거와 음서는 고려에서 관리가 되는 가장 중요한 길이었다. 하나는 개인의 학문적 능력에 따라 관리가 되는 것이고, 하나는 친족이나 조상의 음덕으로 그 후손이 관리가 되는 것이다. 과거에 합격했든 음서의 혜택을 받았든, 이들은 모두 관리로서 최고의 지위까지 오를 수 있었다. 그러나 음서 출신 관리들은 결코 맡을 수 없는 직책이 있었다. 바꿔 말해, 과거 출신자들에게는 그들만이 독점하는 관직이 있었던 것이다. 문한직이 그것이다.

고려시대의 관직을 일반 행정직과 문한직으로 나눈다면, 일반 행정직은 누구나 맡을 수 있지만 문한직은 과거 출신 관리들만 맡았다. 한림원, 춘추관, 예문관 등의 문한 기구에 소속된 문한직 관리들은 왕명王命과 외교문서 작성, 역사서 편찬, 경서經書 강론 등의 업무를 맡았다. 또 예부에서 주관하는 과거 업무도 과거 출신 관리들이 독점했다. 이 직책들은 당연히 문장에 능하고 학식이 뛰어나야 했다. 다음 이야기는 그런 점을 잘 보여 준다.

사공 최온崔昷이 하천단河千旦·이순목李淳牧과 함께 고원誥院(한림원)에 있었다. 하河와 이李가 모두 글로 이름을 날렸는데, 공(최온)은 그의 문벌을 믿어 그들을 가볍게 여겼고 그들 역시 (공에게) 굽히지 않았다. (하루는) 이웃 나라에서 잘못을 꾸짖으며 보낸 문서에 답장을 지어 올리라는 왕의 명령이 내려왔는데, 공이 붓을 잡아야 할 처지가 되었다. 머리를 긁고 고민해도 뜻대로 써지지 않자 붓을 던지면서 욕하여 말하기를, "이것이 시골의 가난한 무리들이 스스로 잘난 체하는 까닭인가." 라고 했다.

—이제현, 『역옹패설』 전집 권2, 「최사공온」—

최온은 고종 때에 과거에 합격했는데, 고려 최고 문벌의 하나인 창원(철원)최씨 출신이었다. 하천단은 이안현利安縣(경상남도 함양군) 출신이고, 이순목은 합주陜州(경상남도 합천군)의 향리로 둘 다 서울에 올라와 과거에 합격했다. 이 두 명은 낮은 신분 출신이지만 모두 문장으로 이름을 날렸다. 최온에 맞선 하천단과 이순목의 이야기는, 문한관들은 과거 합격증에 더하여 글을 잘 짓는 능력도 필수였다는 사실을 잘 말해 준다. 제 아무리 문벌 출신일지라도 예외일 수가 없었다. 사정이 이러하니, 음서 출신 관리들은 아무리 학문이나 문학적 능력이 뛰어났다고 할지라도 과거에 합격하지 않고서는 문한직을 결코 맡지 못했다. 이처럼 과거 출신자들만이 문한직을 맡았으므로 유(또는 문)라고 부르고, 일반 행정을 맡은 음서 출신 관리들은 이라고 불렀던 것이다.

이들은 모두 고려 최고의 지위인 재추에 오를 수 있었지만, 이 재추직에도 차별이 있었다. 과거 출신은 음서 출신자와 구분하여 문지재추文地宰樞(또는 문유재상文儒宰相)라고 불렀다. 이렇게 부르는 만큼 이들의 임무도 당연히 구분되었다. 다음 일화가 잘 말해 준다.

> 충정공 홍자번洪子蕃이 아상亞相이 되어 일을 의논할 때마다 수상인 문경공 허공許珙과 다투었는데, 문경은 간혹 억지로 그 의견을 따르기도 했다. 일찍이 양제兩制가 지은 사詞와 소疏를 열람하는데, 충정이 잘못된 점을 지적하며 오래도록 그치지 않으니 일을 아뢰려고 온 서리들이 여러 명이나 앞에 엎드려 기다리게 되었다. 이에 문경이 문첩녹사文貼錄事에게 "고양이는 쥐만 잡으면 되는 것이지요."라고 했는데, 이는 대개 문필의 업무가 충정의 일이 아님을 빗대어 한 말이다. 충정이 이에 얼굴빛을 고치면서 그 일을 그치자, 사람들이 이 두 사람은 서로 잘 지내지 못할 것이라고 했다. 그러나 문경이 죽자 충정이 탄식하여 말하기를, "공은 삼가고 정직하며 아는 바를 말하지 않은 적이 없었다. 세상에 어찌 다시 허許 공公과 같은 분이 있겠는가."라고 했다.
>
> —이제현, 『역옹패설』 전집 권2, 「홍충정자번」—

이 이야기에는 수상인 허공과 바로 그다음의 제2위 서열인 아상 홍자번이 등장한다. 허공은 음서를 받아 관리가 되었다가 뒤에 과거에 합격한 인물이고, 홍자번은 젊은 나이에 당후관(정7품)이 된 뒤 과거에 응시했으나 끝내 합격하지 못한 인물이다. 이렇게 출신 배경이 서로 다른 두 사람이 수상과 아상이라는 고위직 재추가 되어 서로 업무를 보던 중 홍자번이 사詞와 소疏를 교열하며 문필의 업무에 간여했다. 허공이 이를 권한을 벗어난 일이라고 하여 실무를 담당하는 하급 관리에게 "고양이는 쥐만 잡으면 된다"라고 조롱하자, 홍자번의 낯빛이 변했다고 한다. 흰 고양이든 검은 고양이든 쥐만 잘 잡으면 된다는 고려판 '흑묘백묘론白描黑猫論'을 내세우면서, 문필에 관한 업무는 과거 출신인 문지재추의 고유한 몫이고, 제아무리 재추라고 하더라도 과거 출신이 아닌 홍자번의 일은 아니라는 점을 지적한 것이다. 이처럼 공개적으로 망신을 당했지만 홍자번은 허공을 진심으로 존경했다고 한다.

추적과 홍자번의 사례가 보여 주듯이, 고려시대 관리들은 출신에 따라 호칭도 다르고 담당하는 업무에도 차별이 있었다. 그렇다면 과거제와 음서제는 서로 대립과 갈등 관계에 있었다고 이해해야 할까. 물론 세부적인 면에서는 그런 점이 있었다. 일반 행정을 담당하는 관리보다는 문한직 관리들이 엘리트 관리로 대우받고 출세에도 유리했기 때문이다. 또 과거 출신 관리들은 그들을 뽑아 준 시험관을 좌주座主로 모시고 동기생끼리는 동년同年이라고 부르면서, 좌주와 문생門生이라는 인맥을 만들었다. 이 좌주·문생의 관계는 부자관계보다 더 깊었다고 하는데, 이들은 서로를 이끌어 주고 밀어주면서 관리 생활에 큰 영향을 끼쳤다. 그러나 음서 출신 관리들에게는 그들의 이익을 대변할 만한 조직이 전혀 없었고, 그들만의 독점적 권한 같은 것도 없었다. 이런 점에서 고려시대에는 음서보다는 과거가 더 우월한 위치에 있었다고 보아야 할 것이다. 음서 출신자 중에서 40% 가까이가 다시 과거에 합격했다는 통계가 그 점을 잘 말해 준다.

그렇다고 해서 음서제가 일방적으로 불리한 것은 아니었다. 무엇보다도 음서는 조기에 관직에 나아갈 수 있다는 강점이 있다. 18세 이상이 되어야 음서의 혜택을 받을 수 있다는 규정이 있기는 했지만, 실제로는 15세 정도에 음서를 받아 관리가 되었다. 이에 비해 과거에 합격하는 평균 연령은 24세 정도로 나타난다. 대략 10년 정도의 차이가 나는 것이다. 음서를 받을 때 국가에서는 어떤 시험도 요구하지 않았다. 단지 아버지나 할아버지 등 일정한 범위의 친족이 5품 이상의 관직을 가지고 있거나 국가에 공을 세우거나 공신으로 책봉된 조상이 있으면 그 음덕으로 후손이 음서의 혜택을 받을 수 있었다. 음서를 통해 그 가문은 지배계층이라는 지위를 계속해서 유지해 갈 수 있었던 것이다. 또 고려의 관직 중 문한직보다는 일반 관직이 훨씬 더 많았으므로, 전체 관리 중에서 음서 출신자의 비중이 더 컸을 것이다.

이와 같이 음서제와 과거제는 서로 유리한 점과 불리한 점이 있었다. 그러므로 두 제도가 서로 부딪히지 않고, 조화와 균형을 이루는 가운데 고려사회가 움직여 나갔다고 정리할 수 있다. 조선시대에는 음서의 기회가 대폭 줄어드는 대신 과거가 훨씬 더 중요해졌다. 이에 따라 3년마다 정기적으로 치르는 식년시式年試에 더해 부정기적인 증광시增廣試·별시別試·알성시謁聖試 등의 과거가 수시로 치러졌다. 그 결과 과거는 과거대로 제도적으로 문란해지고, 관직을 바라는 양반들의 요구도 제대로 채워 주지 못한 채 마침내 조선사회에 붕당朋黨이 생기는 하나의 원인이 되었다.

2.

고려시대의 관직은 근무지의 위치에 따라 중앙직과 지방직으로 나눌 수 있다. 고려는 전국을 개성부開城府·경기京畿와 5도道·양계兩界로 나누고, 그 아래에 경京·도호부都護府·목牧 및 주州·부府·군郡·현縣·진津을 두었다. 이 지방 조직은 500여 개에 이른다. 이 모든 지역에 중앙에서 관리가 파견되지는 않았지만, 중요한 고을에는 관리가 파견되어 중앙정부의 지시와 감독을 받게 했다.

중앙에서 지방으로 파견된 관리를 지방관이라고 부르는데, 도와 계에는 안찰사按察使와 병마사兵馬使가, 그 아래에는 부지사府知事·도호부사都護府使·목사牧使·군수郡守·현령縣令 등이 파견되어 지방행정의 책임을 맡았고, 이들을 보좌하기 위해 서기書記 등의 하급 관리도 따로 파견되었다. 하급직은 과거 합격자나 음서 출신자의 첫 관직으로 많이 주어졌다. 안찰사의 임기는 6개월로 봄·가을로 교대했지만, 나머지 대부분의 지방관 임기는 3년을 채워야 하는 것이 원칙이었다.

지방관의 임무를 맡는 동안 가족을 동반할 수도 있었고, 그렇지 않을 수도 있었다. 부모를 모셔야 한다든지, 아들의 과거시험 준비, 경제적 문제 같은 개인적인 형편에 따랐다. 과거에 합격한 뒤 9년 만인 32세의 나이에 전주목 서기라는 말단직을 첫 관직으로 받은 이규보는 가난 때문에 가족을 개경에 남겨 두고 혼자 부임했다. 이때 동년 급제생인 유충기가 "근무지에 가면 주색酒色을 경계하라"는 내용의 장난기 가득한 시를 주어 축하해 주자, 이규보는 다음과 같은 시를 지어 화답했다.

자네의 말을 금과 옥처럼 중하게 여겨서 子語重金玉
가는 길 내내 읊고 또 읊겠네 臨行吟復吟
큰 산은 오히려 무너진다고 하더라도 大山寧倒地
사나이가 마음이 바뀔 것인가 壯士不移心
초록빛 맑은 술이 바다처럼 떠다니고 綠蟻浮連海
젊은 여인의 미소가 황금처럼 빛나더라도 靑蛾笑直金
지금의 내 뜻을 헤아릴 터이니 此時斟我意
훈계가 모름지기 깊지 않아도 되네 訓戒不須深

—『동국이상국집』 전집 권9 고율시, 「유충기 동년이 화답하므로 차운하여 답하다」—

자신을 평생 괴롭히던 세 가지 마魔, 즉 색마色魔와 주마酒魔와 시마詩魔 중에서 색마는 물리쳤다고 큰소리친 이규보이니만큼 이 약속은 잘 지켰으리라고 믿는다. 그러나 그렇지 못한 사람도 많았다. 근무지에서 기생과 사랑에 빠진 정통鄭通이라는 사람도 그중 한 명이다. 어떤 일이 일어났는지, 그의 이야기를 옮겨 본다.

정통이라는 자는 초계草溪 사람이다. 나주羅州서기에 임명되었을 때 관기官妓인 소매향小梅香을 사랑하여 아이 한 명을 낳기에 이르렀다. 임기가 차서 서울로 가게 되자 멍해져서, 가면서도 그곳이 어디인지 모르고 말을 하면서도 무슨 말을 하려 했는지 잊어 버렸다. 도중에 친구의 집에 도착하니, 중 한 명이 좋은 말을 타고 또한 그 집에 왔다. 중이 자리에 앉지도 않았는데, (정통은) 먼저 나와 말을 훔쳐 나주로 사흘을 달려가서 밤에 기생집에 도착했다.

기생은 어미와 함께 등불을 밝히고 앉아서 말을 나누고 있었는데, 한숨을 쉬며 탄식하여 말하기를, "기실記室 공은 오늘 어디에 계실까."라고 했다. 정통은 곧 문을 밀치고 들어가 울면서 말하기를, "내가 여기 있다."라고 했다. 며칠을 머물렀으나 오래 있을 형편이 아닌 것을 알고, 말에 기생을 태우고 자신은 아이를 업고 함께 북으로 갔다.

(정통의) 아내는 이미 남편을 잃은 터에 또 땔감과 식량 걱정을 이겨 낼 수 없게 되자 종들을 데리고 고향으로 가고 있었다. 길에서 보니 한 부인은 말을 타고 아이를 업은 사내가 그 뒤를 따르고 있었다. 여종이 말하기를 "저기 오는 분이 우리 나으리 같습니다."라고 하자, 아내가 말하기를, "나으리께서 아무리 바람이 났다고 하지만 어찌 이 지경에 이르렀겠느냐?"라고 했다. 점점 가까워져서 보니 과연 통이었다. 아내가 말하기를, "저런, 영감이 어쩌다가 이렇게 되었소?"라고 하니, 통이 아내를 쳐다보고 말하기를, "내가 이같이 하는 것은 장난일 뿐이오."라고 했다.

—이제현, 『역옹패설』 전집 권2, 「정통자초계인야」—

정통은 전라도 나주에 서기로 부임했다가 관기와 사랑에 빠져 아이까지 낳았다. 임기가 차서 서울로 돌아오게 되자 고민 끝에 이들을 데리고 길을 떠났다. 그런데 기생은 말에 태우고 아이는 자신이 업고 걸어가다가 도중에 아내를 만나 망신을 당했다는 이야기이다. 잘 만들어진 한 편의 희극을 보는 것 같은데, 특히 끝부분에서는 웃음을 참을 수 없다.

정통에 대한 다른 기록은 없고 이 가족의 뒷이야기도 알 수 없다. 다만 정통의 부인이 남편을 이미 잃었고 [원문에는 '기실旣失'이라고 되어 있다.] 종들과 함께 친정인 고향으로 가려고 했던 것을 보면, 아마 이혼을 했든지 이혼하려고 마음먹은 상태가 아닌가 한다. [원문의 '비복婢僕', 즉 여종과 남종들은 원래부터 부인 소유의 노비였을 것이다.] 만일 그러하다면, 정통의 아이까지 낳은 이 기생은 정식 부인이 될 가능성도 아주 없지는 않았다고 생각한다. 고려시대의 다른 사례를 보면 정통의 이야기는 지어낸 것이 아니라 실제로 있었던 일이라고 여겨진다. 상황이 조금 다르기는 하지만, 창녀倡女나 관비官婢와 결혼한 관리도 있었기 때문이다.

인종 때에 승선인 배경성裴景誠은 창녀를 아내로 맞아들였다. 이에 간관들이 그가 국왕의 비서 임무를 맡는 승선직(정3품)에 있는 것이 마땅하지 않다고 간諫하자, 왕은 그를 지어사대사(종4품)로 발령했다. 이에 간관들이 관리의 잘못을 적발하는 직책은 더욱 마땅하지 않다고 또 반대하자, 지이부사(3·4품 관리의 겸직)로 삼았다. 내쫓는 대신에 비슷한 지위의 관직으로 옮기게 한 것이다. 「배경성 묘지명」을 보면, 그는 원래 양반 가문 출신인 양씨 부인과 결혼했으나 부인이 17년 먼저 사망했다고 한다. 그러므로 이 부인과 사별한 뒤에 재혼한 것으로 판단되는데, 비록 창녀였을지라도 배경성의 새 부인은 정식 부인의 지위를 가졌음이 분명하다.

김방경金方慶은 삼별초의 난을 진압하여 이름을 떨친 인물이다. 그는 그 전에 용강龍岡(평안북도 용강군)의 지방관으로 나갔을 때 관비官婢를 좋아하여 딸 한 명을 낳았는데, 이 딸은 채홍철蔡洪哲과 결혼했다. 「김방경 묘지명」을 보면 김방경이 기거랑 지제고를 지낸 박익정의 딸과 결혼하여 3남 3녀를 낳았는데, 이 부인이 먼저 사망했다. 김방경은 다시 손씨孫氏

와 결혼해서 딸 한 명을 낳았는데, 이 딸이 채홍철(채의)과 결혼했다고 적혀 있다. 이 손씨 부인이 『고려사』 기록에 나오는 용강의 관비라고 생각된다. 「김방경 묘지명」에는 부인의 성이 손씨라고만 적었을 뿐, 가계에 대해서는 아무 것도 밝혀 놓지 않았다. 따라서 이 부인이 관비의 신분을 물려받은 것인지, 혹시 범죄를 저질러 적몰籍沒된 양반의 후손인지 알 수 없다. 그렇다고 하더라도 첫 부인과 사별한 김방경의 후처가 된 이 부인 역시 정식 부인의 지위를 가지고 있었다.

사위인 채홍철은 평강채씨 가문 출신으로, 과거에 합격하여 뒤에 우문관대제학에 오르고 공신 칭호도 받았다. 그 역시 묘지명을 남겼다. 이를 보면, 그의 부인은 김방경의 딸로 2남 3녀를 낳았고 영가군부인이 되었다가 맏아들 채하중이 귀하게 되자 대흥현군으로 봉해졌다고 했다. 관노비의 딸이라고 해서, 본인은 물론이고 남편과 자녀들도 신분상의 불이익은 전혀 받지 않았던 것이다.

고려 말기에도 악인樂人이나 창기倡妓와 결혼하는 일이 적지 않았던 듯하다. 공양왕 4년에 정몽주가 『신정률新定律』을 지어 바치자 왕은 신하들에게 그 법조문을 강론하게 했는데, 그중에 "악인과 창기를 아내로 삼은 자는 장형 80대에 처하고 이혼시키며, 정조政曹 외로 서용한다"는 조항이 있다. 이를 두고 왕은 "세상에 정말 이런 사람들이 많지요"라고 하면서 이 법조문들을 받아들였다. 시대가 변하면서 창기와 같은 천한 신분과 결혼하면 불이익을 주는 쪽으로 바뀌어 간 것이 아닌가 한다. 조선의 『경국대전』에는 "창기·여의女醫로 집에서 데리고 사는 자의 사이에서 낳은 자녀 이외에는 양인이 되는 것을 허락하지 아니한다"라는 조항이 있다. 이 조항에서 보듯이 조선에서는 이런 관계에 대해 신분상의 불이익을 준다는 점을 아예 법조문으로 명시했다.

결혼 여부와 관계없이 조선시대에도 지방관이 기생과 사랑에 빠지는 일은 많았다. 『춘향전』도 이 같은 일을 배경으로 만들어지면서 극적인 요소가 더 해졌을 것이다. 그런 일 중에서 널리 알려진 것이 선조 때의 관기인 홍랑洪娘과 최경창崔慶昌의 사랑이다. 조선 중기에 함경도의 행정관으로 부임한 최경창은 현지에서 관비官婢를 데리고 살다가 사헌부의 탄핵을 받아 파직되어 서울로 돌아오게 되었다. 1576년(선조 9)의 일로 최경창의 나이 38세 때였다. 이 관비의 이름은 『선조실록』 기사에는 밝혀져 있지 않지만, 함경도 홍원의 관기인 홍랑으로 알려져 있다. 이때 홍랑은 이별하면서 다음과 같은 시조를 지어 최경창에게 주었다.

> 묏버들 갈히 것거 보내노라 님의손듸
> 자시는 창밧긔 심거두고 보쇼셔
> 밤비에 새 닙곳 나거든 날인가도 너기쇼셔
>
> —『청구영언』—

최경창은 이 시조를 한시漢詩로 번역하여 「번방곡飜方曲」이라고 이름을 붙였다. 이 시는 그의 문집에 다음과 같이 실려 있다.

折楊柳寄與千里人

爲我試向庭前種

須知一夜新生葉

憔悴愁眉是妾身

—최경창, 『고죽유고孤竹遺稿』 7언고시, 「번방곡」—

몇 년 뒤 최경창이 병이 들었다는 소식을 들은 홍랑은 서울로 와서 그를 병구완했다. 그러나 이 일이 또 문제가 되자 홍랑은 다시 고향으로 되돌아갈 수밖에 없었다. 마침내 1583년(선조 16) 최경창이 45세로 사망하고 경기도 파주坡州에 묻히자, 홍랑은 그 무덤을 오랫동안 지켰다고 한다. 이와 같은 지극한 사랑에 감동한 최경창의 후손들은 홍랑이 죽자 그를 최경창의 무덤 아래에 묻고 제사를 지내 주었다. 그렇지만 어디까지나 소실小室 자격이었다.

역시 선조 때의 인물인 임제林悌는 서북도西北道의 지방관으로 부임하는 길에 개성의 기생으로 유명하던 황진이黃眞伊의 무덤에 들러서 다음과 같은 시조를 지었다.

청초靑草 우거진 골애 자는다 누엇는다

홍안紅顔을 어듸 두고 백골白骨만 무쳤는이

잔盞 자바 권勸ᄒᆞ리 업스니 그를 슬허ᄒᆞ노라

—『해동가요』—

세상일에 얽매이기를 싫어하고 벼슬에도 환멸을 느낀 그는 여러 곳을 유람하면서 다른 기생들과도 관련된 많은 일화를 남겼다. 사람들은 그가 법도에 어긋난다고 평가했는데, 이 시조를 두고도 공적인 임무 수행 길에 사적인 행동, 그것도 기생을 추모했다고 뒷공론이 많았다는 소문이 전한다.

물론 소수의 특별한 사례이기는 하지만, 조선시대의 이 일들을 고려와 비교해 보면 차이가 뚜렷하게 드러난다. 지방의 기생과 관련된 조선의 양반들이 사직을 하거나 물의를 빚은 것에 비해, 고려의 관리들은 아무런 문제가 되지 않거나 최소한 관직은 유지했다. 같은 신분제 사회였지만 고려 사람들은 신분 문제에 대해 상당히 너그러운 모습을 보여 주고 있는 것이다. 이런 까닭에 고려시대에는 『춘향전』이나 『홍길동전』 같은 문학작품은 나타나기 어려웠을 것이라고 생각한다. 기생이나 관비가 정식 부인이 될 수 있고 서얼에 대한 차별도 없는 사회에서, 그들이 목숨을 걸고 항거해야 할 정도의 심각한 신분제의 모순을 느끼지 못했을 것이기 때문이다.

3.

내기와 노름의 차이를 명확하게 구분할 수 있을까. 『표준국어대사전』에는 내기를 "금품을 거는 등 일정한 약속 아래에서 승부를 다툼. 이긴 사람이 걸어 놓은 물품이나 돈을 차지한다"라고 하여, 뜻풀이와 함께 뒤따르는 상황도 설명하고 있다. 노름은 "돈이나 재물 따위를 걸고 주사위, 골패, 마작, 화투, 트럼프 따위를 써서 서로 내기를 하는 일"이라고 하여 노름을 하는 수단도 설명에 보태고 있으나, '금품을 걸고 내기를 하는 일'이라고 했으므로 사실상 노름과 내기의 차이를 분명하게 구분해 주지는 못한다. 순수한 우리말인 내기와 노름 대신에 요즈음은 도박賭博이라는 한자말을 더 많이 쓰고 있는데, 이 사전에 나오는 도박의 풀이도 노름의 풀이와 글자 하나 다르지 않고 똑같다.

대한민국의 현행법령에는 형법 제23장에 '도박과 복표에 관한 죄'를 마련하고 그 아래 제246조에 도박과 상습도박에 대한 처벌을 규정하면서, 다음과 같은 두 조항을 두었다.

> ① 도박을 한 사람은 1천만 원 이하의 벌금에 처한다. 다만, 일시오락 정도에 불과한 경우에는 예외로 한다.
> ② 상습으로 제1항의 죄를 범한 사람은 3년 이하의 징역 또는 2천만 원 이하의 벌금에 처한다.

이 법조문에도 도박이라는 행위가 구체적으로 무엇을 말하는지는 밝히지 않았다. 그러나 법률 전문가가 아닌 보통 사람의 입장에서 이해하기에는, 도박의 뜻은 사전에서 풀이하는 일반적인 통념通念을 따르되 그것이 범죄행위가 되기 위해서는 여러 상황을 참작하면서도 '일시'였는가 아니면 '상습'이었는가 하는 점에 비중을 두고 있는 듯하다.

도박의 종류나 방법도 셀 수 없이 많을 뿐 아니라 도박은 지금까지도 뿌리 뽑지 못하는 사회문제가 되고 있다. 우리 역사에서도 예외일 수가

없었다. [사실 인류 역사상 모든 시대가 그러했고, 앞으로도 그러할 것이다.]

고구려의 장수왕은 백제의 개로왕이 바둑을 좋아한다는 사실을 알고, 바둑의 맞상대로 승려 도림을 백제에 보냈다. 고구려의 간첩인 도림의 꼬임에 빠진 개로왕은 궁궐과 왕성을 화려하게 짓는 등 무리한 토목 공사를 벌였고, 그 결과 백성들은 힘들어하고 국력이 약해졌다. 그 틈을 타 고구려가 쳐들어오자 개로왕은 아들 문주를 웅진(충청남도 공주시)으로 피난시키고 자신은 맞서 싸웠다. 그러나 수도인 한성漢城은 함락되고 왕은 사로잡혀 살해되었다. 분명한 기록은 남아 있지 않지만, 개로왕과 도림은 내기 바둑도 자주 두었을 가능성이 충분하다고 생각한다.

신라에서도 국왕급의 인물과 신하가 바둑을 두었다는 기록이 나온다. 통일신라시대에 효성왕이 아직 왕위에 오르지 않았을 때 신충과 대궐 뜰의 잣나무 아래에서 바둑을 두면서, "뒷날 내가 그대를 잊는다면 저 잣나무에게 일이 있을 것이오"라고 말했다. 몇 달 뒤에 즉위한 효성왕이 공신에게 상을 주면서 신충을 빠뜨렸다. 이를 원망한 신충은 노래를 지어 그 나무에 걸자, 잣나무가 갑자기 말랐다. 이를 보고 놀란 왕이 신충에게 벼슬을 주었더니 나무가 되살아났다고 한다. 향가로 지어진 이 노래는 「원가怨歌」라고 알려져 있는데, 장차 국왕이 될 사람이 잣나무를 증인으로 삼고 신하와 내기 바둑을 둔 셈이다.

고려시대에도 국왕이 신하들과 술 내기나 내기 바둑을 두었고, 재추와 같은 고위 관리들도 궁궐에서 내기 바둑을 두었다는 기사가 『고려사』에 여러 번 나온다. 의종 때에는 팽몽령彭夢齡 등 여덟 명이 무리를 지어

도박을 하다가 모두 남쪽 지방으로 유배 갔다는 처벌 사례도 있다. 팽몽령은 차호부시랑을 지낸 최시윤의 둘째 사위로, 의종 초에는 전중내급사동정(종6품)이라는 산직散職에 있었다. 중견 관리였던 그는 아마도 여러 사람들과 어울려 상습적으로 도박판을 벌이다가 처벌을 받은 것이 아닐까 짐작된다.

도박의 처벌에 대해 남아 있는 고려시대의 법조문은 다음 하나뿐이다.

> 노름[박희博戲]을 하면서 돈이나 물품[전물錢物]을 건 자는 각각 장杖 100대로 처벌한다. 그 장소를 제공한 주인과 출범出凡을 하거나 사람들을 모집해서 도박을 하게 한 자도 또한 장 100대로 처벌한다. 음식을 걸고 내기를 하거나 활쏘기로 무예武藝를 익힌 자는 비록 돈이나 물품을 걸었더라도 무죄로 한다.
>
> —『고려사』 권85 형법지2 금령—

이 법조문은 중국의 『당률소의唐律疏議』의 규정을 그대로 따온 것이다. 노름은 원문에 박희라고 되어 있는데, 이것은 원래 주사위를 던져서 하는 쌍륙雙六을 뜻한다. 그러나 이 법조문은 쌍륙을 하나의 예로 들었을 뿐 다른 노름도 모두 해당한다고 이해하고 있다. 출범은 출구出九(또는 출구出玖)의 잘못이라고 생각되는데, 도박장에서 노름 밑천을 빌려주는 행위를 말하는 듯하다.

이 법조문 이외에 고려가 멸망하기 직전인 1392년(공양왕 4)에 인물추변도감人物推辨都監에서 노비결송법奴婢決訟法을 정했는데, 그중에 "노비를 내다 파는 것은 엄하게 금지한다. 굶주림과 추위에 시달리거나 공사公私의 묵은 채무로 인하여 형세가 부득이한 자는 문서[狀]를 갖추어 관에 신고하면 매매하는 것을 허가한다. 만약 주색酒色·노름[박혁博弈]·개[狗]·말[馬]·재화財貨 때문에 파는 경우에는 노비를 관에서 몰수한다"라는 규정이 들어 있다.

상습 노름꾼의 행태를 떠올리면 이와 비슷한 법조문은 그 이전에도 있었을 것이라고 여겨진다. 그러나 법조문이 있었다고 하더라도 노름꾼들이 이 규정을 제대로 지켰을 리가 만무하다. 그들은 노비는 고사하고, 여차하면 집안의 가보家寶나 자식과 부인까지 내기에 거는 경우도 많았기 때문이다. 그런 사례 두 가지를 보기로 한다.

첫 번째는 전 재산을 걸고 노름을 한 사례이다.

> 봉익대부 홍순洪順은 충정공(홍자번)의 아들이다. 그는 항상 상서 이순李淳과 바둑을 두었다. 이李가 골동품과 서화書畫를 걸었다가 거의 다 빼앗기자 보물로 여기는 현학금玄鶴琴을 마지막으로 걸었으나, 홍洪이 이겨서 이것을 얻었다. 이는 거문고를 주면서 말하기를, "이 거문고는 우리 집의 가보로 거의 200년이나 전해 내려온 것이네. 물건이 오래되어 신神이 붙어 있으니, 자네는 조심해서 간수하소."라고 했다. 이가 홍의 성품이 특히 겁내고 꺼리는 것이 많았으므로 농담으로 말한 것이다. 하루는 밤에 몹시 추워서 거문고 줄이 얼어 끊어지면서 쨍하는 소리가 났다. (홍은) 갑자기 신이 들어 있다는 말이 생각나서 급하게 등불을 밝히고 복숭아나무 회초리로 어지럽게 치니 거문고는 칠수록 더욱 소리를

냈다. (귀신에) 홀린 것 같아 종을 시켜 교대로 지키게 하고는 날이 밝자 홍은 연수라는 종에게 거문고를 들고 이 씨 댁으로 가져가게 했다. 이는 그가 아침 일찍 찾아온 것을 이상하게 여기다가 또 거문고에 어지럽게 때린 흔적을 보고 속여서 말하기를, "내가 이 거문고 때문에 오랫동안 걱정하여 여러 번 부수려고 했으나 또 재앙이 있을까 두려워했다. 다행히 공에게 주게 되었는데 어째서 돌려받는단 말인가." 하면서 거절하고 받지 않았다. 홍은 몹시 곤란해져서 전에 내기로 얻은 모든 서화와 골동품 등을 거문고와 함께 보내니, 이는 어쩔 수 없는 척하면서 받았다. 홍은 속은 것도 모르고 스스로는 거문고를 돌려준 일만을 다행스럽게 여겼다.

—이제현, 『역옹패설』 전집 권2, 「홍봉익순」—

홍순은 내기 바둑을 두다가 귀중품은 물론이고 마침내는 가보인 거문고까지 털리고 말았다. 그러나 그는 상대방인 이순이 겁이 많다는 약점을 이용하여, 그를 골려 주는 한편으로 빼앗긴 재산 모두를 도로 찾았다는 이야기이다. 홍순은 충렬왕 때의 명재상인 홍자번의 아들로 봉익대부(정2~3품급)라는 문산계文散階를 가지고 있고, 이순의 가계는 알 수 없으나 상서(정3품)라는 관직을 가지고 있다. 품계가 비슷한 점으로 보아 아마 두 사람은 나이가 비슷한 친구 사이라고 생각된다. 이와 같이 명문가 출신의 인물과 고위 관리가 전 재산이 오가는 내기를 했다는 사실 자체가 당시 고려사회에도 도박이 널리 퍼져 있다는 상황을 말해 준다. 그러나 이 이야기는 두 사람 사이의 따뜻한 우정을 보여 주는 결말로 마무리되었다. 도박에서 이긴 친구는 어리숙한 척하면서 내기에서 딴 물건을 모두 돌려주었고, 상대방은 익살스러우면서도 재치가 넘치는 기지를 발휘하여 잃은 물품을 전부 되찾았기 때문이다. 이 이야기는 고려 사람들의 넉넉한 마음 씀씀이와 함께 그들이 나누었을 흐뭇한 웃음을 잘 보여 준다.

두 번째는 도박으로 부인을 빼앗긴 남자와 그 부인의 이야기이다. 이 이야기는 고려속요의 하나인 「예성강禮成江」의 창작 배경이 된 것으로, 『고려사』 악지樂志에 실려 전한다. 우선 앞부분을 옮겨 보면 다음과 같다.

> 옛날에 중국 상인인 하두강賀頭綱이 바둑을 잘 두었다. 일찍이 예성강에 왔을 때, 한 아름다운 부인을 보고 내기 바둑으로 빼앗고자 하여 그 남편과 바둑을 두었다. (하두강은) 거짓으로 이기지 않으면서 물건값을 곱으로 쳐주었다. 그 남편이 욕심을 부려 아내를 내어놓고 두강과 단판 내기를 했다. (두강이 이기자 부인을) 배에 싣고 떠나갔다. 그 남편이 뉘우치고 한탄하여 이 노래를 지었다.
>
> —『고려사』 권71 악지2 속악, 「예성강」—

이 이야기에 나오는 중국 상인은 원문에 당唐나라 사람이라고 했으나, 우리나라에서 당은 중국을 대표하는 표현으로 흔히 쓰였으므로 중국의 어느 한 국가나 송이라고 이해하면 될 것이다. 또 그의 이름이 하두강賀頭綱이라고 했는데, 두강은 도강都綱과 같은 말이 아닌가 한다. 중국 상인들은 집단을 이루어 바닷길을 왕래하면서 고려와 교역을 했는데, 도강은 그들의 대표를 말한다. 그러므로 하두강은 중국 상단商團의 우두머리인 하씨 성을 가진 인물이라고 추측된다. 그가 예성강으로 왔는데, 예성강의 예성항은 고려의 수도인 개경의 해상 관문이자 고려의 해외무역을 독점하는 국제무역항이었다. 그러므로 이 이야기는 당시 예성강을 중심으로 활발하게 벌어지던 고려의 해외무역 모습을 보여 준다.

고려 측 인물의 이름은 전혀 알 수 없으나, 중국 상단의 대표와 내기를 할 정도라면 그 역시 해외무역상이거나 아니면 세관 업무를 담당하는 관리였으리라 짐작할 수 있다. 그가 중국 상인의 꾀에 빠져 욕심을 부리다가 도박에서 부인을 잃고, 뒤늦게 후회하면서 지은 노래가 바로 「예성강」이다. 승자가 된 중국 상인이 원하는 부인을 싣고 본국으로 돌아가는 것으로 끝날 듯하던 이야기는 다음과 같은 극적인 반전으로 마무리된다.

> 세상에 전해지는 말로는, 부인이 떠날 때에 옷단장을 하면서 띠를 매우 단단하게 묶어서 두강이 범하고자 했으나 할 수 없었다고 한다. 배가 바다 가운데에 이르자 빙빙 돌면서 나가지 않으므로 점을 쳤더니, "절개가 굳은 부인에게 하늘이 감동한 것이다. 부인을 돌려보내지 않으면 배가 반드시 부서질 것이다."라고 했다. 뱃사람들이 두려워하여 두강에게 권해서 부인을 돌려보냈다. 부인이 또한 노래를 지었는데, 후편後篇이 그것이다.
>
> —『고려사』 권71 악지2 속악, 「예성강」—

한사코 절개를 지키려는 부인의 행동에 하늘도 감동했는지 바람도 물결도 마땅치 않아서 배가 항해를 하지 못하게 되자, 하두강은 할 수 없이 부인을 고려로 돌려보냈다는 이야기이다. 고려 사람들의 입장에서는 실로 통쾌할 수밖에 없는 대반전이 일어난 것이다. 돌아온 부인도 「예성강」을 지었는데, 이 노래는 「예성강」 후편이라고 했다. 『고려사』에는 「예성강」의 뒷이야기를 이와 같이 소개하면서, 제목에 "노래가 두 편으로 되어 있다"라고 각주를 달아 두었다.

아쉽게도 이 노래 가사의 전편과 후편 모두 지금은 전하지 않는다. 그렇지만 이 노래를 들을 때마다, 아마도 고려 사람들은 도박의 승자로 상징된 중국의 힘을 어쩔 수 없이 인정하면서도 그에 맞서는 고려 사람들의 의지와 용기에 마음속으로 큰 박수를 보냈으리라고 생각한다. 또 이 노래 속에서 주인공은 남자에서 여자로 바뀌고, 중요한 마무리는 후자가 담당하고 있다. 내기에 걸어도 좋은 물품처럼 여성을 취급하던 가부장 사회에서 여성이 능동적으로 역사에 참여했음을 보여 주는 사례이기도 하다.

4.

『고려사』를 보면 1142년(인종 20) 1월에 다음과 같은 일이 있었다.

> 간관이 탄핵하여 아뢰었다. "비서소감 보문각대제인 김정金精이 일찍이 추밀 김정순金正純의 집에 갔다가 술에 취하여 욕을 했으니, 죄를 주기를 청합니다." (이에) 보문각대제를 그만두게 하자, 간관이 다시 아뢰었다. "죄는 무거운데 벌이 가벼우니, 관직에서 파면시키기를 청합니다." (왕이) 이를 따랐다.
>
> —『고려사』 권17 세가 인종 20년 1월 계축—

술자리에서 행패를 부린 김정이라는 관리를 처벌하여 파면시켰다는 것이다. 처벌 이유가 원문에는 '후매詬罵'라고 되어 있는데, 이 단어는 '꾸짖어서 욕함'이라는 뜻이다. 그가 추밀인 김정순에게 왜, 어느 정도로 욕을 했는지는 알 수 없다. 김정순은 그 전해 12월의 정기인사에서 추밀직인 지추밀원사(종2품)에 임명된 일이 있으므로, 이 소동은 김정순의 집에서 축하연을 베풀다가 일어났을 가능성이 크다.

김정은 어느 가문 출신인지 알 수 없으나 1115년(예종 10)의 과거에 장원으로 합격했다. 1133년(인종 11)에는 인종의 명을 받고, 숙종의 넷째 딸이자 인종의 고모할머니인 복령궁주의 묘지명을 짓기도 했다. 이를 보면 김정은 글을 잘 지어 국왕의 총애를 받던 인물이 아닌가 짐작된다. 한편 김정순은 황주黃州의 보잘것없는 가문 출신이나 활쏘기와 말타기를 잘하여 예종 때 윤관이 여진을 정벌할 때 공을 세워 출세했고, 인종 때에는 도병마사로서 김부식과 함께 묘청의 난을 진압하기도 했다. 그 뒤 그는 동지추밀원사 등을 거쳐 참지정사에 오르고 공신 칭호를 받은 뒤 1145년(인종 23)에 60세로 사망했다. 『고려사』에 그의 전기가 실려 있는데, 이를 보면 "(김정순은) 타고난 자질이 용감하고 사나웠으며 도량이 넓었다. 다만 공부를 좋아하지 않고 재물을 좋아하여 오로지 사치에만 마음을 두었으므로 당시의 여론이 단점으로 여겼다"라고 했다.

이런 정보들이 이 소동의 배경을 이해하는 데 도움이 될지는 모르겠다. 아무튼 김정은 당시 종4품의 비서소감이었으므로, 이 사건은 하급자가 그보다 연상인 50대 후반의 상급자에게 술에 취해서 행패를 부린 일이라고 요약할 수 있다. 이에 김정을 탄핵하자 인종은 겸직이자 문한직인 보문각대제를 면하게 하는 정도로 수습하려 했으나, 간관들은 이 행위가 '무거운 죄'에 해당한다고 거듭 주장하여 결국 그를 모든 관직에서 파면시켰다.

그런데 김정은 2년 뒤인 1144년(인종 22)에 「허재 묘지명」을 지었는데, 이 글에서 자신의 직책을 '문림랑 시상서예부원외랑 지제고 사자금어대'라고 밝히고 있다. 임시직을 뜻하는 '시試'가 붙어 있기는 하지만 원외랑이라는 정6품 관직과 함께, 한림원 소속으로 왕명을 짓는 임무를 맡던 지제고라는 문한직을 가지고 있는 것이다. 또 문림랑은 종9품상 등급의 문산계文散階이고, 자금어대紫金魚袋는 자색紫色 공복을 입는 문관 4품 이상의 관리가 허리띠에 매다는 금으로 만든 물고기 모양의 장식이다. 이렇듯 그의 관직과 품계는 들쑥날쑥한데, 아마도 처벌을 받은 뒤 1~2년이 지나자 원래보다 낮은 관직을 주는 등 그를 '조건부'로 복권시켰기 때문이 아닌가 한다. 그 뒤에 그가 '완전하게' 사면되어 원래의 관직을 되찾았는지는 기록이 없어서 알 수 없다.

파직된 김정이 얼마 지나지 않아 낮은 관직으로나마 복권된 것에 비해, 고려 초기의 최지몽은 국왕 앞에서 '술을 마시고 예를 잃어서[被酒失禮]' 11년이나 귀양살이를 해야 했다. 고려 태조의 꿈을 삼한을 통일할 길조라고 해석해서 '지몽知夢'이라는 이름을 얻은 그는, 광종의 귀법사 행차에 따라갔다가 실수를 한 뒤 유배형을 받았고 980년(경종 5)에 풀려났다. 그가 술자리에서 어떻게 예를 잃었는지는 알 수 없지만, 아마도 개국공신으로서 광종의 급진적인 개혁을 비판하지 않았나 짐작된다. 그러나 경종이 즉위한 뒤에도 5년이 지나서야 유배에서 풀린 것을 보면, 왕이 참석한 술자리에서 실수를 한 죄가 결코 가벼운 것은 아니라고 생각된다.

무인정권기의 이규보 역시 국왕이 참석한 행사에서 크게 취해 정신을 잃고 쓰러지는 대소동을 벌였다. 1227년(고종 14)에 팔관회가 열렸는데, 잔치 도중에 이규보가 국왕 앞에서 술에 취해 쓰러지자 부축되어 나오면서 행사가 중단되었다가 다시 계속되는 일이 벌어진 것이다. 이 사태를 두고 어사대는 당연하게 이규보를 규탄하며 탄핵할 것을 요청했다. 이규보 역시 자신이 변명의 여지없는 엄청난 일을 저질렀다는 사실을 잘 알았다. 이에 이규보는 당시의 실력자이자 자신의 강력한 후원자인 최우(최이)에게 다음과 같은 글을 올렸다.

> 지난번 팔관회에서 임금을 모시고 잔치를 베풀 때, 성상께서 신이 술을 잘하는 줄로 잘못 아시고 따로 가득 부어 잇달아 권하시되 은근하고 엄절하게 하시므로, 제가 처음에는 우물쭈물 미루면서 혹 뜻밖에 엎어져서 넘어지는 것을 면하게 되기를 바랐습니다. 그러나 성상의 기색을 우러러보고는 두렵고 황송하지 않을 수 없어서 곧 억지로 잔을 비우다가 정신이 흐릿해지며 인사불성이 되었으니 본심이 아니었습니다. 이는 또한 제가 구차하게 천은天恩을 욕심내느라 양이 적음을 헤아리지 않은 소치이니 또한 누구를 탓하겠습니까. 이로 말미암아 자리를 다시 하는 예禮를 차릴 때, 예법대로 자리에 나가지 못하여 담당 관리가 떠들썩하게

> 논란하게 되었고, 다시 성상의 귀에 들어가서 의논이 각하에게까지 미치게 되었으니 비록 만 번 죽음을 내리더라도 또한 달게 받겠습니다.
>
> —『동국이상국집』 전집 권27 서, 「최 상국에게 올리는 글」—

이규보의 죄는 자신의 말처럼 '만 번 죽음을 내리더라도 또한 달게' 받을 수밖에 없는 것이었다. 따라서 이규보는 최우에게 글을 올려 음주 사건에 대한 앞뒤의 상황을 설명하면서 백배사죄했다. 이규보의 이런 엄청난 실수를 두고 최우는 어떤 조치를 내렸을까. 어사대의 맹렬한 규탄에도 불구하고 최우는 아무런 책임도 묻지 않았다. 이어지는 글에서 이규보는 다음과 같이 적고 있다.

> 그러나 각하께서 끝까지 잘못을 덮어 주신 덕분에 하나 같이 모두 용서받게 되었으니, 이는 실로 천지의 무한한 은덕으로 평생을 두고도 갚지 못하겠습니다.
>
> —『동국이상국집』 전집 권27 서, 「최 상국에게 올리는 글」—

처벌은 고사하고 잘못을 전적으로 덮어 주고 무마해 주었으므로, 이규보는 탄핵의 위기에서 무사히 벗어날 수 있게 되었다는 것이다. 이규보에 대한 최우의 절대적인 신임과 함께 최우에 대한 이규보의 절대적인 충성심을 엿볼 수 있는 대목이기도 하다. 이런 점에서 볼 때, 고려시대의 음주와 관련된 처벌은 해당 법조문이나 판례 등이 있었겠지만 그야말로 '케이스 바이 케이스case by case'였다고 할 수 있다. 정치적 상황과 연관되면서 국왕이나 실력자의 마음먹기에 따라 결과가 달라졌을 것이기 때문이다.

이규보는 자신을 평생 괴롭힌 삼마三魔, 즉 색마色魔·주마酒魔·시마詩魔 중 색마는 물리쳤다고 큰소리쳤다. 그러나 주마와 시마는 끝내 물리치지 못했다. 특히 술과 관련하여 이규보는 젊어서부터 주정뱅이라는 소리를 들었지만, 늙어 병들었을 때에도 술과 멀어질 수가 없었다. 그의 문집인 『동국이상국집』에는 술과 관련한 일화가 상당히 많이 나오는데, 그중에서 가장 인간적인 면모를 보여 주는 것 하나를 꼽으라면 다음과 같은 일이 아닐까 한다.

이규보는 28세 되던 해에 300운韻에 이르는 긴 시를 지었다. 23세에 과거에 합격한 뒤, 자신의 문학적 재능을 발휘할 수 있는 문한직 관리가 되기를 기다리고 있을 때였다. 몇 해가 지나도록 기대를 버리지 않고 있던 이규보와는 달리, 밖에서는 그가 술버릇이 나쁘다느니 주정뱅이를 넘어서 심지어는 미치광이라는 소문까지 나돌고 있어서 발령이 점점 늦어지고 있었다. 아무튼 여러 날이 걸려 지었을 이 시가 완성되자 선배와 친구들이 찾아와 이 대단한 업적을 칭찬해 주었다. 마침 그날 첫아들이 태어났다. 이규보는 자신의 업적도 축하할 겸 이 아들이 장차 위대한 시인이 되라는 기대를 가지고 아명兒名을 '삼백'이라고 지었다. 그런데 이 아들이 술을 마시는 것을 보고 다음과 같은 시를 지었다.

너는 아직도 젖니인데 벌써 술잔을 기울이니	汝今乳齒已傾觴
나이 들면 창자가 상할까 마음이 두렵구나	心恐年來必腐腸

아비가 술 취해 쓰러지는 것은 배우지 마라　莫學乃翁長醉倒
평생을 사람들이 미치광이라 비웃는단다　一生人導太顚狂
한세상 몸을 망친 것이 오로지 이 술 탓인데　一世誤身全是酒
너조차 지금부터 술을 좋아하니 또 어찌할 것인가　汝今好飮又何哉
이름을 삼백이라 지은 것을 이제서야 후회하나니　命名三百吾方悔
네가 날마다 삼백 잔을 기울일까 두렵구나　恐爾日傾三百杯

—『동국이상국집』 전집 권5 고율시, 「아들 삼백이 술을 마시다」—

'삼백 운'과 '삼백 잔'이라는 언어의 유희를 통해 해학적으로 짓기는 했지만, 아들은 제발 술 때문에 실수나 오해받을 일이 없기를 바라는 부모의 심정을 잘 표현하고 있다고 생각한다. 온 세상의 애주가 부모라면 누구나 공감하는 시가 아닐까. 잘 알다시피 술에 대한 해법解法은 전 세계 어디서나 술의 역사가 시작된 처음부터 이미 정해져 있다. 술을 마시되, 자신이 감당할 수 있는 한도 내에서 끝낼 것. 답을 뻔히 알면서도 정작 이규보 자신은 평생 풀지 못한 어려운 문제였다. 이와 달리 그 해답대로 정확하게 행동한 사람도 당연히 있었을 것이다.

그 대표적 인물이 김자의金子儀이다. 그는 과거에 급제한 뒤 의종 때 예부상서를 지냈다. 그는 술 마시기를 좋아했지만, 평소에는 늘 나라의 기강紀綱에 대한 말을 했다고 한다. 원칙을 준수하는 그의 성품을 보여주는 것이 아닌가 한다. 그가 강남의 안찰사로 나가게 되자 임금(인종)이 불러서 절대로 술 석 잔 이상은 마시지 말라고 당부했다. 김자의는 지방을 다니면서 임금의 명령을 지킨 정도가 아니라 아예 술을 마시지 않았다. 진실로 원칙과 명령을 곧이곧대로 지키는 충성스러운 신하가 아닐 수 없다. 그런데 그가 산속의 사찰을 지나다가 오랜 친구인 승려를 만나 회포를 나누게 되었다. 헤어질 때 승려가 술을 사 와서 대접하자, 김자의는 문을 나와서 이끼 낀 바위 위에 앉아서 다음과 같이 말했다.

> "지난번 서울을 떠날 때 임금께서 말씀하시기를, '술을 마시되 석 잔[작爵]을 넘기지 말라.'고 금했으니, 마땅히 스님이 공양하는 쇠로 된 바리때를 가져오게나."라 했다. (그것으로) 석 잔을 마시고 떠났다. 그 바리때는 한 말[두斗] 남짓 담을 수 있는 것으로, 그의 호탕함이 모두 이와 같았다.
>
> ―이인로, 『파한집』 중, 「상서김자의」―

김자의는 석 잔을 넘기지 말라는 임금의 명령을 완전하게 지키면서도 세 말 남짓하는 술을 마셨다. '두주불사斗酒不辭'의 모주꾼에게 딱 어울리는 이 얼마나 기막힌 묘수인가? 그가 마신 술은 발효주이자 막걸리인 백주白酒일 가능성이 크다. 이때는 아직 증류주인 소주燒酒가 들어오기 전이기 때문이다. 당시에 한 말이 어느 정도의 양을 말하는지 알 수 없으나, 고려시대의 한 되[승升]는 340ml 정도라는 연구 결과가 있다. 이에 따르면, 한 말은 열 되이므로 3,400ml가량 된다. 김자의는 10,200ml 가량, 즉 요즈음 기준으로 [지금은 한 되가 1,800ml이다.] 막걸리 대여섯 되를 한자리에서 가볍게 마신 셈이 된다.

물론 그 승려의 바리때가 그만큼의 양을 담을 수 있는지, 김자의가

「'황통 10년(1150)'이 새겨진 청동 발우」
© 국립청주박물관

그것으로 세 번씩이나 마셨다는 술의 양도 그만큼이 되는지는 확실하지 않다. 다만 비슷한 시기인 인종 때 이영李永이라는 인물은 이자겸의 반대파로 몰려 본인은 진도로 유배되고 어머니와 자식들은 적몰籍沒되어 노비가 될 처지가 되자, 술 한 말을 마시고 울분에 차서 죽었다고 한다. 이로 미루어 보면, 김자의의 평소 주량이 얼마나 되는지 어느 정도 짐작할 수 있을 것이다.

5.

여러 이야기에서 보았듯이, 고려 사람들은 원칙을 지키려고 애쓰면서도 한편으로는 여유를 즐기면서 일상을 살아갔다. 남아 있는 자료의 한계 때문에 이들의 이야기가 지배층의 것으로 한정될 수밖에 없는 것이 무척 아쉽다. 아마도 피지배층의 삶 속에는 인간사에서 생겨나는 온갖 슬픔에 더하여 신분제 아래에서 겪어야 했던 고단함이나 사회적 차별의 서러움도 많았을 것이다. 그 구체적인 실상은 알 수 없다고 하더라도, 남아 있는 고려시대의 이야기 속에는 고려 사람들만이 보여 줄 수 있는 흐뭇한 웃음도 많이 들어 있다. 그들은 갈등과 대립 속에서도 다양성을 인정하고 포용적인 태도를 지닌 채 가능하면 조화와 타협을 찾으려 애를 썼다. 고려시대의 가장 중요한 벼슬길이었던 과거제와 음서제의 운영이 그러했고, 신분제 사회였지만 조선의 양반에 비해 고려의 문벌귀족은 신분제의 운용에 비교적 열린 '태도'를 가지고 있었다. 또 가부장적인 체제 안에서도 여성들이 당당하게 일정한 역할을 한 것도 그러했다.

이와 같은 사회 속에서 만들어진 그들의 웃음에 지금 살고 있는 우리의 웃음이 보태어질 때에 그들의 역사가 진정으로 우리와 함께하게 되는 것이 아닐까 한다.

서양중세사 연구의 대가인 프랑스의 자크 르 고프Jacques Le Goff(1924~2014)는 자신의 연구를 회고하면서 다음과 같이 말했다.

> 나는 이렇게 느낍니다. 역사는 긴 지속 가운데서만 드러난다고 말입니다. 또한 나는 한 시대를 연구하는 역사가가 그것을 이해하는 것은 현재와의 왕래를 통해서라고 생각합니다. 나는 중세와 내 시대를 함께 살았습니다. 중세학자로서 나는 내 현재를 한층 더 강렬하게 살았지요. 왜냐하면 모든 지나간 시대가 오늘 속에 여전히 살아 있다고 할 때, 나는 오늘날의 사회 속에서 특히 중세가 살아 있고 근본적이라고 생각하기 때문입니다. 나는 중세가 미래에 한층 강한 영감을 주리라 확신합니다. 나의 중세는 과거, 현재, 미래에 대한 전반적인 성찰 가운데 형성된 것입니다.
>
> —자크 르 고프 · 장-모리스 드 몽트르미 지음, 최애리 옮김, 『중세를 찾아서』, 해나무, 2005—

고려시대는 결코 먼 시기에 끝난 역사가 아니다. 르 고프가 서양의 중세를 두고 말한 것처럼, 또 내가 이 책에서 누누이 강조한 것처럼 고려시대의 역사는 오늘날에도 살아 있고, 어떤 면에서는 우리 역사의 '근본'을 이루고 있다. 따라서 우리의 미래에도 '강한 영감'을 줄 것이 분명하다. 현재를 살아가는 우리가 고려시대의 역사, 고려 사람들의 이야기에 더 많은 관심을 가져야 할 필요가 여기에 있는 것이다.

참고 문헌

이규보, 『동국이상국집』

이인로, 『파한집』

이제현, 『역옹패설』

김용선, 「고려시대의 문지재추」, 『고려·사회·사람들』, 일조각, 2018.

———, 「과거와 음서」, 같은 책, 2018.

———, 『생활인 이규보』, 일조각, 2013.

이종봉, 『한국중세도량형제연구』, 혜안, 2001.

자크 르 고프·장-모리스 드 몽트르미 지음, 최애리 옮김, 『중세를 찾아서』, 해나무, 2005.

채웅석, 『『고려사』 형법지 역주』, 신서원, 2009.

지은이

김용선 金龍善

서강대학교 사학과와 같은 학교 대학원 사학과를 졸업했다(문학박사).

경남대학교·전북대학교·한림대학교 사학과의 전임교수로 재직했다.

지금은 한림대학교 사학과 명예교수로 있다.

저서·편저·역주

『고려음서제도연구』, 일조각, 1991.

『고려묘지명집성』, 한림대학교 출판부, 1993 초판; 2012 제5판.

『역주 고려묘지명집성』(상)·(하), 한림대학교 출판부, 2001 초판; 2021 개정3판.

『고려묘지명집성 색인(원문·역주)』, 한림대학교 출판부, 2001 초판; 2012 개정증판.

『고려금석문연구: 돌에 새겨진 사회사』, 일조각, 2004.

『궁예의 나라 태봉: 그 역사와 문화』(책임편집), 일조각, 2008.

『일본에 있는 한국금석문 자료』, 한림대학교 출판부, 2010.

『고려사 병지 역주』(이기백과 공저), 일조각, 2011.

『생활인 이규보』, 일조각, 2013.

『이규보 연보』, 일조각, 2013.

『(속) 고려묘지명집성』, 한림대학교 출판부, 2016.

『고려·사회·사람들』, 일조각, 2018.

표지 사진

김문숙, 「꿈꾸는 달1」(부분), 유리, 지름 30cm, 2019.

먼 고려사
가까운 이야기

1판 1쇄 펴낸날 2022년 9월 15일

지은이 | 김용선
펴낸이 | 김시연

펴낸곳 | (주)일조각
등록 | 1953년 9월 3일 제300-1953-1호(구 : 제1-298호)
주소 | 03176 서울시 종로구 경희궁길 39
전화 | 02-734-3545 / 02-733-8811(편집부)
02-733-5430 / 02-733-5431(영업부)
팩스 | 02-735-9994(편집부) / 02-738-5857(영업부)
이메일 | ilchokak@hanmail.net
홈페이지 | www.ilchokak.co.kr

ISBN 978-89-337-0808-8 93910
값 28,000원